细说宫廷

这些帝王有个性

张志君 著

细说宫廷

商务印书馆国际有限公司

图书在版编目（CIP）数据

细说宫廷：这些帝王有个性 / 张志君著 . — 北京：商务印书馆国际有限公司，2016.5
（细说宫廷）
ISBN 978-7-5176-0252-1

Ⅰ . ①细… Ⅱ . ①张… Ⅲ . ①帝王—生平事迹—中国—古代—通俗读物 Ⅳ . ① K827=2

中国版本图书馆 CIP 数据核字 (2016) 第 103104 号

细说宫廷：这些帝王有个性

作　　者　张志君
责任编辑　李东晓
出版发行　商务印书馆国际有限公司
（地址　北京市东城区史家胡同甲 24 号　邮编 100010）
（总编室电话 010－65592876　市场营销部电话 010－65598498）
网　　址　www.cpi1993.com
经　　销　全国新华书店
印　　刷　三河紫恒印装有限公司
开　　本　710mm × 1000mm　1/16
字　　数　289 千字
印　　张　18.25
版　　次　2016 年 6 月第 1 版第 1 次印刷
书　　号　ISBN 978-7-5176-0252-1
定　　价　29.80 元

目录

求和亲不惜一战的藏族赞普

——吐蕃首领松赞干布

◎ 请婚被拒驱兵入寇 战败引归遣使谢罪

◎ 唐太宗设题难婚使 禄东赞妙思巧应答

◎ 为公主筑城夸后世 给宰相写信表忠心

唐太宗贞观八年（634年）十一月唐王朝首都长安，大明宫内，一代英主唐太宗李世民正在接待一位远方来的朝贡使者。

使者来自一个名叫吐蕃的神秘政权。

吐蕃在哪里？谁是该政权的君主？使者此来所为者何？

这一连串的问题自然而然地浮现在唐太宗的脑际。

使者上前，行三拜九叩大礼。他自言吐蕃距长安八千里，其先祖系五胡十六国时期南凉的秃发乌孤之后，名樊尼，后改姓为宰勃野，遂以秃发为国号。由于音译的关系，秃转译为吐，发转译为蕃。

“听说你们的君主号赞普，”太宗平易地问，“赞普二字本作何解？”

那特使又叩了一个头，借助通译（翻译）告诉太宗，在吐蕃语中，“赞”是“强雄”之义，“普”是“丈夫”之义。

“你们现在的赞普是谁？他派你来做什么？”

“启奏陛下，”那个特使毕恭毕敬地答道，“小臣现在的赞普名叫弃宗弄赞，我们有时也称他为弃苏农，他又自号弗夜氏。他派小臣来的目的嘛，”那个特使自从进入大唐境内以来，中原女子之美丽让他留下了深刻的印象，在迎宾馆下榻时，他又听说与吐蕃为邻的吐谷浑遣使来向大唐求婚，于是，脱口而出说：“一来是向天可汗（当时各少数民族对唐太宗李世民的尊称）陛下纳贡，二来是想向天可汗求婚！”

“求婚文书何在？”唐太宗问。

“这个嘛……忘记带了。”

李世民听了脸呈愠色，心想，哪有这样求婚的，光凭一个口信，岂不等同儿戏。于是，他断然说道：“纳贡可以，求婚一事待有专门文书呈上之后再议！”

很明显，这次会见并不愉快，造成不愉快的原因当然责任在吐蕃使者一方——至少当时陪同接见的唐王朝众文武是持如此看法的。

那么吐蕃使者回去之后的命运将会如何呢？他们的那位弃宗弄赞赞普是不是真的想与汉族公主通婚，最后又是否如愿以偿了呢？

请婚被拒驱兵入寇
战败引归遣使谢罪

四年以后，时为唐太宗贞观十二年（638年）八月，“常驱野马、牦牛，驰刺之以为乐”的吐蕃首领弃宗弄赞（通称松赞干布，为了与今人著作中统一称谓，以下就称其为松赞干布）突然起兵二十万北击吐谷浑，继而破党项、白兰诸羌，然后屯兵于唐朝西部边境松州。

自太宗皇帝继位以来，百战百胜的神威已经使周边少数民族无不敬畏，“西线无战事”的局面已持续了很长的时间，是什么原因促使松赞干布动武的呢？

话还得从四年前那次求婚说起。

被唐太宗断然拒绝以后，吐蕃使者只好献上带来的野马、独峰驼、天鼠皮等方物，待了几天后便怏怏告辞。

太宗皇帝不愧是胸怀宽广的明主，虽然没有允婚，但对吐蕃使者还是以礼相待，除了送他一份厚礼之外，还特派行人（官职名，掌朝觐聘问）冯德遐为回访使，“下书临抚”——对甘愿内附的吐蕃首领进行安抚。

当时的吐蕃，其首府是跋布川，又称逻娑川（其地在今西藏自治区首府拉萨附近）。直至二十世纪初，从古时的长安，即现在的西安前往拉萨，最快也要走上几个月。而在一千多年以前，这段“八千里”路的旅程往往要花上一两年的时间。

冯德遐一行，还有那位吐蕃使者是贞观九年元月上路的。一路上，他们风餐露宿，直到这一年的年底才来到了跋布川。

跋布川坐落在一座大雪山的脚下，其地“常冰，有寒疠”，中原的人刚到那里时很不适应。

进了城以后，冯德遐发现，跋布川的建设虽然远不如中原的长安，甚至连长安周围的一个县城都不如，但也已经初具规模，有了房屋庐舍，并不是想象中的“逐水草而居”。

安顿下来之后，那个特使带冯德遐去见松赞干布。他们弯弯曲曲走了好一阵子，穿过了好几幢大房子，最后在一座用兽皮搭起的帐篷外面停了下来。

“难道松赞干布会住在帐篷里？”冯德遐暗自纳闷。

他猜得一点也没错，松赞干布确实就住在帐篷里。《新唐书·吐蕃传》上就如此写道，松赞干布（当然不止松赞干布一个人，还有以后的许多位赞普）“有城郭庐舍不肯处，联毳帐以居，号大拂庐”。

这毳帐因系兽皮制成，所以，在这高原苦寒之处乃是居家的最好场所。

听说唐朝“天可汗”派来了使节回访，松赞干布很高兴，连声说“有请”。

进得帐来，冯德遐发现帐内别有洞天——外面看起来毛乎乎一片的毳帐，里边竟能容纳数百人，而且还有不少负责警卫工作的卫士，不由对吐蕃赞普生出了几分敬意。

宾主落座以后，冯德遐向松赞干布转达了太宗皇帝对赞普的抚问，松赞干布也表达了欲世世代代为唐朝藩属的愿望，双方谈得很是投机。这次谈话中，双方谁也没有提及求婚一事，冯德遐是想让松赞干布先开口；而松赞干布呢？他压根儿就不知道有这回事。

冯德遐告辞出来后，那个在太宗面前碰了一鼻子灰的吐蕃特使心怀不忿，于是，就乘赞普单独召见自己之机，向松赞干布添油加醋地描绘了中原一带的女子是如何美丽，又说与吐蕃接壤的吐谷浑已经娶走了一位唐朝公主，继而大谈自己是如何地忠心耿耿，替赞普向“天可汗”唐太宗求婚，太宗皇帝差不多就要应允了，却“半路上杀出个程咬金”——吐谷浑王横刀夺爱，硬把一个本应属于赞普的美人儿给抢走了。

“什么？”松赞干布一听国力并不如他的吐谷浑王诺曷钵竟敢公然与他作对，火腾地一下子就上来了。他也不想想其中是否有诈，便立即调集兵马，准备讨伐吐谷浑。

还在客馆逗留的冯德遐闻讯赶来，劝松赞干布不要轻启刀兵，又说他正要回长安，倘若赞普果真有意欲作大唐的女婿，可以亲笔修书，派专使携带，随他一起返回中原，他定当竭尽全力玉成此事。

松赞干布一听，觉得有理，便又派那个特使作为专职的求婚使者，随冯德遐一起前往长安，再提旧事。

尽管在心中一百个不愿意再跋涉万里，但那特使还是领命前往，因为事情是他自己惹出来的。

等他们一行到了长安，已是太宗贞观十年的年底。当时正赶上被太宗视为贤内助的长孙皇后病逝，太宗皇帝的情绪不佳。再加上这一年三月，吐谷浑王诺曷钵已经遣使入贡，处事极有分寸的唐太宗见吐蕃来使携来的书信中屡有辱及吐谷浑之处，语气亦颇为不敬，心中不快，于是，通过冯德遐转告吐蕃使者，请他们另择使节前来，因为通婚乃国之大事，现在的使节品级太低。

见“天可汗”下了逐客令，那使者有些恼羞成怒，勉勉强强熬过了春节，即打道回吐蕃，贞观十一年的年底，回到了跋布川。见了松赞干布，他不肯说没完成使命是因为自己品级太低，而一股脑儿把责任都推到了吐谷浑王诺曷钵和“天可汗”唐太宗身上，说他们看不起吐蕃，认为吐蕃赞普配不上大唐公主，还说了许多难听的话。

“好啊！”松赞干布气得哇哇怪叫，“他们看不起吐蕃，我就让他们看看我吐蕃的实力！”

于是，他即刻点起二十万精兵，浩浩荡荡地杀奔北疆。

吐蕃的国力是不是很强，这一点笔者不敢说，但其军力当时可是除唐王朝以外最强的。《新唐书·吐蕃传》上说：“其铠胄精良，衣之周身，窍两目，劲弓利刃不能甚伤”——装备精良；“其兵法严，而师无馈粮，以虏获为资”——打仗时连军粮都不带，而专靠夺取敌人的军粮为食，颇有点楚霸王项羽破釜沉舟的味道；“每战，前队尽死，后队乃进”，这样一支军队，小小的吐谷浑如何是其敌手？所以，不过旬日之间，吐蕃军队就将吐谷浑王诺曷钵赶出其故地，直追到青海之阴（青海湖的北岸）。一路上，松赞干布又捎带着连破党项、白兰诸羌。

取得对吐谷浑作战的决定性胜利以后，松赞干布有些得意忘形。他以为大唐的军队也会像吐谷浑一样不堪一击，于是，挥二十万得胜之师“入寇松州”——向大唐军队挑衅。

来到松州城下之后，松赞干布命人前往唐军营中下书，同时贡上金甲一副。在书信中，松赞干布狂妄地说，他挥二十万大军，前来迎娶大唐公主，“公主不至，我且深入”——倘若大唐不乖乖地将公主送出，他就要率军深入唐境。

松州都督韩威一开始根本没有把松赞干布放在眼里，只带了一支几千人的队伍“轻出战贼”，结果，大败而归。松州都督府下属的各少数民族乘机纷纷起兵，响应松赞干布。消息传到长安，太宗力排众议，决定先予轻易犯边的吐蕃军队以坚决的回击。

唐王朝很快调集了四路大军：以吏部尚书侯君集为行军大总管，出当弥道；派右领军大将军执失思力领兵出白兰道；派右武卫大将军牛进达出阔水道；派领军将军刘兰出洮河道，四人共率精兵五万，进讨吐蕃大军。两军各在松州城下安营扎寨。

那侯君集虽然称不上大唐数一数二的战将，但也是与秦琼（叔宝）、程知节（咬金）等人一起入选唐太宗凌烟阁的二十四功臣之一，用兵十分了得。到达松州城下的当天夜里，侯君集就亲率一支敢死队，衔枚夜行，偷袭吐蕃军营，斩首千余。

松赞干布失利的消息，很快就传到了吐蕃首府跋布川，朝中一些一向反对对唐用兵的贵族坚请松赞干布罢兵，甚至有八人还以死相谏。迫于内外的压力，松赞干布“始惧，引而去，以使者来谢罪，固请婚”。

太宗经过深思熟虑，觉得对吐蕃宜抚不宜战。所以，当吐蕃使者到来时，他很快就做出了两项决定：一是接受松赞干布提出的停战谢罪的请求；二是许婚，答应将一个宗室之女收为义女，封为文成公主，下嫁吐蕃。

但是，太宗盯了那使者一眼，严厉地对他说：“吐蕃迎亲的人员品级要高！松赞干布不能来的话，最低也得有大论薛参加！”

使者赶紧跪下谢恩，说是立刻回去禀报松赞干布。

此次大唐与吐蕃也算是不打不相识，经过松州城下一战，双方不仅增进了了解，就连和亲一事也原则上达成了协议。

当然，和亲过程中，不乏一些有趣的插曲。

唐太宗设题难婚使 禄东赞妙思巧应答

公元六四〇年十一月，吐蕃、天竺、大食、格萨、霍尔等五个政权首领遣使齐集大唐王朝京师。这五个政权的使节语言不同，服饰、打扮、举止也都不同，但有一点却是相同的：他们都是作为特使，来长安为首领向大唐求婚的。

求婚的人有五个，太宗皇帝要聘的女儿却只有一人，因此，对每个使节来说，他们的机会只有五分之一。

太宗在接见使节们时曾有一段言简意赅的讲话，其意大略为大唐的公主乃金枝玉叶，不能随随便便嫁人，因此，他特地出了四道试题，请各位使节回答，哪个答得最快最好，公主就嫁给哪位使节的首领。

通译把这段话译给五个使节，天竺、大食、格萨、霍尔的使节面有难色，只有吐蕃使节大论薛禄东赞看上去胸有成竹。

在叙述使节们的答题活动之前，我们先简单地解释一下吐蕃使节六个字的称谓："大论薛"乃是音译，其义为"大相"，亦即汉人通常所说的丞相；"禄东赞"才是这位使节的名字。

且说禄东赞献上所带来的五千两黄金的聘礼后，静静地立在一旁，等候答题。

太宗所出的第一道题是：给答题人一颗九曲明珠，还有一束丝线，要他们把丝线从孔的一端绕过九道弯穿到另一端。

这道题看似简单，实际上却很难。倘若那颗明珠的孔洞不是九曲回环的话，那当然容易，问题是孔有九道弯，丝线又是软的，怎么才能将其送到另一头？

其他四位使节还在那里抓耳挠腮，禄东赞却已经想好了主意。只见他在地上捉了一只蚂蚁，细细地打量起来。

"他捉蚂蚁干什么？"另外几位使节鄙夷地想，"这个时候还有这份闲心！"

只见禄东赞不慌不忙地打开那团丝线，小心翼翼地在蚂蚁身上拴好，然后，将蚂蚁塞入明珠孔内。那明珠的孔道极细，因此那只蚂蚁也只有进路而无退路——根本转不过身来。等了好半天，却不见那只蚂蚁爬出来，随侍在侧的吐蕃副使有些担心，禄东赞却自有妙计。他俯下身去，不断地往那小孔里吹气。那只小蚂蚁被气一吹，慢慢地又爬了起来，它爬啊爬啊，终于爬出了九曲孔道。早就等在另一端的禄东赞眼疾手快，一伸手，就把那只小蚂蚁捏住，解下了系在它腰上的丝线，前后只用了不到半个时辰。

第一关遂告通过。

太宗出的第二道题是：命五个使节分别辨认出关在两处的一百匹骒马和一百匹马驹的母子关系。

这又是个看似令人无从着手的难题。马又不是人，怎么能辨别出哪匹马驹儿是哪匹骒马所生？另外的四个使节束手无策。

禄东赞上前附在负责考试事宜的唐朝官员耳边如此这般地说了几句，官员转奏于太宗。太宗微微颔首：禄东赞又答对了。

霍尔的使节不服，他高声抗议，并要求公布吐蕃使者的答案，以示公正。

禄东赞慢慢悠悠地开了口。他说，要分辨哪匹马驹儿是哪匹骒马所生，其实也很简单，只要将它们分别关在两处，饿上几天，再把它们放开，那时，母子天性，马驹儿定会奔向生它的骒马吃奶。

霍尔的使者也是自幼生长在草原，听了禄东赞的答案，倒也挑不出任何毛病来。

第二道难关又告通过。

唐太宗出的第三道题并不是题。就在考试的当天晚上，五个使节突然接到邀请，说是大唐皇帝请他们前去欣赏他亲自创作的大型歌舞《秦王破阵乐》，并且每个人只允许带一名随从。歌舞结束以后，夜已深了，太宗这时才说出了他的真实意图：请五位使节自己找路回住地。歌舞的场所是在九曲深宫，这中原的曲院回廊，对于生长在边鄙之地的五个使节来说，简直不亚于诸葛亮的“八阵图”，要又快又准地原路摸回去，绝非易事。

结果，仍是禄东赞先回到他下榻的迎宾馆。早就守候在那里的唐朝官员很吃惊，忙问其所以，禄东赞开了一句玩笑，说是他们吐蕃族信奉的天神在暗中指引他，所以他才能又快又准地回到住地。

这当然是玩笑了。实际情况是当禄东赞要入宫观看歌舞时，就已考虑到路途不熟，晚上返回时容易迷路，所以他命那个随从，在九曲回廊的每一个拐角处都做了特殊的标识。他们正是按照这些标识既快又准地摸回住地的。

第三道难关又告通过。

太宗皇帝出的第四道题是：请五个使节从打扮得一模一样的二千五百名少女中辨认出哪位是公主，并明确宣布公主只有一个，哪位使臣能够认出，公主就嫁给该使节的首领。

这又是一道难题。

当时的大唐与周边各政权平素往来不是很多。在那些使节的眼中，可能会觉得中原所有的女子都貌若天仙，却长得一模一样，要叫他们从这千人一面的脂粉群中找出那位金枝玉叶，恐怕不亚于要他们在一群美丽的孔雀中找出一只凤凰，其难度是可想而知的。

这时，天竺、大食二使节已退出竞争，格萨、霍尔的使臣也知难而退，全场只剩下禄东赞一个人了。

好一个禄东赞，只见他装模作样地对身旁的监考官说，他会法术，能够在公主的头顶上拘来一朵五色云。他这句话是大声说的，又特意命他的翻译把它大声地译成汉语。说完以后，他又双手合十，似在用功作法。大约过了半个时辰，他突然把双眼一睁，望空虚指，口中念念有词道："大家快看，公主头上是不是有朵五色彩云？"

他这一喊不要紧，不仅主考、监考都举头望天，那二千五百名少女中，也有二千四百九十九名仰起了脑袋凑热闹，只有站在最前排左首第二个穿粉红色长裙的少女没有抬头。禄东赞举步上前，翻身拜倒，口中连称："吐蕃使臣禄东赞叩见公主殿下！祝公主殿下千岁，千千岁！"

不用问，这一回禄东赞又答对了。

禄东赞采用的是"兵不厌诈"的方法，并利用了人们的好奇心理。他将二者结合起来，算准了突如其来的一喊，定会给不是公主的人造成一种错觉，他们定会往真正的公主那里看，结果，果不其然。

这四场考试下来，太宗皇帝已经暗暗喜欢上了禄东赞，遂决定把宗室女琅琊公主的外孙女许配给禄东赞为妻，被其婉拒。爱屋及乌，大唐与吐蕃和亲一事，也就最后确定了下来。

为公主筑城夸后世
给宰相写信表忠心

唐太宗贞观十五年（641 年）正月，大唐京城长安西郊，一场隆重的欢送仪式正在举行。众文武奉皇帝之命，在这里欢送即将远嫁吐蕃的宗室女文成公主。作为“娘家人”护送文成公主前往吐蕃的是江夏王李道宗。

李道宗是唐高祖李渊的侄子，于文成公主来说是叔父，当时又正好担任礼部尚书，因此，由他充任护婚使是再合适不过的了。

告别了长安以后，李道宗、文成公主一行日夜兼程向吐蕃首府逻布川前进。直到这一年的十月十五日，公主一行才来到柏海（其地在今青海省扎陵湖附近），松赞干布早已率众在那里等候。

因为尚未成婚，所以，大唐这方是李道宗出面与松赞干布应酬。一开始，李道宗心里还在想倘若松赞干布对自己倨傲不敬怎么办。谁料，见了面之后，松赞干布却对李道宗非常恭敬，而且还行了伏地叩首的子婿之礼。

松赞干布对中原文化，更表现出由衷的钦羡。《新唐书・吐蕃传》上说他“见中国服饰之美，缩缩愧沮”——感到有些自惭形秽，所以，对貌若天仙的大唐公主敬若天人。

到了逻布川以后，松赞干布因“自以其先未有婚帝女者，乃为公主筑一城以夸后世”——觉得能娶回大唐皇帝的女儿做妻子，真是自列祖列宗以来前所未有的荣耀，所以特意为文成公主修筑了一座唐城。

在吐蕃的诸多习俗中，文成公主最看不惯的就是“以赭涂面”。所以，在和松赞干布成亲之初，她就向丈夫提出，请他下令以后禁止族人以赭涂面。那时正是两情缱绻之时，松赞干布为了赢得文成公主的那颗美人心，自然是有求必应了。

新婚燕尔，松赞干布又连下数道命令，遣诸豪子弟赴长安学习《诗》、《书》，要求衣着服饰要向中原学习，文成公主很高兴。

唐太宗贞观十八年（644 年）七月，因为高句丽无视唐王朝勿攻新罗的警告，太宗决意兴兵攻之，诏命洪、饶、江三州造船四百艘以运军粮，遣幽、营二都督兵及契丹、奚、靺鞨之众先击辽东以为试探；以韦挺为馈运使，节度河北诸州，命萧锐运河南诸州粮入海。

十一月，太宗离开长安，以张亮为平壤道行军大总管，率兵四万，乘战舰五百艘由海路直逼平壤；以李勣为辽东道行军大总管，率步骑六万趋辽东，海陆并进击高句丽；并命令契丹、新罗、百济分道出兵。

次年五月，张亮等率军自莱州（今山东掖县）渡海袭卑沙，获八千俘虏，陈兵鸭绿江畔。

李勣兵至辽东城（今辽宁辽阳）下，高句丽王遣步骑四万往救辽东。李勣、李道宗等大败高句丽救兵，斩首千余。太宗亲自渡辽水，并撤桥以示有进无退，围辽东城数百重，克之，杀万余人，得兵万余。

一个月以后，太宗自辽东出发，将攻安市城（今辽宁海城南之营城子），高句丽北部耨萨（官名，相当于唐王朝都督）高延寿、高惠真率高句丽、靺鞨联军十五万往救安市，前军直抵城东八里，依山布阵，长四十里。太宗指挥李勣、长孙无忌诸军齐头并进。薛仁贵着奇装异服，大呼陷阵，所向无敌。大军猛攻，高句丽兵大溃，斩首二万余，高延寿、高惠真率众三万余人请降。

是役，唐王朝军队共获马五万匹、牛五万头、铁甲万领。高句丽举国为之震动。

消息传到万里之外的吐蕃时，太宗已经收兵班师了。

为了表达自己对“天可汗”引兵击辽的敬意，松赞干布再次派大论薛禄东赞为特使，到长安贺捷，并携带赤金打制的鹅一只和贺信一封。

松赞干布在信中写道：“陛下平定四方，日月所照，并臣治之。高句丽恃远，弗率于礼，天子自将度辽，隳城陷阵，指日凯旋。虽雁飞于天，无是之速。夫鹅犹雁也，臣谨冶黄金为鹅以献。”

禄东赞到了长安，拜见了唐太宗，并呈上了书信和那只黄金鹅。那鹅果然不是凡物。只见它身高七尺，腹中空空，实以美酒，拔开塞子，竟整整倒出美酒三斛，李世民十分高兴。

唐太宗贞观二十二年（648年）五月，一场严峻的考验又摆在了松赞干布面前：

唐王朝的使节王玄策出使天竺。当时的天竺分东、西、南、北、中五天竺。其中，中天竺最强，其余四天竺皆臣属之。王玄策出使天竺，除了中天竺以外，其余四天竺皆愿臣属于唐。适逢中天竺王新死，其大臣阿罗那顺自立为王，发兵攻王玄策，尽掠诸国给大唐王朝的贡物。

王玄策只身一人逃到了吐蕃。

天竺与吐蕃比邻，而大唐远在万里之外，此时是继续臣属于唐，保护王玄策呢，还是将王玄策送出以"近交远攻"呢？

松赞干布毅然选择了前者，他"发精兵"千人给王玄策。王玄策率援兵大破中天竺兵，俘阿罗那顺及其王妃与王子，虏其男女一万余人。天竺城邑部落降者五百余所。

吐蕃与大唐的关系经历了这次考验之后，变得更加牢固。

贞观二十三年（649年）五月，一代英主李世民病逝，其子李治继位，是为高宗。在高宗继位之初，松赞干布遣特使致书于大唐顾命大臣长孙无忌，在信中说："天子初即位，下有不忠者，愿勒兵赴国共讨之！"并献上金琲（成串的珠子）十五种，说是要以之敬献于太宗皇帝的昭陵。

唐高宗永徽元年（650年）五月，亦即太宗晏驾后的一周年，松赞干布病逝于吐蕃首府跋布川。

这一年，他年仅三十四岁。

梨园祖师　温泉迷

——唐玄宗李隆基

◎诛诸韦，不愧大唐再造者
迷温泉，可谓帝王第一人

◎开梨园养艺人，名传千古
懂理论能实践，被尊祖师

台湾历史学家柏杨先生在总结了中国历代封建王朝的得失兴废以后，曾提出了一个“瓶颈”理论。他认为，就每个封建王朝来说，其开国君主故去后的三四十年乃是维持其正常统治的非常时期。有许多短命王朝之所以短命，其原因就在于其第二任皇帝或第三任皇帝的人选非其人。这段时期恰如一个细颈大肚的瓶子的颈部，过了颈部，就可以进一步施展国力了。

由李渊肇基，李世民发展壮大的大唐王朝和其他任何一个封建王朝一样，也有其统治上的瓶颈阶段。这个阶段从武则天垂帘听政，一直到中宗韦皇后弄权误国，差不多持续了近一个世纪。“瓶颈”期间，唐王朝一度被武则天建立的大周政权所取代，后经张柬之等人同心合力，才得以再造。得以延续的李姓王朝，因其名义上执掌者李旦的昏庸又接着

“瓶颈”下去。处在风雨飘摇之中的唐王朝，若不是一个皇族少年挺身而出，当机立断地诛除诸韦，恐怕早就毁于一旦了。

这位挽唐王朝于“既倒”的皇族子弟是谁呢？熟悉这段历史的人都知道他就是先被封为临淄王，后被封为楚王，最后成为明皇帝的唐玄宗李隆基。关于李隆基这个人，在他生活的那个时代，就已经有了种种传说和故事。这些故事有的出自稗官野史，有的则系“小说家者流”的杜撰和臆测，和真实的李隆基还是多少有些出入的。

那么，历史上真正的李隆基是个什么样的人呢？

诛诸韦，不愧大唐再造者
迷温泉，可谓帝王第一人

说起李隆基，我们当然不能不提及他是平定诸韦的英雄，是使唐王朝顺利渡过瓶颈危机的明主。有许多喜爱田园牧歌式悲剧格调的人，曾经一次次为白居易的《长恨歌》所倾倒。每当读到“蜀江水碧蜀山青，圣主朝朝暮暮情”时，他们都会禁不住击节赞赏，并由此认定李隆基是个多情种子。尤其是当他们读到或听到李隆基以春秋鼎盛之身，并无大过大恶，而竟因“安史之乱”，被逼迫退位，以“太上皇”的虚衔了却余生时，更是欷歔再三，甚而涕泗交流。

其实，文人笔下的李隆基与历史上的李隆基，就像《三国演义》中的曹孟德不能等同于《三国志》中的曹操一样。

不错，李隆基是喜欢女人，尤其是喜欢年轻貌美的女子，杨玉环也的确是他从儿子李瑁怀中夺来的。但与对权力的追求相比，李隆基永远是舍弃前者而死死抱住后者的。不然，他为什么舍得“在天愿作比翼鸟，在地愿为连理枝”的爱妃“宛转蛾眉马前死”，而不能自杀殉情呢？原因很简单，李隆基像中国古代的大多数帝王一样，爱女人只限于在养尊处优无任何危险之时，此刻，女人如同他们的玩偶。

至于对权力的追求，李隆基是个热衷者，但不是一个痴迷者。史家在论及他时，往往将其一生分为开元及天宝两个时期加以说明。

在开元及开元以前的时期，李隆基本人十分热衷于权力。可以说，正是对权力的热衷，才促使李隆基与太平公主、太平公主之子薛崇暕、苑总监钟绍京、前朝邑尉刘幽求等人结成临时同盟，一起铲除诸韦；正是对权力的热衷，才使得他翻手为云，覆手为雨，先把被武则天废黜的相王李旦请出来做天子，然后在时机成熟之后，又逼李旦下台自己做皇帝，而以太上皇的虚衔去打发他的父亲李旦（李隆基系李旦第三子）。记得有一位史学家在论及李旦、李隆基、李亨祖孙三代三个皇帝错综复杂的关系时，创造性地用了一句歇后语，叫"父为太上皇，子为太上皇——一皇不如一皇"，这句歇后语真是恰当极了。

论起政治才能，李隆基可能远胜于李旦，但他的晚年为什么反而不如李旦了呢？是不是真像有人所说的那样，是因为"李隆基的儿子不如李旦的儿子"呢？从根本上来说，不是。

因为李旦到了晚年还热衷于权力，而李隆基到了晚年则根本不想处理国政。

穷其一生，李隆基最喜爱的究竟是什么呢？说出来你也许不信，三个字：洗温泉。

李隆基是先天元年（712年）八月庚子日即皇帝位的，次年，他就开始"幸温泉"了。

为说明问题，我们不妨先摘录几段出自欧阳修等人之手的《新唐书·睿宗玄宗纪》：

开元元年，十月己亥幸温汤。

开元二年，九月戊申幸温汤；十月戊午至自温汤。

开元三年，十月甲子如凤泉汤；十一月己卯，至自凤泉汤；乙酉幸温汤，甲午至白温汤；

十二月乙丑降凤泉汤。

开元四年，二月丙辰幸温汤；丁卯至自温汤；十二月乙丑至自温汤。

在其后的几十年中，李隆基是每逢冬季必到温泉。除了因白居易《长恨歌》中“春寒赐浴华清池，温泉水滑洗凝脂”的诗句而名声大噪的华清池（时称“华清宫”）温泉以外，李隆基喜爱的温泉还有凤泉、广成泉等。

据笔者统计，仅在《新唐书》中，李隆基幸温汤就出现了七十九次。正史所未载的恐怕亦不在少数。在这些温汤池中，他最喜欢的大概是凤泉和华清二泉了。有趣的是，即使是天宝四载八月壬寅日，册立杨太真（杨玉环）为贵妃以后，李隆基爱洗温泉的习惯仍然未改。这时，他已是年过花甲了。因此，他将洗温汤的地点固定于一处——他所垂青的华清池。但不管怎么说吧！他爱好洗温泉的习惯至死也没有改变。这在历代帝王的本纪中，也可以算做是一个“之最”吧！

开梨园养艺人，名传千古
懂理论能实践，被尊祖师

以帝王之身而为俳优之业，李隆基大概是空前的。虽然在其后还有一个人所共知的后唐庄宗李存勖，但是，无论从哪个方面来说，李隆基都要高出李存勖一筹。如果说李隆基是大师，那么李存勖充其量不过是一个喜欢蹦蹦跳跳的戏子而已。这样说，其实一点也不过分。

在今天陕西省西安市内，有一处鲜为人知的文化遗址——梨园。该园建成于盛唐时代，坐落于唐皇宫宜春北院内。园内设广场，主要用于训练宫廷歌舞艺人，也可以用于拔河、打马球。这个园后来之所以变得闻名遐迩，与李隆基的扶持是分不开的。

《新唐书·礼乐志》上说：“玄宗既知音律，又酷爱法曲，选坐部伎子弟三百，教于梨园……号皇帝梨园弟子。”

还是在武则天大圣皇帝时代，有一年的五月初八日，武则天为她所宠爱的一个公主庆生。武则天这个人，据史料上记载，“虽滥以禄位收人心，然不称职者，寻亦黜之，或加刑诛。挟刑赏之柄以驾御天下”。

因此，手下群臣是既恨她，又怕她。唐王朝李姓宗室对这个“外姓人”也隐隐有一种排斥心理。有一年，她“召诸宗室朝于明堂，诸王递相惊，琅琊王冲起兵博州，越王贞起兵豫州，以匡复唐室。众皆不满万，太后分遣将击杀之。因欲悉诛诸王，使周兴按之，于是收韩王元嘉、鲁王灵夔、黄公撰与常乐公主于东都，迫使自杀”。

尽管武则天如此作践李氏诸王，但迫于她的淫威，她有个大事小情的，宗室子弟还都得捏着鼻子前来帮忙。这一次生日庆典，那些尚未被武则天废黜的李氏诸王挨个儿呈上一份份的贺礼：什么嵌有“福、寿、康、安”四个字的项圈啦，什么大食国进奉来的西域珍玩啦，不一而足。

轮到李隆基了，他却两手空空，没有带任何贺礼。武则天见了，登时就把脸拉下来了。旁边的人也暗暗替李隆基捏了把汗。相王李旦更是暗自心慌，他在心里连连叹道：“孩儿啊，你怎么这样莽撞？这是什么日子你又不是不知道，别的人想巴结母后还巴结不上呢，谁想你却两手空空！这不是明摆着大不敬吗？”与李隆基不睦的几个小王子见了，却暗自高兴：“这才叫人算不如天算呢！平日里则天大圣皇帝喜欢你，不挑你的毛病，今天，嘿嘿……”

在众人或忧或喜的目光注视之下，李隆基不慌不忙地来到武则天座前，叩了三个头之后，站起身来说：“今天是武皇高兴开怀之日，皇孙（武则天是李隆基的祖母）无以为献，斗胆进上一曲自度的《长命女》，愿它能给武皇带来快乐！”言毕，李隆基徐展歌喉，将那首《长命女》从头到尾演唱了一遍。虽然称不上余音袅袅，绕梁三日，但也确实字正腔圆，因而，李隆基受到了不轻易假人以辞色的武则天的亲口称赞。

等到当了皇帝之后，李隆基对艺术的痴迷更是变本加厉。他不仅派宁王主持朝庆大典所用礼乐的制作工作，而且在蓬莱宫的旁边单独开辟了一个院落，专门安置“新声、散乐、倡优”艺人，对这些艺人们时常赏以金银。玄宗皇帝的这些举动自然惹来一班以“正统”自居的大臣的不满。

当时，有一个叫袁楚客的县尉就曾上疏劝谏，对玄宗皇帝的特殊爱好期期以为不可，但酷爱此道的李隆基仍然痴迷不改。

为了进一步繁荣戏曲事业，李隆基先后创作了《龙池乐舞》《圣寿乐》《破阵乐舞》《光圣乐舞》《小破阵乐舞》等。

为了培养人才，他又因材施教，把三百梨园子弟分为坐、立二部。什么叫“坐、立二部”？用《新唐书·礼乐志》上的话说就是：“堂下立奏谓之立部伎，堂上坐奏谓之坐部伎。”

为了保证演员中不再出现“南郭先生”一类的人物，李隆基又派遣专门的工作人员“太常”对梨园子弟逐一进行考核。其办法是坐部不可者下放到立部，立部不可者才再命他们去演奏难度较低的雅乐。

二部不仅水准高低不同，而且演奏的曲、舞也不同。一般来说，坐部伎主要演出《燕乐》《长寿乐》《天授乐》《鸟歌万岁乐》《龙池乐》《小破阵乐》。立部伎主要演出《安舞》《太平乐》《破阵乐》《庆善乐》《大定乐》《上元乐》《圣寿乐》《光圣乐》。

当时的知名文人贺知章曾专门为梨园子弟写过《紫清上圣道曲》；道士司马承祯、李会元也分别制有《玄真道曲》《大罗天曲》；河西节度使杨敬忠又献《霓裳羽衣曲》。

对音乐、戏曲浓厚的兴趣，加上过人的天资，使李隆基无论是在理论上，还是在实践上，都显得卓尔不群。

当时，在唐朝的都城长安流传着一个“曲有误，周郎顾”式的故事。

那是在杨敬忠进献《霓裳羽衣曲》之后不久，李隆基日夜督促梨园子弟排练。非止一日，手下人来报，说曲子练成，请万岁爷前往品鉴，李隆基欣然前往。

载歌载舞中，立部伎梨园弟子开始演奏。原来，这《霓裳羽衣曲》有一些与众不同的演奏要求。其基本要点是曲子将近尾声时，要演奏得越来越缓。

不知是什么缘故，本来一向练得得心应手的立部伎弟子，在演出这首曲子时，没有按要求一点点地将曲调放慢，而是陡地如石破天惊，戛然而止。正沉浸在美妙的艺术享受中的李隆基，在听曲子的前半部分时完全陶醉了，但当听到结尾时，他却忍不住忽地站了起来，叫道：“停，停下来！结尾演奏有误，应该依次渐缓！”李隆基一边打着手势，一边说："对！应该舒而缓之，而不应该陡然而止，不然，怎能传递出如高山流水般的意境呢？重来！重来！"立部伎弟子听了，一个个都十分佩服。

安史之乱平定以后，李隆基以太上皇的身份返回长安。由于子不孝、臣不贤，因而他只能闲居于皇宫内的甘露殿，将一腔的悲怨，转化为对音乐、戏曲的痴迷。为了慰藉自己，他私下里请来了民间艺人，请他们为他排演一出"上穷碧落下黄泉"的神话剧目——后人从迷信角度出发，往往以"请方士作法"解之。忧能伤人，不久，李隆基病倒。在病中，他对音乐仍不能忘怀。据说在辞世的前一天夜里，他还拿出心爱的紫玉笛，吹弄了一番。

宝应元年（762 年）四月甲寅日，李隆基死于宫中，终年七十八岁。由于李隆基生前对我国音乐、舞蹈、戏曲的发展所作出的突出贡献，加上他本人在戏曲理论方面的深厚造诣，所以在其死后不久，民间的戏曲艺人就开始尊他为梨园祖师。在一些封建文人的笔下，李隆基则是以戏曲圣人的面貌出现。

戏子皇帝『李天下』

——五代十国后唐庄宗李存勖

◎不负父亲三矢之托
一统中原半壁江山

◎消极怠政醉心俳优
枉杀忠臣自毁长城

黄金榜上，偶失龙头望。明代暂遗贤，如何向？
未遂风云便，争不恣狂荡。何须论得丧？
才子词人，自是白衣卿相。
烟花巷陌，依约丹青屏障。幸有意中人，堪寻访。
且恁偎红倚翠，风流事。平生畅。青春都一晌。
忍把浮名，换了浅斟低唱。

这一首词乃是宋代有名的风流才子柳永所作。传说宋仁宗读了之后颇为不喜，三甲殿试时，把本已名列前茅的柳永朱批黜置不取，并且调侃似地批示：“该生可以不取，令其且去填词！”仁宗皇帝的一句话决定了柳永一生坎坷多舛的命运。像那位因兴之所至，写下“不才明主弃，多病故人疏”的唐代大诗人孟浩然因诗忤逆帝王而郁郁终生一样，终柳永一生，这位满腹经纶的才子也只能“且去填词”，把大好的光阴都消磨在“恁偎红倚翠，风流事”之中。据说，这位以“醇酒、女人、诗词”自娱的才子，晚年十分拮据，死后还是仰慕他才华的歌伎凑份子把他安葬的。

真是：终生不觉扬州梦，博得青楼留姓名。

这是一个因酒、色、才、气误了终身的普通人的故事。下面再说个因酷爱优伶，且常亲自粉墨登场，终因不理国政而亡国的帝王的故事。

不负父亲三矢之托
一统中原半壁江山

缘何将帝王与平民并列？只因他们都是古人所谓“不务正业，至性至情之人”，更重要的是他们身后都十分窘迫，都是由他们所爱却为世人所不齿的人安葬。

这位帝王姓李名存勖，别号亚子，一名亚次，生于唐光启元年（885年）十月二十二日。《旧五代史·唐书·庄宗纪》上有这样一段话：“曹氏以唐光启元年岁在乙巳，冬十月二十二日癸亥，生帝于晋阳宫。妊时，曹后尝梦神人，黑衣拥扇，夹侍左右。载诞之辰，紫气出于窗户。”

这段记载当然带有一定的迷信色彩，但根据中国古代文化中“人之成神，盖以其有名也”这条不成文而实际上在古代典籍——包括最严肃的史书中屡试不爽的规则，这个姓李名存勖，小名亚子的男孩，在其以后的一生中，必有一番惊人的业绩。

事实上，也的确如此。

李存勖的祖先本姓朱邪，盖出于西突厥一族，唐德宗时该部出了一个名叫尽忠的青年，因事失陷于吐蕃。后乘吐蕃内乱，尽忠携子执宜东逃，至石门关时被吐蕃追及，力战身亡。执宜逃至唐王朝，在唐河西节度使范希朝手下任职，领一军皆骁勇善战，号沙陀军。执宜死后，其子赤心承袭父职。赤心以军功升至太原行营招讨、沙陀三部部落军使，再升迁至单于大都护、振武军节度使，并蒙唐朝皇帝赐姓名为李国昌。国昌生子名克用，克用即李存勖之父。

唐王朝统治者对国昌、克用二人是既惧又恨，先诱其以高官，而后乘其出击党项、吐谷浑之机而袭之，李氏父子亡走鞑靼。

不久，“冲天大将军”黄巢袭破长安，唐僖宗李儇逃往四川。代北起军使陈景思因所统沙陀各部骄悍难御，不得已召回李克用（李国昌已经病故）。李克用复出之后，在南征北战中，与唐末五代时另一枭雄式人物朱温结下了梁子。

朱温本系黄巢起义军中的一员悍将，后降唐，被唐封为左金吾大将军、河中行营招讨副使，后升迁至汴州刺史。当他在汴州刺史任上时，李克用因追击黄巢部将黄邺，路过汴州，驻军城外封禅寺。

虽已降唐，但身怀帝王之志的朱温，一直把统率沙陀部众的李克用视为潜在的敌手，必欲除之而后快。借为李克用接风洗尘之机，朱温在汴州城内的上源驿摆下了一场“鸿门宴”。将李克用灌得酩酊大醉以后，朱温的部下四处纵火，伏兵四起，大有将李克用生擒活捉之势。多亏了侍者郭景铢，从者薛铁山、贺回鹘等人舍命相救，李克用才得以逃脱。至此，李、朱二人结下了不解之仇。

汴州之变后三个月，李存勖出生。汴州之变后的第二十四个年头，他那桀骜不驯的父王赍志而没。临终前，李克用策划了屡为史家们所津津乐道的一幕：

世传武皇（即李克用）临薨，以三矢付庄宗（即李存勖），曰：一矢讨刘仁恭，汝不先下幽州，河南未可图也；一矢击契丹，安巴坚（通译阿保机）与吾把臂而盟，结为兄弟，誓复唐家社稷，今背约附贼，汝必伐之；一矢灭朱温，汝能成吾志，死无憾矣！

李克用的临终嘱托，在青年李存勖的心中，留下了永难磨灭的印象。从父死到国立这十几年间，李存勖夙兴夜寐，劳而后已。

公元九〇八年五月，其父李克用刚刚辞世三个月的时候，李存勖就亲率一支奇兵大破梁军。这次战役，梁军大溃南走，其招讨使被杀，死亡将士达三万人，军粮、器械丢弃无数。令可以算得上是李存勖父辈的朱温惊叹不止，对李存勖是又敬又恨。他感慨良多地说："生子当如李亚子，克用为不亡矣！至如吾儿，豚犬耳！"

这一战以后，李存勖声名鹊起，如日中天，历史把这个原本平凡的男子推向了他所难以承受的高度。

李存勖，可能是一个很好的将军，甚至还可能是一位了不起的军事家，但他却不是一个好的政治家。在战火纷飞的年代，一个好的政治家可能同时又是一个好的军事家；但一个军事家，往往昧于时事，惯于政治上做一些武夫所为的事情，刘邦与韩信的区别即在于此。

无论是在戎马倥偬的行伍年代，还是在面南背北登基称帝之时，李存勖从来都没有过什么远大的政治抱负。除了冲冲杀杀以外，他最爱干的事情就是面涂粉墨登台去演戏。

公元九二三年十月的后唐王朝临时行都魏州。

秋风萧瑟，易水生寒。骑在一匹乌青马上的李存勖，望着遥远的天际，心中充满紧张、惶惑、怅惘、激动……种种情绪交织在一起，说不出是该笑还是该哭。此次出征，后唐乃是与倾全国之兵而来的大梁作殊死决战，不能不做两手准备。思及于此，他扬鞭叫来站在远处的一个侍从，说："叫皇子来！"

不大工夫，皇子李继岌一副戏子伶官打扮急匆匆地赶到。不待其张口，李存勖便心事重重地说："我就要亲统大军出征了。此次出征，胜败可能各占一半。朱梁，是我们李家的死敌，你不是他们的对手！倘若我回不来，你要立即率全家登行宫举火自焚，以免遭其辱！"

"是！"李继岌一躬身子，好像在台上演戏的俳优一样，完全把他的父亲当成了一同登台的戏子。倘若是换了别个皇帝，李继岌决不敢有此惊世骇俗之举。不要说这是在两军决战的前夕，军情十万火急，就是在平时，儿子对父亲、皇子对君王如此不恭，也要被视为大不敬的。

"混账！"李存勖勃然大怒。一个刚刚投效过来的亲兵，以为皇帝是为皇子的不敬行为而发火呢！但接下来所发生的事却叫他目瞪口呆：

“哪折戏里有这样一出？叫板唱喏时你应该这样。”李存勖一边说着，一边在马上示范性地扬了扬箭袖，优雅地一挥一甩，“然后说一句‘得令’！”见李继岌似未完全理解的样子，李存勖长叹了一声：“蠢材啊！蠢材！不知我能否打赢这场战争。若侥天之幸，到时看为父为你来说一出戏！哼……”

公元九二五年六月的一个早晨，后唐东京兴唐府坤宁宫内，韩国夫人刘氏正手托香腮，斜倚在床，一副海棠春睡的模样。忽然，门外传来一阵喧哗之声。

“谁这么大胆？清晨就敢在宫内喧哗！”思及于此，刘氏面色一凛，道：“去看看，是谁在外面喧哗！”话音未落，一个职事外厢的宫女跌跌撞撞地跑了进来。“瞧你那副德性！”刘氏不满地撇了撇嘴，叫着那个宫女的名字道：“小红，谁在外面？”

“是万岁爷……啊……不，是国丈，啊，不，是万岁爷说他是国丈……”

“混账东西！连话都说不清，究竟是谁？”不知怎的，问这话时，韩国夫人刘氏的声音有点发抖，甚至有些声嘶力竭的味道。侍立一旁的贴身宫女发现，一向以泼辣著称的韩国夫人似乎想用高声大嗓的吆喝来掩盖点什么。

这时，与坤宁宫相邻的储秀宫、藏娇楼的门隐隐地开了。这一宫一楼住的是庄宗皇帝未登基前的正室夫人卫国夫人韩氏和次夫人侯氏。刘氏虽然居住在坤宁宫，但还没有正式被皇帝册封为皇后。因此，她在心中一直把卫国夫人韩氏和庄宗次妃侯氏视为潜在的皇后之位的竞争对手。至于其他的后宫佳丽嘛，不过是些脸蛋漂亮、头脑简单的美人胚子罢了，她根本不放在心上。现在听宫女提到“国丈”二字，不久以前发生的一件事，又浮现在她的眼前：

那是她刚被太后（庄宗之母曹氏）赏赐给庄宗，并被立为韩国夫人之后不久，宫门卫士来报：宫门外来了一个黄须老者，自称姓刘，前来找韩国夫人认女。真是巧得不能再巧，一向与刘氏不睦的侯氏夫人正在坤宁宫，说是为刘氏受封韩国夫人而来贺喜的。“这位老者是什么打扮啊？”侯氏夫人意味深长地问。

“回夫人，布衣，背着一个药囊，游方郎中打扮。”

“噢，是吗？快请进来！”侯氏夫人表现得有些过分热心。

“慢！”刘氏一咬牙，恨声说道，“蠢材，我不是早就和你们说过，我的先考大人已死于乱军之中了吗？想我父出于缙绅，怎么会是一副游方郎中的打扮？”说到这里，刘氏顿了一顿，话里有话地说：“想打我的歪主意，哼，门儿都没有！给我拖出去抽二十鞭子！”言毕，也不管侯氏夫人，一甩袖子，进了内室。

事后，侯氏夫人放出风来，说那天来的老者确系韩国夫人之父，因为宫内使袁建丰认得这个老者。当年正是他把年方四五岁的刘氏从这个老者手中抢来的……

想到这里，刘氏忍不住脱口而出：“难道他又来了？”思犹未尽，只听外面有人喊道：

“老夫刘山人驾到，刘氏快快出迎！”

话是提着嗓子说的，一听就能听出来是谁在演戏。

“该死！又是这个戏子皇帝！”刘氏骂道。

门帘一挑，一前一后走进两个人来。前面这人，五十多岁的年纪，一副连鬓络腮的胡子染成了黄色；隆额准目，口阔面圆；上着皂布衣，下蹬八爪麻鞋，背上背着一个鹿皮药囊，手里还举着一对串铃。真是，不俗不雅，活脱脱的一个“刘老者”的形象。再往后一看，刘氏这气就更不打一处来了：真是有其父必有其子，你父亲爱当戏子，你为什么也这样不争气？原来，“刘老者”（李存勖扮演）后面跟着的竟是刘氏夫人的亲生儿子李继岌。他也是一副民间浮浪子弟打扮：敞着个怀，趿拉着一双破鞋，皂布直襟似穿似脱，更叫人哭笑不得的是他手里还提着一顶破帽子。那顶破帽子，看上去少说也有十五年的历史了，也不知是从哪个旮旯里面寻出来的，闻起来是又馊、又臭、又恶心，还夹杂着一股难闻的草药味。

“好啊！好啊！”刘氏带着哭声说，“老子不正经，儿子也跟着学，父子两个一起来和我寻开心！”说到这里，刘氏转哭为怒，“没良心的东西！老子，我管不了；我自己肚里爬出来的，我还管不了吗？来，给我动家法！”

“众儿郎！”扮作“刘老者”的庄宗皇帝李存勖见刘氏先怒后哭又转哭为怒，觉得十分好玩，不知不觉又冒出了一句戏词：“风紧，扯呼（逃跑）去也！”

“父皇！”李继岌一把扯住了李存勖，“台词错了！不是‘扯呼去也’，应当说‘三十六计，走为上’。”话音未落，他头上便挨了刘氏一巴掌：“我叫你走为上！”

摆脱了刘氏夫人之后，这父子二人相对哈哈大笑。笑过之后，觉得兴犹未尽，李存勖连声说道：“快走！快走！找敬新磨去也！”

消极怠政醉心俳优
枉杀忠臣自毁长城

敬新磨是当时有名的伶人。他本姓高，敬新磨乃是他的艺名。此人善作俳优，滑稽多智，乃是东方朔一类的人物。在李存勖手下的诸多伶人当中，敬新磨是最有名，也是最正直的一个。他曾数次与李存勖同台粉墨演出。但庄宗皇帝却并不怎么喜欢他，尽管他对李存勖忠心耿耿。这是为什么呢？

话还得从不久以前发生的一件事说起：

那是差不多一个月以前的事了。刚在宫里消停了没有几天的李存勖带着一帮侍从，牵犬架鹰，前呼后拥，来到了距都城不远的中牟县打猎。时值初夏，正是田里庄稼与各式各样的小动物一齐往起长的季节。按照农业常识，此时的农田是受不得人踏马踩乱折腾的。道理很简单，此时的庄稼苗如同正在发育的儿童，小心翼翼待之尚恐其不活，遑论踏之踩之？但庄宗皇帝可不管这些，他的理由也很简单：我打的只是小鸟、小兽，又不想与庄稼为难；倘若马蹄人脚与庄稼苗发生什么“摩擦”，那责任也不在我身上——人见了我都要退避三舍，庄稼苗又有什么了不起！皇帝的逻辑是永远也不会与百姓相同的。

偏偏中牟县的县令是个认死理、不唯皇帝马首是瞻的人。接到手下人关于皇帝陛下要去庄稼地里围猎的报告以后，他连官服都未顾得上穿，一身青衣小帽赶去迎住庄宗。

“陛下，请恕小臣接驾来迟之罪！”

虽早就知道他是何人，但李存勖还是想摆摆架子：“下跪何人？”

“臣中牟县县令！”

“噢，父母官！你衣冠不整，匆匆而来，是否也想和寡人一样一享牵犬架鹰之乐啊？”

“非也！臣斗胆请陛下回宫！”

“噢？”李存勖脸呈愠色。

“臣自知人微言轻，请陛下且息雷霆之怒。”中牟县的县令显得有些拘谨。原来，五代时的县令与刺史不同，该职多由文职官员担任。在军阀混战的时代，文官是没有什么发言权的。中牟县令对此岂有不知？但身为一方“父母”他又岂能眼睁睁看着绿油油的庄稼毁于一旦而不救，因此，他也就顾不得许多了：“时值初夏，万物生长之时。上天有好生之德，视暴殄天物为不祥！今陛下车骑所过，卑职属下之民赖以生存的禾稼必将荡然无存！臣之辖境内所种庄稼毁不足惜，臣恐陛下以天子之身暴殄天物，为上天所不喜！是以冒死叩谏，请陛下回宫！”

李存勖的脸越来越阴沉了：“‘暴殄天物’、‘为上天所不喜’！这简直是反了！如此大不敬的言语，竟出自一个七品小县令之口！”思及于此，他喝道：“来人，拉下去砍了！”

随驾前来的文臣武将一个个噤若寒蝉，即使有人心里暗叹县令罪不当死，却也没有胆子上前“横刀救人”。

贴身侍卫推着中牟县的县令走了没几步，一直沉默在旁的敬新磨突然带着几个伶人跃马而出，几下子便来到被捆绑待死的中牟县县令面前，推推搡搡地又把他带回到庄宗皇帝的面前。敬新磨有板有眼地大声喝道：“呔！大胆县令，汝为县令，独不知吾天子好猎邪？为何驱民稼穑来交皇朝的赋税？为何不令你县里的那些百姓饿饿肚子，空出他们的地来，让我们仁慈的陛下来这里打猎解闷？你说，你是不是该死！”

“就是！就是！这小子竟敢让老百姓种地交皇粮，却不知留出地来给陛下打猎，真是死有余辜！”围在一旁的诸伶人你应我和道。

这番正话反说，把李存勖逗笑了，他竟下令赦免了中牟县令。自此以后，庄宗皇帝对敬新磨既怕又敬，却又离不开他。

因此，从刘氏夫人那里一出来，李存勖首先想到的就是去找敬新磨。

他这里想找敬新磨，敬新磨在那里也正想找他呢！不过，敬新磨找他不是想与他切磋演戏，而是想与他商讨一些国家大事。

原来，这一年，后唐出了一件大事，一向受庄宗宠爱的大将郭崇韬因与宦官不和，虽有灭蜀平王建之功，而仍遭到李存勖及刘氏夫人的怀疑，危在旦夕。虽与郭素不相识，但深知他公忠体国的敬新磨极想利用自己常能与庄宗皇帝接触的机会，向庄宗进一言：忠臣须赏不应疑。

因此，李存勖父子一到，敬新磨显得比以往都要热情，即便是皇帝陛下要与他同台演出——这是他以往最不愿意之事，他也爽快地答应了。

戏台搭在了乾清殿旁边。一阵丝竹之声过后，李存勖登场了：他一身青衣打扮，一出场就亮了一个“怪相”，口中连声自报“吾乃李天下是也！吾乃李天下是也”！话音未落，只听“啪”的一声，李存勖的右脸上挨了一记耳光。这一记耳光把他给打蒙了：自从长大成人以后，只有他的手往别人的脸上“招呼”，还从来没有人敢这样“大逆不道”扇他的嘴巴！

“是谁？”

他这里还没回过味来，早有一班谄媚之徒将打他的人扭住，推到他的面前。

“你们推我干什么？”打人者原来是敬新磨。只见他一脸正气，似乎根本没把刚才打皇帝耳光这件事当成一回事。

“好小子，死到临头了，你还不知罪吗？你大概是吃了熊心豹子胆了吧！竟然连圣上也敢打！”

“原来是这么回事啊！”敬新磨装作大吃一惊的样子，“我什么时候打圣上了？我打的是不爱惜江山的俳优，打的是圣上的敌人！”

“好小子，你还敢狡辩！”

“我怎么狡辩了？姓李的天下只有一个，岂容二主？这个人连呼‘李天下’，谁知道他是不是想把大好山河一分为二！为我大唐江山千秋万代计，小生我也就顾不了那许多了！”敬新磨一边说着话，一边从容不迫地注视着站在一旁发愣的李存勖。

李存勖的脸色一阵青、一阵红，似喜似怒。沉默了片刻，这位“李天下”开口了：“放了敬新磨，是朕的错！”

“谢主隆恩！”敬新磨喜出望外，他以为自己的一番旁敲侧击已收到意在言外之效，郭崇韬将军的性命和整个后唐的江山都可保无虞了呢！但他又大大地错了！

原来，李存勖口中说的“朕错了”指的是演戏台词，根本与国事无关。此时的李存勖除了玩女人、宠戏子、潜心俳优之外，对国家大事根本不感兴趣。灭梁、逐走契丹、活捉刘仁恭，完成其父李克用三桩遗命之后，李存勖早已志得意满，人莫予毒了，因而根本没有把一个小小伶人敬新磨的讽谏之言放在心里。他之所以不怪罪敬新磨，除了由于敬其狡黠多智富辩才，引不起他的恶感以外，最主要的还由于敬新磨是个戏子。一个戏子演演戏还可以，国家大事嘛，就轮不上他们了！

于是敬新磨的讽谏落了空。

公元九二六年，李存勖听信宦官的谗言，终于将誉满天下的郭崇韬害死，并且准备同时冤杀另一沙陀族将领李嗣源。

同年三月，李嗣源不甘有功而遭冤杀，便在将士的拥戴下，率军进入汴京，自立为帝。

李存勖众叛亲离，准备率马步骑兵前往汴京镇压。还未等出发呢，他一向宠爱且认为成不了大事的伶人郭从谦（时任从马直御指挥使）就起兵作乱。因城内空虚，乱军一路上杀人放火，直向皇宫逼来。冲杀了几次，无奈寡不敌众，李存勖身陷重围。正在拼死抵挡之时，忽然，不知从哪里飞来一支冷箭，射中了李存勖的面门，痛得他几乎昏倒，鹰坊使伶人将他扶到一旁救治。因拔箭时失血过多，李存勖在一片喊杀中死去。

死后，效忠于他的伶人害怕李存勖尸身遭乱兵羞辱，于是找来许多乐器，盖住了他的尸体，然后举火焚之。一代枭雄，在火光中结束了他短暂的一生。

这一年，李存勖四十二岁。

万税君王『不睡龙』

——五代十国吴越武肃王钱镠

◎ 少有奇胆，奇计吓走十万兵
老来谨慎，警枕粉盘醒自身

◎ 无物不税，税坏了所辖小民
有肚能容，容得下讽谏之士

在唐末农民起义中，有一种颇为奇怪的现象：这场起义的发动者王仙芝、黄巢是贩私盐出身，而协助唐王朝剿灭这场起义的人中，也不乏贩私盐者，诸如朱温、钱镠。朱温（全忠）大名，大多数人是闻之如雷贯耳，而钱镠其人，却知之者甚少。

钱镠，字具美（又作巨美），钱塘临安人，是五代十国时吴越王国的创立者。在几十年的生涯中，他从乡里无赖、私盐贩子，到唐朝节度使所属都指挥使、节度使，直至吴越开国君王，可谓励志典范。因此，在中国历史上有许多关于他的传说和故事。

少有奇胆，奇计吓走十万兵
老来谨慎，警枕粉盘醒自身

钱镠小时，家里很穷，没上几天学就辍学了。尽管书念的极少，但他却天性聪颖。史书上说："临安里中有大木，镠幼时与群儿戏木下。镠坐大石指挥群儿为队伍，号令颇有法。"他的这种军事才能很快就派上了用场。

公元八七五年，为时达数年之久的王、黄起义爆发，本来就已经坐在干柴之上的唐王朝被这一把火烧得木烂根焦。由于起义军势力大，名头响，各地许多怀有不同目的的人，纷纷打着起义军的旗号起兵响应。这些人中有些人和黄巢一样是真心反唐的，也有些人笃信"想当官，杀人放火受招安"，想走曲线入仕的道路，还有一些则干脆干起打家劫舍的强盗勾当。正所谓泥沙俱下，鱼龙混杂。

在钱镠的家乡临安周围起事的就是一股土匪。

他们杀人放火，奸淫妇女，"军食不给，常以人为食"，先后洗劫了临安周围的几个州县。当时，钱镠已应当地人董昌之邀，结缨从军。

公元八八一年，临安周围的那股土匪进扰临安。当时，临安守将董昌是唐王朝任命的镇海节度使。虽然是节度使，但由于所辖地盘不大，他手下也只有几千人马。这几千人又分驻几个地方，真正守临安的不足一千人，而前来进犯的土匪号称有众十万。一时间，人心浮动，惶惶不安。

当时在董昌手下任职的钱镠见状，主动请缨出战。

"你？"董昌满腹狐疑地说，"别开玩笑了！现在我们的当务之急是守城，出哪门子的击啊！"

"董将军，卑职以为，弃临安不如守临安，守临安不如派兵出临安。以出击代守御，方才是以少胜多的御敌之策啊！"

"说得好听！我可没有那么多的兵给你！"董昌这位屠夫出身的将

军三句话不离本行，“让你领兵出击，还不是肉包子打狗，有去无回！”

“董将军，我知道城内防守吃紧，因此，不敢向你多要人马，请拨给我二十个劲卒就行！”

“二十个？你疯了吧？要知道，这股流匪号称有十万兵马呢！”

“试试看吧！我可以立下军令状！”

“算了！算了！你要二十就给你二十。军令状嘛，就不必立了。”董昌见状顺水推舟地卖了个空人情。在他看来，钱镠此次必是立着出城去，躺着回城来；军令状是立给活人的，对死人还有什么约束意义呢？

次日清晨，钱镠带领他亲自挑选的二十名劲卒饱餐战饭，来到了临安城外一处名叫“一线天”的险要之处。这个地方乃是流匪进扰临安的必经之路。

路险极了！

在仅能通过一人一骑的路口，钱镠设下了总数仅二十个人的伏兵——十个人张弓搭箭，见人就射；另外十个人分骑十匹战马，马尾系树枝，往来奔驰，以充疑兵。结果一战下来，杀死对方近百人，吓退了流匪的先锋部队。

接着，钱镠又率领他这支首战告捷无一伤亡的二十人部队，转移到临安城附近的一个名叫“八百里”的险要之处。

临转移之前，他叫来了一线天路口旁边小酒店的女老板，激之以义气，嘱她勿离此地，又如此这般地吩咐了一番。

钱镠退走后不久，流匪的后续部队赶到。

到了“一线天”，流匪抓来路旁小酒店的女老板，向她询问钱镠率领的临安兵的行踪。女老板按钱镠的吩咐答曰：“临安兵？乖乖，可不得了啊！现在他们兵屯八百里，说是要与你们决一死战呢！”

流匪的先锋官闻听，忙对主帅说：“大王，我看咱们还是绕道而行，别去招惹临安了！”

“为什么？”

“你想啊，刚才他们人数不多就杀了我们近百人，现在兵屯八百里，不得有几十万啊，我们如何是他们的对手啊？”

“也是，好！绕道，避开临安！”

就这样，仅靠二十个人的一支小队伍，钱镠就保住了临安。后人有诗称他当时“一身都是胆”。

但这位“一身都是胆”的少年英雄，中年以后却是“一身都是眼”，日益变得谨小慎微起来。

这是为什么呢？

话还得从钱镠当上节度使之后说起。

临安城外的那场阻击战，使得钱镠立下了赫赫战功。

他先后被任命为都指挥使、杭州防御使，不久又因率兵讨平僭号称帝的董昌，被任命为镇海镇东军节度使加检校太师。钱镠发迹，连他小时候居住的乡里都跟着沾了光。唐昭宗光化元年，由皇帝亲自下令，将钱镠原来所居之乡更名为广义乡，里更名为勋贵里，钱镠所居营更名为衣锦营。当时，曾轰动一时。钱镠本人被前呼后拥衣锦还乡之时，还作有还乡歌一首。歌云：

三节还乡兮挂锦衣，碧天朗朗兮爱日晖。功成道上兮列旌旗，父老远来兮相追随。

家山乡眷兮会时稀，今朝设宴兮觥散飞。牛斗无孛兮民无欺，吴越一王兮驷马归。

大出风头之时，却发生一件事让钱镠大失面子：他的老父钱宽自他衣锦还乡之后，自始至终也不肯见他一面。

“怪哉！”钱镠百思不得其解：想他钱具美虽然比不得汉高祖，但也算得上衣锦还乡、称雄一方了，为什么老头子不像刘太公（刘邦之父）那样，见儿子富贵了笑逐颜开呢？莫不是嫌他富贵气太过？思及于此，钱镠有了一个主意。

次日，他屏去随从，换了一身庄稼人打扮，一个人悄悄地回了老家。这次，他终于见到了钱宽。父子相见，恍如隔世。嘘寒问暖之后，钱镠忍不住问起前些次父亲避而不见的原因。

长长地叹息了一声之后，钱宽说道：“我们钱家世世代代都是打鱼种地的庄稼人，从未出过什么有权势的人物。如今你侥天之幸成了一方之主，却是三面受敌（南有闽，西、北有吴）。你不思小心谨慎，反倒要在人前夸富显贵，去与人争城夺地。我怕你会连累全家，祸灭满门啊！因此，我虽然想你，也不愿见你！”

听了老父的话，钱镠如梦方醒，不觉惊出了一身冷汗，自叹自己狂得愚蠢可笑。

自此以后，钱镠像是变了一个人似的，日益小心谨慎起来。最明显的变化是他的睡眠明显地减少了。

公元九〇七年，刚刚当上吴越王的钱镠，亲手设计了一个可以使他保持高度警醒状态的枕头。据《吴越备史》上记载，这个枕头以一个小圆木为主体，木旁挂有一铜制小铃。以木为枕本就十分硌头，且好不容易睡熟之后，小枕稍有倾斜，铜铃就会响个不停。铃一响，人也就醒了。

钱镠的儿子钱元瓘见状心疼地说：“父王，何必自苦如此！白天累了一天还不够啊！何必连夜里也不得安生呢？”

“你小孩子甜水里泡大的，懂得什么人生的艰难。我这里睡不好觉，正是想让你们这些公子哥儿能够睡得安稳啊！”

见说服不了老父，钱元瓘只好悻悻离去。不过他暗暗嘱咐手下，除紧急大事以外，能不打扰父王者一概不准打扰。

日子长了，钱镠觉出事情有点蹊跷。怎么回事？细细一想，他就明白了。但他没有责备钱元瓘，而是派人在卧室里放了几个“粉盘”。

“放粉盘干什么啊？”负责此事的宫女心里犯嘀咕。不久，她就明白了。原来，钱镠是把这种“傅粉于盘”的粉盘当作一种与现代记事簿类似的即时记事的工具。

史书上说他“每有所得，即书之于盘”。钱镠警枕粉盘的故事，为他自己赢得了一个美名——“南海不睡龙”。

无物不税，税坏了所辖小民
有肚能容，容得下讽谏之士

当上了吴越国主之后，钱镠深知自己地少国弱，南有闽，北、西有吴，虎视着他这个蕞尔小国。为了牵制这两个敌国，他始终采取“交远协近”的战略：向后梁、后唐称臣纳贡，陆路不通就走海路。

纳贡需要物，称臣需要钱。钱镠自然拿不出这么多的钱和物。据《吴越备史》记载：钱镠性极俭，“衣衾用油布，寝帐坏，文穆夫人欲易以青缯，镠不许”。没别的法子，他只好伸手向老百姓要。除田赋、市租、山林、川泽等税以外，甚至一度连蛋、鱼、鸡也征税。一时间弄得老百姓怨声载道。

钱镠听了却丝毫不为所动。他有一句名言，叫作“用汗水代血水，以钱财换平安”。无非是说他向老百姓征税，实际上还是替老百姓着想。倘无后梁、后唐等小朝廷因受他的贡奉，而对他施以道义上的支持，他的臣民们就要饱受战乱之苦。钱与生命相比，当然是命重要了。因此，他向老百姓征税，实在是为了他们着想，并不是一心钻在钱眼里使坏。为了使那些拿不出钱与物的老百姓们能够拿出钱物，钱镠又想出个“以工代贡”的主意。

原来，吴越国都在杭州。杭州城处在钱塘江的入海处。每逢初一、十五朔望日，常有海潮连天而起，直逼州城，甚至卷走人畜房屋。钱镠下令征集那些无钱无物进贡的老百姓凿石筑堤，以防海潮海浪伤人。因为工程十分浩大，日久天长，有些人就有意见了。

一天早晨，手下人来报，说在王府外面的墙上发现了一首反诗。

“反诗？”

“回大王，的确是语涉大不敬！”

“有这么严重？说来我听听！”

“这……”左右的人欲言又止。

“什么时候学得这样婆婆妈妈的！”钱镠不满地说，“说给我听听。又不是你们写的，怕什么！”

“是。回大王，这墙上写的是‘服劳役，没了期，清晨起，抵暮归’！”

“真是‘民可使由之，不可使知之’！不服劳役，如何‘以工代贡’？不进贡，靠什么牵制吴国与闽国？牵制不住吴国、闽国，他们来攻，谁流血？难道是为了我一个人吗？”说到这里，钱镠不禁有些愤愤然了。他有些意气用事地说：“去，替我在那首歪诗后面续上几句，我也讲点道理给他们。”

次日，往来于王府外面路上的行人，在那首打油诗的后面，又看到了用同样的字体书写的两句续诗：“没了期，春衣才罢又冬衣。”

朝廷大臣中也有许多人看不惯钱镠的做法，他们进谏说赋税太重，易激起民变。钱镠置之不理。

为了进一步盘剥百姓，钱镠规定杭州西湖周围的渔民，每天须缴纳新鲜湖鱼数斤，以供他及他的家属食用。因他所居之处，系他做节度使时的宅邸，因而他赋予这项额外的苛捐杂税以一个很动听的名目——使宅鱼。钱镠要求这些进贡的鱼必须是在二斤上下，鲜活肥美，而且必须是鳜鱼。鳜鱼？为什么必得是鳜鱼？要知道，杭州的西子湖虽然不大，但所产的鱼种类却也不少，钱镠为什么偏偏喜欢鳜鱼呢？原来，这里面有一个典故。

在当上了吴越国主以后，钱镠颇乐于附庸风雅，喜欢上其时刚刚兴起不久的“诗之余”（亦即今天我们通常所说的“词”）。当时的词坛还不像宋代那样群芳竞发。屈指可数的词人中，以张志和最为钱镠所喜爱。张志和有一首传世之作，其中一句“桃花流水鳜鱼肥”最为钱镠所称道。正因如此，钱镠在向老百姓征鱼时，点名要的就是鳜鱼。

倘若钱镠是个普通老百姓，那他有这种“业余爱好”也未尝不可，说不定还会因此千古扬名呢。南北朝时刘宋王朝的张翰，就是因思念家乡的菰菜羹、鲈鱼脍，口吐“人生贵得适意尔”的狂言，弃官归家而受到当时及后世的高雅之士的好评（张翰的故事详见《世说新语·识鉴》）。

但钱镠偏偏是个君王，是个称霸一方的土皇帝，因了这个特殊身份，他的任何“业余爱好”，都很可能使他治下的老百姓倾家荡产。关于这一点，稍后于他的宋仁宗赵祯是深有感触的。据史料记载，赵祯登基后不久的一天早晨，起床之后对近侍说：“昨天晚上我肚子饿得很，睡不着想吃烧羊。”近侍听了忙问：“陛下为何不降旨，命臣下去采办？”赵祯说：“我如果一开口，下面就会因为这是我的命令，去大肆扰民，所以还是不开口的好。”

钱镠既非普通老百姓可比，又无宋仁宗赵祯的宽厚，因而，他的臣民们只能遭罪受苦。要知道，鳜鱼可不是每天都能捕到的。为了应差，渔民们只好把已经捕到的其他种类的鱼卖掉，然后再去市场买钱镠所喜爱的鳜鱼。本已水深火热的西湖地区，渔民一个个叫苦连天。

有一班公忠体国的大臣，觉得钱镠此举很不得人心，想劝谏又怕不被采纳。思来想去，他们想起一个人来。谁呀？罗隐。

罗隐，字昭谏，乃是在当时和后世都享有盛名的文学家（鲁迅对他的小品文极为称道）。当时为避中原战乱，他移家吴越，任钱镠治下的钱塘县的县令。

“罗隐？他一个小小的七品县令，成吗？”一个老年武将诧异地问。他一直在前线为钱镠效命，近些年来与钱接触很少，所以提出了疑问。

“有什么不行？”一个经常与钱镠接触的老臣说，“要知道，罗隐虽然只是一个小小的县令，但他的诗文却享有盛名，是个大大有名的文人。咱们大王现在偃武修文，和那班文人墨客热乎着呢！”

“但据我所知，大王以前是很看不起那些读书人的。他曾亲口对我说过，要争天下就得凭阵前手中长枪，穷措大手中的毛笔能顶屁用！记得还是在董昌将军麾下的时候，他就亲手杀过两个穷酸文人！”说到这里，这员武将自觉失言，倏地一下子打住了话头。

原来，他犯了一个大忌，翻出了钱镠的一桩很不光彩的往事。

那还是在刚刚当上董昌手下的大将以后不久，有一个名叫江遂的文人去见董昌。因为对钱镠没有表示过分的尊敬，钱镠就亲自下令将这个才华横溢、小有名气的诗人杀死，然后投到钱塘江中，时人为之耸动。

几个月以后，江遂的一位好友作了一首打油诗，诗中有“一条江水槛前流，流到临安断了头”的话。钱镠见了，暴跳如雷，认为这是在讽刺自己滥杀无辜（钱镠家居临安，古人好以地代人），立即命人将江遂的好友也捉来杀死。

由于这两件事做得都很不光彩，事发以后，钱镠手下的人一直讳莫如深。今天，见有人把它给“捅”出来了，在场的人不由得一个个都很紧张。这时，一个一直在旁边没有说话的老臣，出来打圆场说：“算了！算了！把那个罗隐找来，把我们的意思跟他说说不就得了。能办则办，不能干也不必勉强，我们何必在此作无益之争呢？”

争论的双方就坡下驴，第二天便请来了罗隐。把事情挑明之后，这位一向倨傲的才子，竟没有一口回绝——他没有说行，也没有说不行，只是答以尽力而为。

由于有人从中斡旋，第二天，罗隐就找到了一个进宫陛见的机会。

原来，钱镠最近新得了一幅古画，题为《蟠溪垂钓图》，画上画的是姜太公吕望蟠溪垂钓（即俗话所传的“直钩钓鱼”）的故事。钱镠听人说这幅画好，就想何不锦上添花呢？于是他派人宣来了罗隐，想让大名鼎鼎的诗人给古画题上一首诗。

这类事情，以往罗隐是能推则推的，但今天他答应得竟很爽快，而且“七步成诗”，当场口占一绝云：

吕望当年展庙谟，直钩钓国更何如？
若教生在西湖上，也是须供使宅鱼！

诗成，书之于纸上。钱镠见了，沉吟半晌，开怀大笑，说道：“罗先生用心良苦，令本王感动。连姜太公都害怕缴纳‘使宅鱼’，看来，我得把这一项税收免了。”

钱镠当即传旨，免去“使宅鱼”的缴纳。

事后，有人将一副古对改写，来形容钱镠稀奇古怪的性格。对曰：

无物不税，税山税田税坏了治下所辖小民；

有肚能容，容罗容皮容得下一班讽谏之士。

此对虽不工，但却道出了个中事实。

宋人薛居正在《旧五代史》中评论说：“史臣曰：自唐末乱离，海内分割，荆、湖、江、浙各据一方，翼子诒孙，多历年所……钱氏之守杭、越，逾八十年，盖事大勤王之节与荆楚、湖湘不侔矣！”

公元九三二年四月，钱镠病死。死前，他告诫他的继承人说：“大家推你为主，你要好好守住吴越，子子孙孙都要事奉中国（中原），即使中原改朝换代，也不能失礼！”

这一年，他八十一岁。

礼遇文士的『贼王八』

——五代十国前蜀高祖王建

◎屠牛盗驴耍嘴皮 里人称『贼王八』

◎遇乱军焚栈道 负玉玺救皇帝

◎生吃活人吓走韦昭度 猛攻成都不饶田令孜

◎礼遇文士令人称奇 吊唁朱温不忘辱之

◎听任舞僮害太子 后继无人狎客行

唐昭宗文德元年（888 年）七月，四川成都附近的一座军营，一幕人间惨剧正在上演：

几个如狼似虎的军吏，拿住一个儒生打扮的书办，不由分说，按倒在地，三下两下就把那人的衣服给扒了下来。吓得缩成一团的书办叩头如捣蒜，口里不住声地求饶。那些彪形大汉好似充耳未闻，他们几个拍拍被扒得赤条条一丝不挂的书办，上下左右仔细地研究了半天，接着又讨论起来哪个部位肥嫩、哪个部位瘦溜、哪个部位好用来下酒。正说着呢，一个满脸横肉的家伙端来一盆凉水，“哗”地一下全泼到那书办的胸口上，然后只听“噗”的一声，随着“啊”地一声惨叫，那书办的心已被满脸横肉的军吏掏了出来。其他几个军吏也毫不怠慢，手起刀落，认准自己看好的部位，像宰猪宰羊似的，风卷残云般把那个书办给活剐了。

剐完了书办之后，那几个穷凶极恶的军吏，又对着军中一座大帐篷，示威性地生吃起人肉来。

——这是《旧唐书·前蜀世家》上记载的真实历史。

那伙生吃人肉的家伙的确是受人指使，而生吃人肉向人示威，他们要吓唬的人是唐王朝的宰相韦昭度。指使这伙军吏做下这等伤天害理之事的人，不是别人，正是本文的主角，人称“贼王八”的前蜀高祖皇帝王建。

王建为什么要吓唬韦昭度？又为什么要用“生吃人肉”这样下三滥的手段呢？他是个什么样的人？

屠牛盗驴耍嘴皮
里人称“贼王八”

有一位游戏世间的杂文作家，写了一篇杂文。在文中，他说中国封建社会的文化乃是一种流氓至上的文化，并举了以“吾翁即若翁，必欲烹尔翁，则幸分我一杯羹”回复项羽的汉高祖刘邦为例，说明那些打天下的马上皇帝往往都以诈不以力。

这人的文章可能有点言过其实，但他所说的许多开国帝王并不是人们通常想象中的谦谦君子，这话倒不无道理。

公元八四七年，是唐宣宗李忱大中元年。

这一年，在《中国历史大事编年》中所记载的大事如下：

正月：改元大中。

闰三月：敕复废寺。令会昌五年所废寺，听僧尼修复。是时君、相务反会昌之政，故僧尼之弊皆复其旧。

五月：幽州节度使张仲武大破诸奚；吐蕃论恐热乘武宗之丧，结党项、回鹘扰河西，河东节度使王宰命沙陀朱邪赤心击走之。

八月：突厥内属者掠漕米及行商，振武军击破之。

十二月：贬李德裕为潮州司马。

除了这些大事以外，还有一件在当时人看来并非大事的大事。这一年的六月，唐王朝治下的许州舞阳（今河南省舞阳县西北）一户王姓人家，一个男婴呱呱坠地。

舞阳本在洪河上游，战国时属魏国，其地民风彪悍。这个王姓男婴的父亲在男婴出生后不久就与人群殴而死，只给男婴留下了王建这个名字。

这个有娘养无父教的王建，很小就染上了一身恶习。他是个典型的“金玉其外，败絮其中”的人物，如果是第一次和他见面，人们往往很容易被他的外表所蒙蔽。据史料记载，王建其人，生得“隆眉，广颡，状貌伟然”——粗眉大眼、大脑门，看起来一点也不像个贼，但实际上他却是个地地道道的贼，人送外号“贼王八”。

这个外号是怎么得来的呢？

那还是在王建十四岁的时候，一向以“屠牛”为业的他，因年成不好，耕牛奇缺，很少有人牵牛来给他屠，他本人又好吃懒做，所以堪堪有饿肚子之虞。于是，他就干起了一门副业“偷驴”——将左邻右舍的驴偷来宰了，一部分拿出去卖，一部分自己煮着吃。得手几次以后，王建的胆子大了起来，竟偷到他们村里的一个李姓大财主家，将他们家的一头大叫驴给偷去杀掉了。

这李姓财主也算是舞阳数得着的富人，家中养了不少家丁，在村中耳目甚多，顺藤摸瓜，很快就将王建捉拿归案。

第二天，李财主“开堂”审问。

同时被带上来的除王建外，还有另外两个欠李财主租子的佃户。财主也知道这三个人都拿不出什么东西给他，于是，决定拿他们开开心，就对他们说：“你们有的欠了我的债，有的偷了我的东西，看你们一个个穷得屁股上挂铃铛，老夫也不指望你们能还我的债，赔我的东西了！”说到这里，他故意顿了一下，然后，话锋一转说：“但是，老夫要你们发个誓：你们三个人可以对老夫许下愿，愿来生变作个什么东西，来报答老夫的不责之恩！听明白了没有？”

那两个佃户一听东家不催租子了，不由喜出望外。

跪在左边的那个连连叩头，口里大声说："小的愿来生变马，给老东家骑乘！"

"唔，不错！"李财主点了点头，一抬手把那个人放了。

跪在右边的那个佃户想了想说："小的愿来生变作牛，代老东家耕田耙地！"

"也好！"一抬手，李财主又把这个佃户给放了。

"我愿来生变作老财主的爹！"还没等那佃户走出去，王建就开了腔。

"什么？你！你好大的胆子！"李财主气得差点背过气去，心想："好你个王建！你偷了我的驴，我不追究，你竟要变成我的爹！你变成我的爹，我不就是你的儿子了吗？这还了得！"于是，他大声叱骂道："你这厮偷了我的东西，贼性不改，还想讨我的便宜！你给我说清楚，不然，打折你的狗腿！"

"李老财主息怒，"王建嬉皮笑脸地说，"我王建不是偷就是盗，欠的人太多，变牛变马，只能报答你一个，但是我若来生变成你的老爹，做大官，发大财，针头削铁，蚊子腿上剥肉，积下数不清的家财，你再拿去花用。花不完的再赏给乡里，岂不是一举而数得了吗？"说完，他挤眉弄眼朝李财主直笑。

李财主一想，只要能为我弄来万贯家财，就是给他当回儿子也值得，但大庭广众之下，他还要顾及一下自己的面子，舞阳人骂人有骂"王八蛋"的习惯，于是，脱口而出："你这个王八蛋，真是个贼王八！"

公元八八〇年十二月，黄巢起义军攻破唐王朝西都长安，大宦官田令孜率领五百名神策军挟持唐僖宗逃往成都。

次年五月，惊魂甫定的唐僖宗李儇下令天下兵马勤王。唐王朝忠武军监军杨复光率领忠武军八千人，大败黄巢手下大将朱温于邓州，直追到陕西蓝田才鸣金收兵。

杨复光所率的这八千人中，有一千人是我们本文的主角"贼王八"带来的。

这时候的“贼王八”已投入忠武军军将鹿晏弘的麾下，任都头。

由偷驴盗马的贼变成助纣为虐的官军，王建名义上是吃上了官饭，但实际上却仍不脱贼气。但他此番做贼却大大获益，不仅得利，而且还捞到了一个好名声。

做贼为什么还能捞个好名声？原来是唐僖宗喜欢上了他。

僖宗皇帝为什么会喜欢“贼王八”呢？

遇乱军焚栈道
负玉玺救皇帝

公元八八五年三月，唐僖宗自成都返回长安，改元光启。战乱后的长安，已非旧时的模样，狐兔猖狂，朝廷号令所行，也只有河西、山南、剑南数十州而已。

九个月以后，唐僖宗又一次被迫逃离长安。这次逃离长安，大宦官田令孜不能辞其咎。

原来，就在返回长安后不久，田令孜就好了疮疤忘了疼，与当时的地方实力派，河中节度使王重荣去争安邑、解县两处盐池。王重荣兵权在握，根本不买田令孜的账，田令孜遂假传圣旨，调王重荣为泰宁节度使。王重荣拒不受命，并且上表，数田令孜十罪。田令孜勾结邠宁节度使朱玫、凤翔节度使李昌符以图王重荣，王重荣则向当时最有实力的李克用求助。十二月，李克用、王重荣联手进攻朱玫、李昌符，并大败之。王重荣率兵进逼长安，刚刚过了九个月安生日子的唐僖宗李儇不得不再一次逃离长安。

次年正月，李克用还军河中，与王重荣一起上书唐僖宗，请诛田令孜，田令孜把唐僖宗劫持到宝鸡。朱玫、李昌符耻为田令孜所用，投向李克用、王重荣，四人合兵一处，追赶着田令孜、唐僖宗一行人从散关赴兴元（今陕西汉中）。

这次逃亡途中，王建一直跟在僖宗皇帝的身边，深得李儇的赏识。李儇任命王建为清道使，并且把携带传国玉玺这么重要的任务交给了他。

僖宗为什么这样信任王建?

原来，在此之前，王建曾经救过皇帝的命。那是从散关入汉中的途中，在经过当涂驿时，李昌符突然派人烧毁栈道，李克用、王重荣的追兵在后面穷追不舍。尽管他们口口声声说此来是为诛杀田令孜以清君侧的，但乱军之中，刀剑无情，谁也不知道，这些“丘八”们会不会在追上皇上之后，也捅他一刀两刀的。所以，不仅田令孜恨不得变成一只小鸟飞起来躲开去，僖宗皇帝本人也急得什么似的。

还好，田令孜的坐骑已通过栈道，唐僖宗所乘的马也走到了栈道的中间，随行人员心里刚刚要松一口气，突然，栈道右方的山崖上滚下一团火来，“啪”地一声，不偏不倚，正好打在皇帝的坐骑上。那匹御马“唏溜溜”一声暴吼，突然扬起前蹄，偏过头来要往左边狂奔。左边可是万丈深渊。此时，随行军士或者离皇上太远，或者只顾自己逃命，把个僖宗皇帝给抛在了一边。眼看这位“真命天子”就要葬身深谷，突然，一身手敏捷之人，几步就抢到了僖宗的身边，左手揽缰，右手扶住皇上，单腕用力，将那匹本来还像无头苍蝇一样到处乱跑乱撞的御马“钉”在了原处。马上的僖宗，低头一看，不由倒抽了一口冷气：好险啊！倘若控马人晚来一步，自己此时恐怕早就见列祖列宗去了。

惊魂甫定，僖宗皇帝再回过头来细细打量这位“自天而降”的救驾勇士，才发现他原来就是不久以前由自己加封的清道使，连忙脱下自己身上的一件龙袍披在王建身上（《新五代史·前蜀世家》用的是“解御衣赐之”），别人想拦都来不及。

唐代的皇室与宋代一样，皇帝的袍服有独特的标识，其最主要的特征乃是其颜色。按照唐代舆服制的规定：天子之服黄色；其余军民人等，无论你是平头百姓，还是一人之下，万人之上的王爷、宰相，都不得衣黄袍，否则，就是犯了僭越之罪。稍后于僖宗的赵匡胤陈桥驿兵变，首先做的事情就是扯件黄衣服“黄袍加身”，以表明自己成了天子。这种等级尊卑的服饰文化观念早已形成，而僖宗本人却拱手给一个不入品的小小武官王建披上龙袍，这可不是一件小事情！至少那些相信符谶之说的人是这样认为的。

“看来不久将有革故鼎新之事出现了！”一些随行官员心想。

但他们谁也没敢把自己的想法说出来。事实上，他们也不愿相信。在他们看来，皇上虽然把龙袍赐给了那个叫王建的清道使，但王建本人恐怕没有那么大的命！

王建，到底行不行呢？

生吃活人吓走韦昭度 猛攻成都不饶田令孜

逃难汉中以后，原本不可一世的田令孜开始变得谨小慎微起来。他知道自己任十军观军容使期间克扣军饷，名声太臭；又结怨于地方实力派李克用、王重荣，致使天子两度蒙尘，“惧且得罪”，于是，没敢与僖宗皇帝一起返回长安。

他胁迫皇帝任命他为西川监军，因为西川节度使陈敬瑄乃是他的同母弟。

为了笼络人心，田令孜举荐另一宦官杨复恭代己为观军容使。杨复恭见皇上很喜欢王建，于是，体察上意“出建为壁州刺史”——推举王建为壁州刺史。

从一个小小清道使到一州父母官，王建深知“有枪就是草头王”的道理。于是，他竖起招兵大旗，“招集亡命及溪洞夷落，有众八千”。以这八千人做本钱，王建加入了逐鹿蜀中的军阀混战行列。

他先是攻下与壁州相邻的阆州，执其刺史杨行迁，又攻利州，逐走利州刺史王珙，把一向平静的川西搅了个一塌糊涂。

西川节度使陈敬瑄坐不住了：打又打不过，放又放不得，难道就这样任由王建闹腾下去？他去找自己的大宦官哥哥田令孜拿主意。

田令孜打肿脸充胖子地说：“这事好办。王建是我的干儿子，若是老夫有话，一介之使即可召之立至，将他收到吾弟的麾下，专供驱使！”

陈敬瑄一听，喜出望外，立即请其兄派人前往王建军中召王建前来。

此时的王建虽然已不是昔时的“贼王八”，但也还没有什么远大的志向。听说田令孜兄弟请他前往，高兴异常，即刻整军从阆州来到梓州。

梓州小军阀顾彦朗是王建白手闯天下时的老伙伴。到了梓州以后，王建得意洋洋地对他说：“十军阿父（指田令孜）派人来请我，这可是一件很有面子的事。我打算轻骑赶奔成都，面见阿父和陈公，以求一镇！”

将家属托付给顾彦朗之后，王建只带二千名精兵，赶往成都。

他们一路上晓行夜宿，不一日便来到了鹿头关下（今四川德阳北鹿头山）。相传古时有一名叫张鹿头的人在此造宅，故以之为山名。此关自古以来即为西川防守要地。唐代元和元年（806 年）高崇文讨西川节度使刘辟，就是攻破鹿头关后直趋成都的。

王建一行来到关下后，走在最前面的斥候（侦察兵）上前喊关，说是奉节度使之命赶奔成都公干。哪知关上回应他们的竟是一阵箭雨。

怎么回事?

王建听了手下人的禀报以后，拍马来到关前：“喂，关上的人听着：我是壁州刺史王建，奉了节度使陈公之命，前往成都，快快开门，放我等过去！”

关上传出一个粗粗的声音：“格老子（四川骂人话），你说你奉了节度使之命入关，有何凭证？老子守关，也是奉了节度使之命。节度使大人下令，不准放你们过去！管你什么刺史不刺史的！”

这一番话把王建气得鼓鼓的，他立即挥兵攻关。一天以后，鹿头关被攻破。王建挥得胜之兵直取汉州。远在梓州的顾彦朗闻听陈敬瑄叛盟，也出兵响应王建。两人合兵，其势更盛，先后击败了陈敬瑄所派的大将句惟立、眉州刺史山行章，又与陈敬瑄的七万援兵相持于新都百余日。

这时，一向信任田令孜、陈敬瑄兄弟的唐僖宗病死，其弟昭宗李晔继位。刚刚继位的昭宗派左谏议大夫李殉为两川宣谕和协使，为王建、陈敬瑄进行调停。

王建不便出面，就指使顾彦朗出面，提出了停战的两个先决条件：

一、“请以大臣镇蜀”——请求朝廷派一个高级官员来四川镇守；

二、“为建求旌节”——请求朝廷任命王建为节度使。

一心想要息事宁人的昭宗皇帝全部接受，任命宰相韦昭度为西川节度使以代替陈敬瑄，拜王建为永平军节度使。

陈敬瑄一听皇上要罢免他，很生气，拒不从命。这正中昭宗皇帝的下怀，他立命韦昭度率顾彦朗等兴兵讨伐，又任命王建为招讨牙内都指挥使，协同韦、顾二人作战。

这场讨伐打得很辛苦，双方相持了好几个月也没有结果。这倒不是因为陈敬瑄的部下有多顽强，而实在是因为王建另有企图。

此时的王建野心进一步膨胀，他已看上了韦昭度那个位置，于是，经过一番准备以后，他就开始行动了。

“韦公以数万之众，”王建给韦昭度下“毛毛雨”说，“困两川之人，师久而无功，这可太危险了！况且现在朝廷多变，东面诸藩镇兵接京师，危及天子，宰相大人为什么不回去辅佐皇上，安定中原，以固根本呢？我们现在待的地方不过是片蛮荒之地，相公对它难道还有什么留恋吗？”

求官心切的韦昭度装聋作哑，“迟疑未决”。王建就使出了他的“杀手锏”——派人将韦昭度的亲信捉来，“于军门脔而食之”——将那人杀死，切成块，一块一块地生吃，然后，故意装作惊慌失措的样子去见韦昭度，气喘吁吁地对他说：“宰相大人，看见了吧？这群兵士饿疯了，开了杀戒。我也弹压不住！长此以往，恐怕大人的安全也没有办法保证啊！”

“昭度大恐，即留符、节与建而东。”吓走了韦昭度以后，王建立即派兵东向，控制住联系东、西两川通道的剑门关。

剑门关一卡，西川的一切都成了王建的囊中之物。

与王建相持不下的山行章自不量力，引兵击王建，反为王所败，不得已举州向王投降。山行章的投降，就像西方人玩的“多米诺骨牌”一样，引起了连锁反应。陈敬瑄属下的资、简、戎、嘉诸州皆杀刺史以应王建。这些人的阵前倒戈，自然加重了王建一方的砝码，这一次，他可真的要攻成都了。

成都城里又是另一番景象。手中虽然还有几万兵丁，但陈敬瑄却觉得自己已经完了。他再一次求助于自己的大哥。

“待老夫到城墙上一观。”田令孜也想给自己找一条退路。

“好！”

正在城下组织攻城的王建突闻城上有个人在尖声尖气地朝他喊些什么，于是，一挥手，示意左右的人静下来，他要听听那人究竟在喊些什么。

“王将军，王建将军，”是田令孜的声音，“老夫以往待你不薄，能否看老夫薄面，解成都之围呢？”

王建没有说话，他叫过随军文书，口授了几句话，在一块白布上写好，然后将其绑在箭头上，“嗖”地一声射上了城墙。

墙上的守军把绑在箭上的信交给田令孜。那信很短，大略谓：“军容（田令孜）待我的恩情怎么敢忘？但‘割谷子种芝麻，一码是一码’！我这次兵临成都城下，乃是奉了天子之命前来讨伐拒不接旨、不肯交出节度使印信的人。因为有了圣上的这道旨意，我不敢以私废公！”

见王建翻脸不认人，田令孜、陈敬瑄这对难兄难弟也毫无办法，只好屈服。

就在当天夜里，田令孜缒城而下，来到王建的军营。他是替其弟陈敬瑄来向王建缴纳节度使、观察使的印信的。

第二天一大早，走投无路的原唐朝西川节度使陈敬瑄打开成都城门，把他的仇敌，那个一向被他称为“贼王八”的人迎进城中。

“贼王八”入了成都城，也还是贼王八。

他先是把陈敬瑄贬到雅州杀掉，然后，又找个借口杀了他的干爹田令孜。

昏庸无能的唐昭宗无意也无力干涉西川事务，遂于王建攻占成都后不久，授予王建一大堆官衔。这些头衔有检校司徒、成都尹、剑南西川节度副大使知节度事、管内观察处置云南八国招抚等使。

王建本人呢，也乐得朝廷成全，所以也就照单全收。

蜀地以外的中原，群雄逐鹿，民不聊生，乱成了一锅粥，而王建治下的西川倒还算太平。此后，他又乘各地方实力派你争我斗之机，采用明抢暗夺等种种手法，先后夺得了东川、兴元、武定（后二者合为山南西道）等地，于公元九〇三年八月爬上了蜀王的宝座。

中国有句老话，叫作“江山易改，禀性难移”，当了蜀王之后的王建，他身上那股流氓气还有没有呢？

礼遇文士令人称奇 吊唁朱温不忘辱之

公元九〇七年三月，唐哀帝李柷派宰相张文蔚、杨涉等人捧着玉册、传国宝（注意：不是传国玺），前往朱温所在的大梁（今河南开封）。四月，张文蔚等来到大梁，传达李柷的旨意，禅位给朱温。朱温更名为晃，即皇帝位，国号大梁。

五代十国正式开始。

远在四川的王建也不知是消息闭塞，还是故意不买朱温的账，根本不承认大梁，不但不承认，还仍沿用唐昭宗的年号“天复”。

天复七年（907年）正月，有巨人现于成都附近的青城山。六月，凤凰现于万县，嘉陵江里出了黄龙。接着，两川及山南西道诸州纷纷上书给王建，说他们那里发现了祥瑞，因而，都上表劝进，“恳请”王建即皇帝位。

王建呢？假意推托了一次，到了这一年的九月己亥日才正式穿上了龙袍（不知是不是十几年前，另一位“真龙天子”唐僖宗赐给他的那件）登基做了皇帝，建立起前蜀帝国。

王建其人，《新五代史·前蜀世家》中称他“虽起盗贼而为人多智诈”，是一个具有多重性格的高级无赖。

这个无赖当了皇帝之后，有一件事很叫人不解，那就是所谓的“善待士”。

大概从盛唐以后，社会的风气已由重文轻武转为重武轻文，所谓“宁为百夫长，不为一书生”。尽管由太宗皇帝所倡导的科举取士制度名义上还存在，而且有许多人也确实借之求取了功名，但安禄山、史思明这两个“从来不读书”的胡人，以一杆长枪、三尺宝剑旬月之间，就将“天可汗”李世民建立的庞大帝国掀了个底朝上，遂使草民百姓觉得银笔杆实在赶不上烂枪头。其后藩镇割据，那些手握重兵的武夫们可以任意撤换朝廷大臣，甚至赶走皇帝，枪杆子就更值钱了。后周时代的一个大将史弘肇就说过：“打天下靠的是手中长枪。文人手里那三寸毛笔济得甚事？”

所以，在王建那个时代，一个小朝廷新立，其重要官职往往都由武夫担任，无论这个职位是文官还是武职。在这种情况下，王建重用文人确实显得有些独树一帜了。

先后被王建委以重任的文人有韦庄、张格、王锴等。

韦庄，约生于公元八三六年，卒于公元九一〇年，字端己，是后代常常提起的“花间派”词的鼻祖。

他的作品清婉秀丽，多用白描手法，写闺情离怨，给人留下了深刻的印象。

我们不妨引录他所写的两首词：

其一《菩萨蛮》

人人尽说江南好，游人只合江南老。春水碧于天，画船听雨眠。垆边人似月，皓腕凝霜雪。未老莫还乡。还乡须断肠。

其二《荷叶杯》

记得那年花下，深夜，初识谢娘时。水堂西面画帘垂，携手暗相期。惆怅晓莺残月，相别，从此隔音尘。如今俱是异乡人，相见更无因。

关于后一首词还有一段离奇古怪的传说。因为牵涉到我们本文的主角王建，所以，这里不妨略叙几句。

据杨偍《古今词话》记载，韦庄于乾宁元年（894年）考中进士以后，曾当过几年校书郎，然后便入蜀依附王建，被王建辟为记室（类似于后代的秘书）。公元九〇七年王建称帝以后，韦庄被任命为左散骑常侍，累官至吏部尚书平章政事（丞相），前蜀帝国开国的典章制度大多出自其手。传说韦庄有一宠姬，资质艳丽，且擅长辞章翰墨。王建闻知便以教宫中姬妾习诗为托词，将韦庄的爱姬（即词中所说的"谢娘"）夺去。爱姬去后，韦庄思念不已，于是作了上面引录的这首《荷叶杯》以追怀寄情。词情凄怨哀绝，人相传播，盛行于时，姬见此词不食而死。

悲则悲矣，然而却与史实不符。

我们前面已经说过，韦庄生于公元八三六年，上述这首词约写于公元九〇七年，其时韦庄已是年过七十的老翁。古稀之年，想必他不会为一年轻女子与王建争风吃醋，且观其"如今俱是异乡人"之语，亦似非指被夺之姬。词学大家夏承焘先生已撰文指证其伪。

从王建称帝前期的所作所为来看，我们也觉得夏承焘先生所说有理。公元九一〇年以前的王建，还不是个好色之徒。

他之任用韦庄等人，实在"非关女色"，而是与他早年的一段生活经历有关。

王建曾经不止一次地向他周围的人讲过这样一件事：

那是他刚刚投身于行伍之后，因为护驾有功，升任神策军将，成为僖宗皇帝的"带刀侍卫"。

禁中的生活在外人看来是充满神秘色彩的。那四堵高墙圈起来的，绝不仅仅是一个狭小的空间，还有许多布衣小民们难以想象的神秘。

充任"带刀侍卫"的王建在禁中的所见所闻是什么呢？

"吾为神策军将时，宿卫禁中，见天子夜召学士，出入无间，恩礼亲厚如僚友"——《新五代史》中的王建如是说。他看到的是那些出口成章的文人们吟诗作赋的洋洋洒洒，看到的是大唐天子对那些文人墨客们的礼遇和优容。

"故建待格（即张格。当时著名文人）等恩礼尤异"（《新五代史·前蜀世家》）。正是由于有了那段经历，一心想要脱掉自己身上低层次习气的王建才大规模地起用文人，并不惜任之以宰相之类的高官。

前蜀立国的同年，由朱温建立的后梁代唐入主中原。放眼当时，能够与朱温相抗衡的，恐怕只有王建和李克用。

得天独厚的地理条件，使得王建能够在交通并不发达的情况下，与中原的新生封建政权相抗衡。当然，由于中间还隔着一些其他势力，从严格意义上说，这种对抗还仅仅限于非军事性的。

公元九一二年元月，王建接受群臣所上的尊号，自称“英武睿圣神功文德光孝皇帝”。

同年二月，前蜀帝国出了一件大事：一向被视为无价之宝的原大唐王朝的传国玉玺突然在蜀地出现，并落到了王建的手里。

唐代的传国玉玺怎么会在蜀地出现？又为什么会落在王建的手里呢？

这要从公元八八六年唐僖宗奔蜀谈起。在那次逃亡中，大宦官田令孜惧祸留蜀，窃得唐僖宗李儇随身携带的传国玉玺。唐僖宗回到长安后，才发现作为国家象征的传国玉玺不见了。一了解竟是他最信任的田令孜“玩”了他一下，他也只能“哑巴吃黄连——有苦说不出”，也就没有声张。所以，当朱温逼迫唐哀帝李柷禅位时，才出现了只有玉册、传国之宝，而无传国玉玺的尴尬场面。

田令孜窃得传国玉玺之后，一直把它带在身边。

公元八九〇年王建攻取成都，流放田令孜并杀之于流放途中，田令孜的老宅就一直没人住。

二十二年过去，王建手下的尚食使（官名）欧阳柔翻建田令孜的故宅，挖宅基地时阴差阳错地把这个令无数人为之朝思暮想的传国玉玺给挖了出来。

胆小怕事的欧阳柔自然不敢隐瞒，马上将这个无价之宝呈交给他的皇帝陛下王建。

也不知是谁传的话，“王建得到了大唐的传国玉玺”这个消息，像一阵风似地很快“吹”到了数千里之外的后梁首都大梁。

“这个贼王八怎么这么有福气？”朱温气哼哼地骂道。

他通过中间人辗转致信给王建，声称愿用数州之地交换那枚传国玉玺。

一来是那中间人的品级太低，二来也确实想与朱温“别别苗头”，王建一口回绝了朱温以地换玺的请求，并且对那中间人说了许多难听的话，诸如某些人“贼性难改”啊，“效曹操、司马懿从孤儿寡妇手中夺得天下，乃壮夫所不屑为”啊，夹枪夹棒的。矛头所向，直指曾经参加过黄巢起义，后来又成了叛徒的朱温。那朱温也是一勇之夫，岂能咽下这口恶气？听了中间人的转述，当时就要发兵伐蜀。

左右的人将朱温劝住，其实这位后梁太祖皇帝当时也是虚张声势而已，因为他的大梁不仅与王建的前蜀并不接壤，而且更重要的还在于他当时还有一块“心病”未去。

这块“心病”就是沙陀族人李克用。自从在讨伐黄巢的一次战争中双方结怨以来，李克用及其儿子李存勖就恨不得生吞活剥了朱温。有这样一个强敌窥伺于侧，朱温若要讨伐王建，也只能是纸上谈兵，过过嘴瘾而已，是不能当真的。

可是这“贼王八”的话又确实气人，朱温是个爱面子的人，现又是名正言顺的大梁帝国皇帝，岂能有气往肚子里边咽？

一个名叫卢玭的光禄卿（官名）很会体察上意，为朱温献上一计。朱温听了，开怀大笑，一高兴，竟拍起卢玭的肩膀来。

“好，好主意！”朱温想也没想就下命令说，“朕决定就派你任专使，前往‘贼王八’那里去完成这个任务，替朕出口恶气！”

卢玭这家伙本来是想通过献“奇计”讨好皇上的，谁料竟引火烧身。欲要推托吧，朱温的脾气他又是知道的，于是一咬牙，一跺脚，干吧！

公元九一二年五月，后梁国光禄卿卢玭千里跋涉来到前蜀。卢玭此来，一为报聘（访问），二为送印。两个任务中，送印才是他此来的真实目的。

不远千里而来，卢玭要代表大梁送给王建一枚什么样的印呢？

这是一枚很普通的印章，不普通的是它上面的铭文。那铭文共有六个大字：

“大梁入蜀之印”。

倘若王建所用的宰相不是文人，不熟悉唐代的各种典章制度，那么，前蜀帝国的这个哑巴亏是吃定了。

原来，从唐代开始，有一条不成文的习惯：天朝大国的使节出使周边的夷狄之国时，其所携带的印文上，才刻有“大唐入某国之印”的铭文。王建的前蜀虽然并非地处中原，但它也决不甘于以夷狄自居。巧之又巧的是，王建所用的宰相级官员基本上都是文人，而且都是熟悉典章制度的文人。此时，大诗人韦庄已故，朝政由另一著名文人张格打理。张格是唐代名臣张浚的儿子，以熟悉唐代的典章制度见称于世。他见到梁国使臣送来的这枚印章后，对王建说：“按照前唐的惯例，只有派遣使节出使周边的夷狄之国，才使用‘大唐入某国之印’的印文。现在，梁口口声声说愿以兄事陛下（指王建），为什么要这样埋汰我们呢？”

“什么？朱全忠这厮竟敢这样耍戏于我？”王建气得暴跳如雷，当时就要将卢玭斩首，以解心中之愤。

左右的人一劝，王建的脑袋也转了几圈，一个“馊”主意出来了：

“你想玩老子，”王建心里暗道，“老子还想玩你呢！你朱温不过是个私盐贩子出身，俺老王还偷过驴、宰过牛呢，难道还玩不过你！”

说来也巧，之后不久，朱温被儿子朱友珪杀死，一直被王建扣留的大梁使臣卢玭请求回国奔丧。

王建慨然应允，只是命人带上印章一方，与卢玭一同前往后梁首都开封，将那枚印章“敬献”于朱温的灵前。印章上赫然刻着六个大字：

“大蜀入梁之印”。

已经躺进棺材里的朱温当然斗不过还活蹦乱跳的王建了！

听任舞僮害太子
后继无人狎客行

王建治下的前蜀帝国，古称“天府之国”，巴山、秦岭、扬子江、嘉陵江，再加上“难于上青天”的蜀道，可以说是一座轻易不能攻破的堡垒。

这座堡垒后来之所以轻而易举地被沙陀族人李存勖所建立的后唐攻破，实在是因为它自身的“窝里斗”。

挑起“窝里斗”的人，就是王建自己，而替王建拉响“内战导火索”的则是一个名叫唐袭的舞僮（相当于后世的舞女，但却由男人来充当，此类男子多系面目姣好之辈，俗称“小白脸”者是也）。

在南征北战的前期，王建收了一个养子。收养子以为己用，乃是唐末五代十国时期，割据一方的军阀们最常施用的一种扩充实力的手段。与王建同时代的朱温有养子，李克用有养子，而且还都不止一个。李克用的养子李嗣源后来还成为后唐的一代明主。由此可见，收养义子，如教育得法，也并非什么坏事，但倘若养之而不教之，就容易遗患。

王建收养的这个义子原本姓甘，因为从小到大一直跟随王建出生入死，所以以军功累迁至武信军节度使，成为独当一面的方面大员。王建亲自为其取名叫王宗佶。

这个方面大员眼高于顶，与王建最为宠信的唐袭势同水火。唐袭觉得王宗佶不过是皇帝陛下捡来的一个穷小子。王宗佶呢？则始终把唐袭看成一个只会粉墨登场的舞僮。

说也凑巧，王建早年大大小小的老婆也娶了不少，但却一直没有谁为他生过一个儿子，所以，他才收养了那个甘姓子弟。当甘姓子弟刚刚有所建树时，王建的几个老婆却像事先商量好了一样，接二连三地为王建生了一大堆儿子，他们是：卫王王宗仁、简王王元膺、赵王王宗纪、豳王王宗辂、韩王王宗智、莒王王宗特、信王王宗杰、鲁王王宗鼎、宋王王宗泽、薛王王宗平、郑王王宗衍。这些儿子一天天长大，身为养子的王宗佶一天比一天不安，他手下的谋士郑骞替他出主意，让他向皇上求官。

“求官？”王宗佶烦躁地问，“求什么官？”

“请皇上任命王爷为大司马，总六军、开元帅府，凡军事可便宜行事！”郑骞此计甚毒。

“有那舞僮在朝，皇上能答应我的请求？”王宗佶语含轻蔑地说。

他这话倒不是捕风捉影，因为那“舞僮”唐袭的确一直在旁打他的冷拳。

舞僮出身的唐袭与王建之间的关系除了是君臣之外，很可能还有一层特殊关系。

王宗佶可能不知道他的老爹还好这一口，所以，即使当唐袭扶摇直上，升迁到掌管全蜀兵马调动的枢密使官职时，“犹名呼袭”——还直呼唐袭的名字，这在古代是十分失礼的事。见有人如此侮辱自己的面首，王建很气愤。唐袭呢？却假作大度，他越是大度，王建就越恨王宗佶。有一天早朝后，王建气哼哼地对唐袭说：“那小子直呼枢密使其名，一定是看不起你！看不起你，也就是看不起我，他这是要造反啊！”

就在这时候，王宗佶又不度德量力，连着上了三道表章，请求皇上封他为大司马。

见时机已到，唐袭于火上再加了一勺油，他对王建说：“宗佶是陛下的螟蛉义子，义同亲生，子承父业，不是很好吗？何况他现在已经很有威望，又得人心，这大司马之职晚封不如早封，陛下就给了他吧！”

“有威望？得人心？子承父业？”王建心里连打了好几个冷战。“我又不是没有亲生骨肉，干吗要把一个举足轻重的位置给一个没有血缘关系的人？”他想道，“看来，该下决心了！”

说来也巧，第二天早朝，王宗佶竟从他的武信军节度使驻地赶回成都，当着满朝文武的面“自请不已”。王建勃然大怒，高声喝道：“金殿卫士何在？把这个逆子乱臣拉下去摔死！”

王宗佶一听父皇要把他摔死，吓得魂飞天外，忙示意左右的人为他求情。但他这人平日里的人缘太坏，加上皇上盛怒之际，所以，满朝的文武一个个眼观鼻，口问心，没有一个上前说话。

那些金殿卫士们早已得了唐袭的好处，听见皇上的命令后，一刻也不迟疑，七手八脚将王宗佶装在一个口袋里，喊着号子往高处抛。上上下下十几次，王宗佶就成了肉饼，没当上大司马倒先成了“大死马”了！

王宗佶之死，仅仅是前蜀帝国内乱的先兆，因为那个“导火索”唐袭还在，更重要的是他还得到了王建的信任。

晚年时的王建和许多开国之君一样，宁肯相信身边所宠爱的人，也不愿相信骨肉至亲。

王宗佶死后的第三年，王建又亲手逼死了自己的亲生儿子、皇太子王元膺。王元膺是王建的第二个儿子，他本名王宗懿，后来更名为王宗垣，最后定名为元膺。十七岁那年，他被王建立为皇太子。

作为皇太子，王元膺享有许多特权，而少年得志，则使他身上难免沾染一些纨绔习气。但平心而论，他还不是一个“坏孩子”。连《新五代史·前蜀世家》上也称他“多才艺，能射钱中孔”。王元膺还有一绝，能在马上抛出一个画球，然后弯弓搭箭射中之，而且是百试百中。

一开始，王建对他的这个儿子还是比较满意的，除了委之以“判六军、创天武神机营、开永和府”的重任外，还为他延请当时颇为有名的道士广成先生以及大名士杜光庭充任老师。

倘若不是遇上了唐袭这个恶人，或者虽然遇上唐袭这个恶人，但王建能够兼听而不偏信，那么，王元膺一定会顺顺利利地成为前蜀帝国的第二任皇帝。

但这都只是假设而已。

害死了王宗佶之后，唐袭被王建提拔为太子少保。

尝到了害人甜头的唐袭，志得意满，以为除了皇上以外，满朝的文武都应该巴结他。谁知王元膺偏偏不买他的账，不但不买他的账，而且还多次开他的玩笑（当然是非恶意的）。于是，他对皇太子怀恨在心，伺机报复。

前蜀武成三年（910 年）七月七日，是中国传统的乞巧节。王元膺遍撒请帖，请诸王、大臣前往太子府赴宴。满朝文武差不多全都到了，只有集王王宗翰、枢密使潘峭、翰林学士毛文锡没有到。年轻气盛的王元膺觉得他请客，竟有人胆敢不来，实在是莫大的耻辱，气得暴跳如雷。

次日早朝，王元膺立即参了王宗翰等人一本，说集王不尊重太子的权威，又说潘峭、毛文锡离间诸王，请求皇上对他们进行惩治。

王建不置可否，以此事询之于随侍在侧的唐袭。

早就想报复太子的太子少保唐袭可一点都不想“保”太子。听皇上问他如何看待此事，唐袭装模作样地沉思了一会儿，然后，不慌不忙地说出一番话来。他说：“七月七日晚上的聚会，实际上据臣所知，乃是太子图谋作乱，欲召诸王、诸将赴宴，然后将他们软禁，因此，集王等人不去赴会，实在是高明之举，根本无罪！”

见唐袭说得斩钉截铁，王建已信之三分。唐袭也不勉强，又很热心地为王建出了个主意：请皇上授权给他召集屯营军以测太子反应。

王建想都没想就答应了。

在宫外的王元膺一开始时还像没事人似的，但当他听说唐袭调集兵马有所举动时，也没有仔细侦察一下，就错误地作出“以为将诛己”的判断。

七月九日，王元膺与其心腹军将喻全殊、伶人安悉香率天武兵自卫。

一场内战爆发。

枢密使潘峭、翰林学士毛文锡来不及逃走，被王元膺派人捉去，关在太子府里。

唐袭率屯营军讨伐王元膺，说是奉有皇上的旨令。王元膺命令手下大将徐瑶、常谦率兵出拒唐袭，也说奉有皇上的旨意。

较起真章来，舞僮出身的唐袭，哪里是王元膺等人的敌手，被太子爷一箭射在马下，割下首级。

唐袭阵亡的消息传到宫中，王建又气又惜，立命王宗贺再率大军，手捧他亲笔所书的圣旨讨伐王元膺。

那些随太子起事的士兵，见了皇上亲笔所书的圣旨都很害怕，一哄而散。王元膺见势头不对，也顾不上太子爷的身份，乘乱躲到了皇宫附近的跃龙池中。在那里藏了一夜，第二天一大早，又累又饿的王元膺出来想要向人讨点吃的，被人认出，密报给皇上。

王建此时也不知是真想置太子于死地，还是老糊涂了，竟派与王元膺最不友善的王宗翰前去招抚王元膺，这岂不是让黄鼠狼去给小鸡拜年！结果，自然是王元膺难逃一死了。

王元膺一死，前蜀的继承人人选又成了问题。要是按照“立嫡以长”的原则，应该立长子卫王王宗仁，或三子赵王王宗纪，但此时的王建却偏选定了第十一子，也就是他最小的儿子郑王王宗衍。

这是为什么？

难道王宗衍有什么“经天纬地之才”吗？否！

王宗衍其人，《新五代史·前蜀世家》说他“年少荒淫……以韩昭、潘在迎、顾在珣、严旭等为狎客”。有一年九月九日重阳节，他竟与一班狎客连喝了三天三夜的酒，不去处理国政。其兄嘉王王宗寿（王建养子）哭着劝谏王宗衍打理国政，没心没肺的王宗衍竟嘻嘻哈哈地拿嘉王取乐，并醉醺醺地说：“嘉王都醉哭了！嘉王太没有酒量了！”

这种人别说是选他当皇位继承人，把一个国家托付给他，就是把一个几口之家托付给他，恐怕也会让他败得个精光的！

“王建真是个蠢货！”有许多不明真相的人常常这样说。

其实王建也不是不知道他这个小儿子不争气，之所以立王宗衍，实在是因为王宗衍有一个漂亮的母亲和一个风韵犹存的小姨。史称王建“晚年多内宠。贤妃徐氏与妹淑妃皆以色进，专房用事”。王宗衍，就是徐贤妃所生的儿子。爱屋及乌，王宗衍捡了个大便宜。

公元九一八年六月，王建突染重病。他一向宠信的另外一个唐姓奸臣唐文扆密谋作乱，幸赖其养子王宗弼排闼而入，杀死唐文扆，才使前蜀免遭覆灭。因受刺激，几天以后，王建病死于成都，终年七十二岁。

当臣子的僮仆常挨大臣揍

——五代十国吴景帝杨隆演

◎荣登大宝，却毫无自由

遗臣子戏，心酸无人知

◎接连受辱，窝囊忍气吞声

忠臣除奸，胆小不敢维护

何处望神州？满眼风光北固楼。

千古兴亡多少事？悠悠。不尽长江滚滚流。

年少万兜鍪，坐断东南战未休。

天下英雄谁敌手？曹刘。生子当如孙仲谋。

这首词乃南宋大词人辛稼轩的怀古之作。词的末尾借曹孟德之口说出的“生子当如孙仲谋”表达了词人对孙权一类英雄人物的景仰。是啊！谁不希望自己能生个孙仲谋一样的儿子呢？但造物弄人，世事常使人难明其所以。

公元九〇五年十一月，割据淮南、江东一带的吴国（五代十国中的一国）国主杨行密身罹重疾，自知可能一病不起，遍观诸子，除了杨渥以外，均系冲龄。而杨渥又是个除了击球、饮酒以外，什么都不懂的“花花大少”。这位史称“英武有霸气”的吴国开创者不由发出凄凉的慨叹——慨叹自己生不出孙权那样的儿子，万般无奈，只能传长不传幼，立下遗诏将王位传给杨渥。

杨行密死后，杨渥当了不到三年的皇帝，便因荒淫无度而被臣下徐温、张颢杀死。

杨渥死后，吴国皇位落到了杨隆演手里。杨隆演之所以能够承继杨渥成为吴国的第三任君主，并不是因为他本身有什么过人之处，而实在是沾了血统上的光。因为他系杨行密的次子，当时的吴国还需要有一个姓杨的人来装点门面。

荣登大宝，却毫无自由
遭臣子戏，心酸无人知

倘与杨渥比起来，杨隆演实在算不上一个胡作非为的皇帝。他不胡作非为，并不是他不想，而实在是他不敢，因为就连他的帝王之位也是捡来的。原来，在谋杀了杨渥之后，弑君事件的两个主谋张颢和徐温曾想将杨氏江山一剖为二而瓜分之。只是由于分赃不均，徐温接受了手下人的建议，抬出杨隆演来当“汉献帝”，自己做“曹操”，这才使得这位杨家二公子过上了几天皇帝瘾。

当上了皇帝的杨隆演，如果说与以前有什么不同的话，那就是比当皇帝之前更不自由了。

徐温借杨隆演之手，诛杀了其政敌张颢以后，封自己为行军司马、镇海军节度使、同中书门下平章事，后又进一步为自己进爵为齐国公、升迁至两浙都招讨使。后来，他又仿效东晋权臣桓温，自己出镇润州，而留下儿子徐知训做行军副使，镇守京师，代行朝务。杨隆演，说得好听是一个挂名皇帝，说得不好听，只不过是一个傀儡而已。

平心而论，一开始时徐知训对杨隆演大体上还算过得去，因为双方似乎还没有什么利害冲突：一切事情都由徐温遥决，徐知训代行，而杨隆演只不过是在拟好的文告诏书上签字画押而已！一来二去，时间长了，百姓中便传出一首歌谣：“说英雄谁是英雄，牛打江山马擎功。属龙的不是龙，是虫的不是虫！”

宫廷侍卫李球、马谦经过密谋，于公元九一六年上元日诈称观灯，挟持杨隆演一起登上皇宫城楼，命手下人打开武库，取来刀矛剑戟，声称皇帝下诏“除虫”——杀掉徐知训，再造杨氏江山。

这场兵变来得突然，去得也迅速。开始时，李球、马谦与徐知训的部队交战，频频得手，不料中途生变，斜刺里杀出一彪军马。为首的一员大将挺枪跃马，闯入乱军阵中，手起枪落，挑李球、马谦于马下。这员大将不是别人，正是徐知训之父徐温的心腹爱将朱瑾。关于朱瑾，我们以后还将提到。单说杨隆演，他毫无疑问是无辜的：不用说下令“除虫”，恐怕连“搬虫”——撇开徐知训，他都从来没敢想过。

徐知训可不管这些。这次兵变不仅使他大大地失了面子，而且差一点送了性命。他心里这个气啊，要不是有老父徐温“不得杀死杨隆演”的严令，凭他的少爷脾气，恐怕有十个杨隆演，也早就一命呜呼了。“死罪可免，活罪可不能让他少受了！”徐知训暗暗在心里打定了主意。

这一年（916 年）农历三月初三，俗称中和节。按残唐旧俗，君臣这一天应欢宴一堂，饮酒作乐。不管怎么样，杨隆演也得把徐知训请来赴宴，尽管他心里是一百个不愿意。

酒过三巡、菜过五味之后，徐知训也不知是喝多了还是怎么的，忽然提出要演戏。

杨隆演没听明白，以为徐知训是要听戏呢，立即传令：“快唤宫廷弄臣来，好好为徐将军演上一场！”

“慢！”徐知训斜着眼，傲慢地一摆手，一字一顿地说：“要那些弄臣们来演有啥意思！臣斗胆，请皇帝陛下与俺老徐同演！”

左右的人惊呆了。他们还没醒过神来呢，就见徐知训也不管杨隆演是不是愿意，断声说道：“来呀！快给本公子和皇帝陛下打扮打扮，我们共同演它一出‘参军戏’。”

“‘参军戏’？”左右的人这一惊更是非同小可。

原来，这参军戏又名弄参军、参军桩、陆参军，亦称假官戏、跳加官。它源于周、秦时“善为笑言，然合于大道”的优语。而名为“弄参军”，则始自东汉。唐人段安节在《乐府杂录》中曾有过这样一段记载：“开元中，黄幡绰、张野狐弄参军，始自后汉馆陶令石耽。耽有赃犯，和帝惜其才，免罪。每宴乐，即令衣白夹衫，命优伶戏弄辱之，经年乃放，后为参军。”参军戏也由此得名。这种戏一般只有参军和苍鹘两个角色，演时有对话，有插科打诨，也有动作。这种戏虽然极受当时人的喜爱，但碍于传统观念，一向连读书人都不屑去涉足，更不用说由皇帝来亲自扮演其中的一个角色了。

徐知训可不管这些，他见左右的人没动，火了：“愣着干什么！快为皇帝陛下拾掇拾掇！”

见徐大公子发火了，左右的人哪里还敢再怠慢。在徐知训的授意下，杨隆演被套上了一件前长后短的破褂子（鹑衣），又被人用不知从哪里寻来的红头绳在脑门绑了两个小羊角辫（髽髻），打扮得像个小傻柱子似的。

“好了，打扮得也差不多了。我的皇帝陛下，您不是看过参军戏吗？”徐知训几分调侃几分认真地说，“今天，咱们也演一场怎么样？您哪，就演那个小傻柱子苍鹘；我呢，演参军！”说到这里，也不管杨隆演愿不愿意，高声喝道：“来呀！把高贵卿给我叫来！”

不一会儿，人称“优孟复生”的名优高贵卿匆匆赶到。

“小老高啊，本公子要你来，你知道是干什么吗？”

“小的不知。”

“我让你为我侍酒，也让你这个名优看看皇帝陛下演的戏，切磋切磋嘛！”

“这个，这个……回徐将军，小人只见人戏里演皇帝，从未见过皇帝去演戏，更谈不上观皇帝演戏了，小人至死不敢从命！”

“什么？你好大的胆子！竟敢和本公子作对！我看你小子大概也是

李球、马谦一党！”徐知训话里有话，边说边用充满怨毒的目光扫视着杨隆演，“你真的不干？”

“我干！我演！”还没等高贵卿那里有所表示呢，有一个人先应声了。是谁呢？就是那个鹑衣鬊髻的小皇帝杨隆演。一听徐知训恶声恶气地指桑骂槐，这个年方十九岁的小天子腿肚子都吓得转筋了。除了要他的命以外，此时手握重兵的徐知训要他做什么，他都会乖乖答应的。于是，亘古未有的场面出现了：本来一向坐在台下观戏的皇帝上台演戏——而且是演滑稽戏，扮演大臣的跟班；本来应该对皇帝俯首称臣的臣子，却在台上演起了趾高气扬的主子参军。

台上如此，台下又何尝不是如此呢？语云：“人生大戏台，戏台小社会”，没有台下的乾坤颠倒，又怎么会有台上的臣子戏君呢？

接连受辱，窝囊忍气吞声
忠臣除奸，胆小不敢维护

中和节过后，江南转眼又是柳绿花红。

六月的一天傍晚，暑热难消。徐知训闲来无事，派人邀来了杨隆演，说是要与他泛舟作竟夜之游。

杨隆演虽然是连做梦都害怕与徐知训在一起，但积威难返，因此，徐一派人来“请”，他又不得不拧着鼻子前往。

六月的扬州，正是“池上碧苔三四点，叶底黄鹂一两声，日长飞絮轻”的时节。

荡开了画舫，徐、杨二人又开始了一次难受的航行。

扬州素以景色秀丽著称于世。古有所谓“淮海雄三楚，维扬冠九州”，“天下三分明月夜，二分无赖是扬州”的说法。早在唐代，扬州就已“街垂千步柳，霞映两重城”了。扬州诸景之中，以徐知训和杨隆演所游的瘦西湖最为引人注目。这瘦西湖原名炮山河，一名保障河，六朝时即为有名的风景胜地，古人有诗咏之云：“垂杨不断接残芜，雁齿虹桥俨画图。也是销金一锅子，故应唤作瘦西湖。”因其与杭州西湖相比，另有一番清瘦秀丽的韵味在内，是以得名。湖畔蜀岗东峰，有隋炀帝所建造的迷楼遗迹；蜀岗中峰，上有大明寺。寺建于南朝刘宋大明年间，因之得名。

其地盛景难以一一道尽。唐人姚合写下了这样的诗句：“江北烟光里，淮南胜事多。市廛持烛入，邻里漾船过。有地惟栽竹，无家不养鹅。春风荡城郭，满耳是笙歌。”

一路游来，徐知训游兴盎然，而杨隆演却感到如芒刺在背，了无情趣。

午夜时分，徐知训命移舟就岸，去大明寺赏花。

上岸时，因岸在左，杨隆演恰在左舷，是以没等徐知训先下船，他就举步登上了跳板。

刚走了没几步，杨隆演就觉得有些异样，回头一看，惊呆了：原来徐知训满脸怒气，正手执弹弓，向他瞄准呢。

“徐公子，千万使不得！千万使不得啊！”随行的卫士见状，一面大声疾呼，一面用身子挡住了杨隆演。

说时迟，那时快，只听“啪、啪”两声，两颗弹子重重地击在了那个以身遮住杨隆演的卫士身上。

徐知训手下的狗头军师见了，也觉事情闹大了，传出去不雅，于是好劝歹说，才将这位徐大公子扶上了岸。

到了大明寺后，徐知训不知又触动了哪根神经，借着刚才在船上的酒劲，又辱骂起杨隆演来了。

他先从杨隆演的父亲杨行密骂起，什么“老子是贼，儿子是贼种”啦，什么“老羊生小羊，小羊变小娘”啦，骂得要多难听就有多难听。杨隆演气得浑身上下直发抖。要知道，他虽然是个傀儡，但毕竟好赖不济还有个皇帝的虚名啊！被人如此辱骂，他还有什么脸面去见三宫六院七十二妃嫔呢？

杨的两个贴身太监，一个叫朱贵，一个叫王昌，都是杨行密时代的老臣，见状不忿，又自知惹不起徐知训，于是转身架起杨隆演欲走。

还没走出几步呢，只听一声闷响，杨隆演觉得右边扶他的朱贵突然松开了手。他回头一看，傻了：只见朱贵连肩带上半个身子斜着往外喷血，那张一向和善的老脸，也溅满了血水。徐知训呢？却仍在那里骂声不绝。

徐知训的恶劣行径，惹起了一个人的激愤。这个人就是曾经于徐氏父子，尤其于徐知训有恩的大将朱瑾。

六月赏花后的一个午夜，朱瑾前往徐府，以宴饮为名，亲手斩杀了徐知训，提着徐的人头来到皇宫。见到杨隆演之后，他抑制不住喜悦的心情，对杨说："陛下，大喜！大喜！"

"何喜之有？"

"我把徐知训那贼子给杀了！"

"什么？你说什么？"杨隆演闻听战战兢兢地开口问道。

"我是说，我把那个常凌侮陛下的贼子徐知训给杀了！"

"这……这……这……"杨隆演欲喜还忧，转瞬间又噤若寒蝉了。他颤抖着说："这不关我事！这不关我事！"说毕，转身就走。

"陛下，陛下，难道您真的想这样一辈子当傀儡吗？"朱瑾悲愤地说。见杨隆演听也不敢听的样子，他叹息着说："我知道李球和马谦不能成事的原因了，竖子不足与谋。先主公啊！"

言毕，转身出宫。

其时，宫门外已围满了闻讯赶来的徐氏亲兵。朱瑾见皇帝不支持，手下又无亲兵卫队，一腔恨意难平，遂将徐知训的人头抛在脚下，拔出佩剑，横刀自刎。

这一次，倒徐派除了朱瑾自刎以外，还折了大将米志诚等数十人。而杨隆演呢？则缩头乌龟照当不误。

公元九二〇年六月，杨隆演在一次借酒浇愁的狂饮中死去，终年二十四岁。

『鸡汤君王』

——五代十国楚衡阳王马希声

◎弟才思敏捷应庄宗
兄蠢笨若牛遭离间

◎古时有阮籍，居丧食蒸豚
今日马公子，父死喝鸡汤

唐昭宗乾宁三年（896 年），割据一方的湖南邵州小军阀刘建峰因为公然霸占下属陈瞻的妻子，而被陈瞻用铁锤击杀，刘建峰的部下公推刘的行军司马（参谋长）张佶接替刘的职务。就在张佶即将入帅府接管军权时，他所骑乘的马突然咆哮着扬蹄乱踢，一脚踢中了他的肚子，把他的脾脏给踢坏了。眼见着就要到嘴的肥鸭子一下子飞了，张佶既感到气愤，又感到恐惧，脑瓜一转，召来众将领，对他们说："我不堪出任主帅，马公才是上上之选！"

众人听了，觉得张佶说得有理，立即派人前往潭州去迎接马公。

马公是谁？

马公姓马名殷，字霸图。五代十国中的楚国，就是他一手创立的。

在五代十国时代，马公算得上是一位英雄人物。但虎父偏偏生了个犬子，他的次子，也就是他的继承人马希声却是个典型的“后主”式人物。提起马希声，可能很多人都不熟悉，但若提起他“鸡汤君王”的绰号，想必对五代史稍有涉猎的人，都会有深刻的印象。

马希声为什么被称作“鸡汤君王”呢？

弟才思敏捷应庄宗
兄蠢笨若牛遭离间

公元九二四年春正月，后唐都城洛阳，刚刚“奉三矢”扫平刘守光，逐走契丹，灭掉后梁的后唐庄宗皇帝李存勖，在皇宫便殿接见前来朝贡的各藩镇属国的使臣。

很快就轮到了楚国。

楚国的使臣是马殷的儿子。

“你是马希声吗？”庄宗皇帝好奇地问。他曾听人说起过，马殷的二儿子马希声常常代替马殷处理内外政务，所以才有此一问。

“希声是臣的二哥。”

“那么，你叫……？”

“臣贱名希范，系楚王之四子。”

“听说楚王的爵位乃是伪梁（即后梁，因系李存勖的死敌，故有是名）所封，不知贵使来我大唐有何贵干啊？”李存勖的话里隐隐透有几分杀机。这的确是个很难回答的问题，就好比一个人蛮横无理地问另一个人“你为什么是你娘生的”一样，是一种寻衅的行为。

“小臣此来，一是向陛下贺正旦，二是向陛下交还伪梁所授印绶。恩出自陛下，臣父与臣诚惶诚恐！”

“朕可以封汝父为楚王……”

“谢主隆恩！”未待李存勖说完，马希范已经在那里谢恩叩头。

“免礼！”李存勖把手一摆，气呼呼地说，“但是朕近日欲挥得胜之师，与汝父会猎于荆楚，不知楚国广狭如何？”

这话简直就像赤壁之战前的曹操写给孙权的信的再版，马希范哪能听不出来？他不卑不亢地答道：“陛下南巡，正是臣求之不得之事。只是恐怕弹丸之地，不堪供陛下饮马。”

李存勖一听，觉得跟前这个年轻人应对有礼，而且语含机锋，不由叹息着说：“马殷有子！”——马殷的儿子不错！

马殷的儿子真的都不错吗？

否。

至少他的二儿子马希声是个饭桶。

公元九二七年，与马殷的楚国并立的荆南（南平）国主高季昌修书一封秘密派使臣送到楚国。

信是写给楚国大将高郁的，但却故意“误”送到时任楚国判内外诸军事（总参谋长）的马希声手里。

在信中，高季昌以一种既神秘又亲切的口吻，询问了高郁的近况，然后说可按既定计划亡马氏，并承诺“届时，定与将军共有之！”

拿到了这封信，马希声以为自己建下了不世之奇功，兴冲冲地去见老父马殷。

“信是假的！”马殷没等马希声说完，就断然打断他的话，斩钉截铁地下了结论。

“假的？”马希声气急败坏地反问，“怎么会是假的？这明明是高季昌那厮的亲笔嘛！”

“那就更是假的了！”见儿子仍是一副木木的神情，马殷掰开馅饼说馅地解释道，“策反高郁，乃是一件大事，高季昌再蠢，也不会派一个连高和马都分不清的人来送信，此其一；另外那信中的话过于直白，根本不像密信，此其二。”

“万一……”

“没有什么万一！”马殷恨铁不成钢地说，“这不过是唐庄宗李存勖用来陷害梁朝大将王彦章时所用的下三滥伎俩罢了！你怎么连这个都识不清，真是个蠢材！”

挨了老爹一顿骂之后，马希声闷闷不乐地回到了自己的府邸。

“给老子讲讲王彦章！”马希声迫不及待地找来他的狗头军师。

“王彦章？”

“对，就是大梁的那个王彦章。你给我讲讲他是怎样被唐庄宗陷害的。”

“庄宗害王彦章？”那狗头军师挠了挠脑袋，说，“我只听说过王彦章的妻子是李存勖所害，但从未听说过王本人也是死于庄宗皇帝的陷害啊！”

“那王彦章是怎么死的？”

“据说他是死于朝中同僚的陷害……”

“什么？”马希声一把揪住军师的衣服，“这是真的？”

“小的不敢撒谎。”

“好了，你去吧！”

打发走了狗头军师以后，马希声这个气啊！他不明白，老头子是真糊涂了，还是有意这么说。若是真糊涂了，那还没什么，但若是别有用心，那自己可就惨了。

越想越气，越气越想，马希声决定要给高郁一点颜色看——借机“敲”老爹一下，别把自己儿子的话当成耳边风。

几天以后，马殷偶感风寒，朝政暂由马希声署理。

抓住这一难得的时机，马希声立即下令解除高郁的兵权，而且不作任何解释。

一向以马殷的功臣和左膀右臂自诩的高郁哪里受得了这个，在朝会上就大发牢骚。他说：“我跟随楚王多年，没想到落了这样一个下场！以前常听人说‘狡兔死，走狗烹，飞鸟尽，良弓藏’，现在看来，这话一点也没错！”

“你这话是什么意思？”马希声恶声恶气地问。

“没什么意思！”高郁以一种十分轻蔑的口吻，像回答又像自言自语地说：“虎父生犬子，犬子渐大能咬人了！”

“他妈的，你竟敢骂老子！”马希声红头涨脸地说，“犬子？老子这个犬子就要咬咬你这头老狼！”

左右的人都呆住了，以堂堂的楚王世子之尊而在朝堂上口吐秽语，辱骂大臣，这成何体统？

不待有人上前解劝，马希声已经发出了一道命令：把高郁剥去朝服，插上木牌，立即推出午门开刀问斩。

“反了，反了！”正在病中的马殷，一听自己不成器的逆子竟想要杀自己的老战友，不由得怒火中烧，头一昏，眼一花，“哇”地吐出一大口鲜血，昏在地上人事不省。

那些本来想请楚王当救兵的人，见状只好先救楚王。

连摇带唤，好半天，马殷才缓过气来。这时，另外一个朝臣踉踉跄跄地跑了进来：“杀了，杀了！世子已把高郁高老将军给杀了！就在午门外杀的！”

马殷又吐了几口血，有气无力地说：“我老了，生个儿子却这般忤逆不孝，竟连老父的勋旧们也杀了起来，真是对不住那些伴我出生入死的老弟兄啊！”喘息了片刻，他接着说道：“我恐怕也将不久于人世了，不知马家的江山会不会断送在这个逆子的手里。”

“是日大雾四塞。”（《新五代史·楚世家》）马希声滥杀无辜，搞得天怒人怨。

但是，这仅仅是个开始。

古时有阮籍，居丧食蒸豚
今日马公子，父死喝鸡汤

公元九三〇年十一月，称雄一方的马殷病死于长沙（古潭州）。

已经控制了全国军队的马希声，因其兄马希振已不在人世，登上了楚王的宝座。

按照礼节，父死，儿子要为其服孝三年，至少民间是如此。

君王们因为身系一国的安危，不能停止视事达三年之久，但是按照常规，至少也应该在父母死后到出殡之前的这段时间，尽点人子之孝，比如独处、服斩衰等。

在这些礼节中，最重要的是忌食和茹素。《新唐书·礼乐志》上说："斩衰三日不食，齐衰二日不食；大功三不食，小功缌麻再不食。"就是说无论死的是父母，还是未出五服的本家、亲戚，与他们有亲属关系的人都要忌食一段时间（少则三顿饭，多则三天），然后，茹素，保住一条性命，最后，才慢慢地进食。

在服丧期间，要为死者立神主，并设一名护丧，一名司书，一名司货，还要备好丧葬用品。然后，要用白布设灵堂，中设衾床，将死者放在床上，头朝南方。众人伏地大哭，要有专人替死者洗头擦身，剪指甲，沐浴完毕，将死者放在衾床之上，换上衾衣。这时，死者的长子要率众致哀，用小匙舀米放于死者口中，如是者三次。然后，再指定专门的人为死者加幅巾，塞耳、合眼、穿鞋及整衣，结好大带，并把死者的双手合放在胸前。

然后是小殓——于次日凌晨将死者迁到尸床上，用绢垫头，缠紧其双腿，裹上两层被子。这时，长子要抚尸大恸。

再来是大殓——第三天黎明，要陈放好大殓的衣衾，将灵座抬到旁边，把棺材抬到灵堂中间，在棺中铺好被子。设大殓床，把死者移到床上，盖好被子，外面再扎上五道绳子，移尸入棺。诸子大哭尽哀，然后才盖棺焚香。

大殓之后，要于早晚哭着祭奠，直至出殡。吃饭时还要在灵柩前的桌子上供好食品。

接着是出殡。出殡之前要做的工作很多，主要的是选好墓地，祭祀地祇；然后点穴破土，立碑（碑者，悲也），在碑上刻死者姓名、生卒年月；扎制各种冥器；然后，告祭祖先迁柩于墓地，长子要率众人哭号步行。

整个丧事活动期间，长子的作用最为重要。毫不夸张地说，若没有长子出面，那死去的父母就不能入土为安。

作为马殷实际上的长子，马希声的表现如何呢？

首先我们来看看他的服装。依长子为父戴孝的礼仪，马希声应当服“斩衰”之服。衰，通縗，乃是五服中最重的一种。这种衣服的衣料是极粗糙的生麻布，不缀边以使断处外露。古人之衣，上衣为衣，下衣为裳，斩衰之服最大的讲究是在裳上。据史料记载，地道的斩衰之服，其裳前三幅，后四幅；另外还要在上衣胸前心口处缝上一个布条；以厚纸作冠，头上、腰上要各缠以单股或双股的黑麻，并持哭丧杖，穿草鞋。

这些要求马希声一件也没有做到。不是不能做，而是不想做。马希声曾经很郑重其事地对左右的人说：“礼教只是为百姓所设！”言外之意他是国王，应当享有各种各样的特权，其中当然包括不为其父戴孝。不戴孝就不戴孝，负责丧葬事宜的礼部官员心想，能停食三日也行啊！

“停食？”马希声不解地问。

“对，按先王礼仪，父亲去世，儿子要停食三日以示哀悼！”

“这‘先王’是谁？”马希声胡搅蛮缠道，“快去把他捉来，杀了！”

“这……”左右的人心里暗笑，“这先王哪是一个具体的人啊？退一万步说，真是某一具体的人也早已作古，又能到哪里去把他‘捉来杀掉’呢？”

只听马希声咆哮着说：“停食三日，要把老子饿死啊？”

“大王，大王，”跪在地上的另外一个官员战战兢兢地说，“且息雷霆之怒。停食确实不是个好办法。……”

“这还差不多！”马希声不待那个人说完就赞了一句。

“但老楚王逝世，大王还是应当有所表示才好啊！”

“你说该怎么办？”

“大王能否茹素？”

“茹素？什么茹素？”

“就是吃素食，不吃肉啊！”

“你更坏！”马希声口不择言，破口大骂道，“那人刚才劝老子忌食，荤的素的一块忌还好，你却想让老子口里淡出个鸟来，是不是？”

“这个……”

“这个什么？你不知道老子特别爱吃鸡？特别爱喝鸡汤吗？”

那官员吓得匍匐在地，大气也不敢出。

马希声为什么要发这么大的火呢?

原来，他有一种特殊的嗜好：爱吃鸡肉，爱喝鸡汤。

鸡本来是汉民族最早驯化的家禽之一，从西周时代起就已经进入了人们的生活。《诗经·齐风》中就有一篇名《鸡鸣》。到了三国时代，著名文人杨修曾以鸡肋作比，悟出曹操将要退兵的秘密。再往后，以鸡嵌入带有鸡字的成语俯拾俱是，像什么鸡口牛舌、鸡犬皆仙、鸡皮鹤发、鸡虫得失、鸡鸣狗盗……但都不是把鸡当成须臾不可离的食物。到了唐代，鸡肉虽已摆上人们的餐桌，但喜食者甚少。浩如烟海的唐诗中，较为常见的也不过是孟浩然的《过故人庄》中“故人具鸡黍，邀我至田家”而已。

作为一国之君，喜食鸡肉，爱喝鸡汤，并因之在历史上留下笑料的，恐怕也就只有马希声一人而已。

马希声为何这么酷爱鸡肉鸡汤呢?

说来可笑，这是一种“东施效颦”的行为。

从童年时代起，马希声就崇拜一个人，这个人就是梁太祖朱温朱全忠。

这种崇拜简直到了狂热的程度，只是由于崇拜者对被崇拜者的认识十分肤浅，所以只是学其皮毛，没有得其精髓。

马希声听人说朱全忠好吃鸡，而且每顿饭都离不开鸡，就觉得这一点最可学，也最好学。头脑一热，说：“梁太祖有什么了不起，我要超过他还不是易如反掌！”

左右的人有些“丈二和尚摸不着头脑”。他们知道，梁太祖虽然“没有什么了不起”，但却能够代唐自立，能够使包括老楚王马殷在内的一大批手握重兵的地方实力派臣服。因而，没有一个人附和马希声。沉默了片刻，一个佞臣试探着说：“您的意思是？”

“梁太祖不是每天都能吃好几只鸡吗？”马希声一副睥睨一切的神情，“我一天吃它五十只鸡，你们看是不是比他要厉害？”

“那当然，那当然！”大家随声附和，只是心里边有一个问题：不知道那五十只鸡，怎么全被马希声吃进肚去。

聚会结束以后，有两个“好事”的人边走边嘀咕：

“谁能有那么大的胃口？五十只鸡啊，一天能吃进去？”

“反正我们楚国又不是不能吹牛。他是楚王世子，吃不了五十，硬要说能吃得下，也没有人敢把他怎么样。”

其实，这两个人有点“井底之蛙”，马希声确实能每天“吃”下去五十只鸡。

怎么“吃”下去的呢？

确切地说是喝下去的。

马希声也是人，要叫他一天吞下五十只鸡的肉，恐怕他的老父再给他生出几副肠胃来，也无济于事。

但既然已经在众人面前夸下海口，马希声就要说到做到。

思来想去，他有了个主意：将五十只鸡宰好，收拾干净，放到一个大锅中煮，少添汤，多加柴，喝炖好了的汤。

这样，五十只鸡虽然吃不下，五十只鸡炖的汤，却可以毫不费力地喝下去。虽然吃与喝有很大的区别，但毕竟一天可以处理掉五十只鸡，马希声终于“超过”了梁太祖。

记得有一则古代笑话，说有一个人不学无术，却偏喜谈文。有一次他读了晋代大诗人郭璞的《游仙诗》中的“太行有奇峰，峰高一万仞”后大发感慨，说他写的诗能超出郭璞一倍。见别人不信，他朗声吟道：“太行有奇峰，峰高两万仞”——将“一万”改成“两万”，果然是“超出”一倍。

笑话中的那个人是可笑的，而马希声则比他还要可笑、可恨。

可能是因多内宠，身子有些发虚吧，马希声渐渐喜欢上了喝鸡汤，而且每锅鸡汤必须用五十只鸡来炖。不足五十只或多于五十只鸡炖出的汤他都不喝。

有一次，他手下的人因为天气不好，没有凑足五十只鸡，想偷工减料，就用四十八只鸡为他炖了一锅汤。马希声也不知是不是有特异功能，喝了两口便觉出不对劲，立即下令将厨子绑了用马活活拖死。

自那次事件以后，哪怕有天大的事，也没有人敢扰了他喝鸡汤的“雅兴”。

所以，当礼部官员劝他茹素时，熟悉马希声的内侍们都觉出大事不好。

好在国丧期间不许杀人，马希声只是叫人把那礼部官员拖出去揍了一顿了事。

处理完这件“案子”，马希声觉得肚子里像有十五条小馋虫，七上八下一阵一阵地往上拱，于是，他不管三七二十一地高声叫道：“来人！快替我准备鸡汤！”

就在此时，有人来报，说楚王灵柩已安放在灵车之上，就要前往墓地，请示马希声是否随灵车前往。

马希声不耐烦地一挥手，说：“天大的事也得等我喝完鸡汤再说！”

于是，在周围的人一片惊愕之中，马希声“顿食鸡肉数器”，又喝了很多的汤，然后，才一边打着饱嗝，一边站起来对左右的人说：“走，走，给老头子送葬去！”

马希声走后，他的礼部侍郎潘起叹息着说：“昔阮籍居丧而食蒸豚，世岂乏‘贤’邪？”

潘起的话是什么意思呢？

这里不能不简单地说上几句。

大家知道，阮籍是“建安七子”之一阮瑀的儿子，自己也跻身“竹林七贤”。据说他一生最仇视礼教，常以“白眼”看待礼俗之士，主张“天地生于自然，万物生于天地”。有一次，正赶上其母病逝，别人都去吊丧，他却饮酒数斗，食一蒸豚，鼓盆而歌。尽管在今天看来，阮籍是个反对封建礼教的斗士，但在古人的眼中，他却是个离经叛道的怪物。

潘起将马希声与阮籍类比，其用意无非也是对马希声不为其父服丧进行鞭挞。

公元九三二年七月，马希声病死于长沙。那些鸡肉和鸡汤也没有使他长寿！

随风倒的墙头草

——五代十国南平文献王高从诲

◎父狠心抛妻弃子 母机智编谎脱险

◎父子本是墙头草 哪里风劲哪里倒

◎信术士，辞封谢官 宠儿子，表业误国

先秦时代的孟子说过：“吾养吾浩然之气，富贵不能淫，威武不能屈，是谓大丈夫也！”中国传统民谚中也有“男儿膝下有黄金”的说法。这说的都是一个意思，那就是作为一个男子汉大丈夫，应有铮铮傲骨，不应“为五斗米折腰向乡里小儿”。

孟子故世以后的一千多年间，尽管不断有反孟子或非孟的人物出现，但能够公然背弃“威武不能屈，富贵不能淫”的大丈夫观，为了些许利益便屈膝求人，甚至是投靠仇人的人毕竟还是少数。说少，不等于没有。五代十国时，割据荆南（今湖北的一部分）一带的南平小朝廷第二任君王高从诲就是很著名的一个。

高从诲，字遵圣（多么符合儒家传统的名字，可他的所作所为，又是与儒家传统道德大相径庭的！由此观之，“名如其人”这个成语并非绝对的真理）。他是南平王国创始人高季兴的长子，在五代十国的统治者中，是一个很有特色的人物。

父狠心抛妻弃子
母机智编谎脱险

公元八九一年春季，唐王朝所封的梁王朱全忠与宣歙观察使杨行密等人，一起攻打淮南节度使孙儒。原因是孙儒恃仗其兵强马壮，想先灭杨行密，后灭朱全忠，进而取唐王朝代之。孙儒曾移牒藩镇，数行密、全忠之罪，同时“悉焚扬州庐舍，尽驱丁壮及妇女渡江，杀老弱以充食”，大举攻行密。不得已，行密求救于朱全忠。朱全忠率大军入皖，梁军与孙儒所部交战互有胜负。

一次战役失败后，朱全忠的部将，时任颍州防御使的高季兴仓皇之中携妻而逃。他的妻子张氏聪颖多智，善权智。用今天的话来说，她很有一些鬼心眼儿，因此颇受高季兴的宠爱。

且说这夫妻二人慌不择路，只知打马狂奔。其时，张氏已有七八个月的身孕。跑着跑着，高季兴暗叫一声“苦也”！原来，他们在黑夜中不辨方向狂奔，竟跑到了一座悬崖之上，幸亏发现得早，夫妻二人才免去了坠崖之灾。

见后面的追兵没跟上来，高季兴长吁了一口气，转身扶着张氏说：“下来歇歇吧！”身怀六甲的张氏早已累得粉腮流汗、玉脸呈红了。

见丈夫说要休息，张氏迟疑了一下，然后慢腾腾地从马上爬了下来。她虽是个妇道人家，但因为久随丈夫驰骋疆场，因此，深知戎机。在她看来，他们夫妻二人虽然暂时摆脱了敌兵的追击，但真正的危险并未过去——不然，一向达观的丈夫为什么仍然锁着眉头呢？

借着天上微弱的月光，张氏隐隐约约地发现丈夫那双往日里一向对她脉脉含情的虎目，此时竟隐隐透出几丝杀机。她陡地一惊，小时候读过的《太史公书》（即今天所说的《史记》）中汉高祖刘邦在逃避追兵时抛妻弃子的故事，像早春的寒意一样涌上了心头。但她毕竟是个绝顶聪明的人，她知道该怎么做，只是还不能一下子断定，平素里对她一向生死相许的丈夫会做出什么令她伤心的事！此刻，她也真的累了，因此，歇歇就歇歇吧！

也不知是真的累了，还是别的什么原因，从马上下来之后不久，张氏就靠在马鞍子上打起瞌睡来了。大约过了半个时辰，与她坐在一起的高季兴突然轻手轻脚地拔出剑来。一直在旁假寐的张氏见状一惊，正要起身逃避，却见高季兴又把宝剑缓缓地插回鞘中，长叹了一声，似有什么心事未决。如是者三四次，最后，他一跺脚，像下定了什么决心似的，转身用剑三五下就把张氏（其时正坐在崖边）身后悬崖上的山石弄得松动了许多。然后，他又一次回头望了张氏一眼。正要打马走开，只听"轰"的一声巨响，已经翻身上马的高季兴虽已知情，但仍心头一凉。就在此时，他忽然听到背后传来一个熟悉的声音："夫君，你到哪里去？""啊！"高季兴听了心头一震，"难道这个'包袱'没有甩下？"转过头一看，叫他的果然是他的妻子张氏。张氏一副睡眼惺忪的样子，一把拉住他说："你上哪里去了？夫君！我刚才做了一个梦，梦见咱们坐着的这座山突然崩塌了。倒下来的山石眼看就要压在我们娘儿俩（指张氏和她肚子里的孩子）身上。"她一边说着，一边拍着自己状如小山丘似的肚皮，"突然哪，我梦见一个披着金甲的天神，一手执戈，一手托起那些山石，同时还向我连连下拜。我说不敢当，你猜那位仙人怎么说啊？"

"怎么说？"一向信奉神仙鬼怪之事的高季兴听了，一把抓住张氏问。

"他说：'我不是拜你，我是拜夫人腹中的贵子，此子将来必有王者之位。'"

高季兴听了，信以为真，一点也没有觉出有什么不对的地方。于是，他又扶了张氏上马，夫妻二人遂真心诚意地一起逃命。不久，他们找到了失散的部下。这一年的五月，张氏夫人产下了一子。这个差一点不能出生的男婴，就是本文的主角高从诲。

父子本是墙头草 哪里风劲哪里倒

南平，介于湖南、岭南、福建之间，地狭兵弱，可以说自其创立者立国之初，就已患上先天不足症了。

高从诲从父亲手里继承下来的财产，计有土地三州（归州、峡州、荆州），百姓不足十万。

史书上说，南平国首府“城邑残毁，户口雕耗”，虽然经过高从诲的父亲高季兴的治理，但也是一身好铁捻不出几个钉来。

因此，从高季兴开始，南平国的君主们就实行“墙头草，随风倒”的政策，见谁势大就奉谁为主，看谁有实力就对谁称臣。

高从诲的父亲高季兴屡改名字，就说明了一切。

原来，这高季兴本为汴州富豪李让（一名李七郎）的家僮。唐昭宗时，朱全忠为宣武节度使，李让为寻求保护，向驻军于汴州的朱全忠输送军资，被朱全忠收为义子，赐名朱友让。高季兴通过朱友让得以谒见朱全忠，被其赐名为朱季昌。后因立下战功，高季兴受梁封渤海王，是时，恢复本姓，更名为高季昌。梁朝为后唐所灭后，这位名叫高季昌的人改换门庭，投靠后唐，被封南平王，又一次更名为高季兴。为什么要屡次更改自己的名字呢？识者答曰：“是为了巴结比他更有实力者。”就拿最后一次更名来说吧，那完全是为了讨好其时刚刚取梁而自代的后唐庄宗皇帝。《旧五代史·世袭传》在谈到高季兴最后一次更名时说：“及后唐庄宗即位，避其庙讳改焉。”当然，这中间还隔着一层窗户纸，不捅破了，有的读者不会明白的。原来，后唐庄宗的祖父名叫李国昌。李国昌、高季昌，有此“昌”容不得彼“昌”。避有权势者之名讳在封建时代是很正常的，但为了巴结一个“拳头”比自己大的人，连他已经谢世几十年的爷爷的名字都要避讳，高季兴的马屁功夫可谓震古烁今了。

高从诲执掌南平以后，酷肖其父，用见风使舵、顺水行船来形容他似乎都不足以状其万一。

史料记载，自高从诲当政以后，唐、晋、契丹、汉割据中原，南汉、闽、吴、蜀皆称帝，“从诲所向称臣，利其赐予。”当然了，他“称臣”的对象是要付出代价的。代价就是他给谁叩头，谁就得向其提供财、物。当那些接受他朝拜的人不想或不能满足他的“要求”时，他就立刻翻脸，甚至做些常人所不屑的下三滥勾当。

公元九四七年，儿皇帝石敬瑭的儿子后晋出帝石重贵被北方新近崛起的契丹军队俘获。后晋河东节度使、北平王刘知远起兵驱逐契丹，自立为王。因顺应民意，一时之间，军威大震。远在湖北的高从诲闻讯，见有利可图，立即派人间道渡海，向刘知远（时已称帝）称臣显示忠心，条件是刘知远将郢州的土地赏赐给他。对高从诲平日所为颇有些了解的刘知远，因系用人之际，佯作应允，而到了局势平稳之后，便立即翻脸。高从诲见所求的赏赐没有着落，便立即宣布与后汉断绝一切关系，并马上向刚刚立国的南唐、南汉、闽等国称臣。

南汉中宗皇帝刘晟见高从诲遣来的使者毕恭毕敬的样子，心里忍不住又是好气，又是好笑，一桩往事不由浮上心头。

那还是在后梁未灭之时，南汉等国均奉后梁王朝为正朔，岁岁向梁输送贡品。因为南平地处交通要道，诸国向梁输送贡品往往要借道于南平。每逢运送贡品的军队途经南平时，高从诲便派人用好酒好菜款待输贡使，同时派人扮作强盗或小偷，将那些白花花的银子、黄澄澄的金子和各种各样的土特产品劫、偷下来。当南汉等国派人责问时，高从诲又派人假作“进剿”，将其中一部分吐出来应付了事。被人揭穿了本是件很难堪的事，但高从诲一点也不以为耻。一来二去的，他就落下了一个“高赖子”的“美”名。高赖子是什么意思呢？《新五代史·南平世家》上说：“俚俗语谓夺攘苟得无愧耻者为赖子，犹言无赖也。”

思及于此，刘晟一本正经地对南平国使臣说：“回去上复你们大王，我南汉不比他国，只接受叩头，没任何东西赏赐。想清楚了之后，你们再来。”把个南平使者弄得尴尬万分。

信术士，辞封谢官
宠儿子，丧业误国

后晋天福六年（941年），后晋王朝刺史安重荣起兵反晋，高从诲权衡利弊之后立即起兵勤王，实际上也只是输送一些军食给后晋王朝的军队。在辽军的协助之下，后晋儿皇帝石敬瑭平息了这次叛乱。论功行赏时，石敬瑭封高从诲守尚书令一职，高从诲上书固辞。石敬瑭很感奇怪，因为他对高从诲父子真的是太了解了——他们父子只要一听见别人的一个给字或赏字，就可以立即满脸堆欢；不给、不赏，他还要想法来抢，怎么现在给他一个官，而且还是一个高官，他却要婉辞不就呢？是不是嫌官小了？按理说，守尚书令可以代行宰相之权，差不多可以说是一人之下、万人之上了，职位可不低了，但却为什么不能使他动心呢？百思不得其解之余，石敬瑭派人请来了曾出使过南平的翰林学士陶谷。等说明情况以后，陶谷也感到奇怪，绞尽脑汁想了许久，也没有想出一个所以然来。

适逢后晋国子祭酒田敏出使南平返国，他说出一件事来，才使后晋高祖石敬瑭等人恍然大悟。

原来，高从诲这个人虽然无赖，但对江湖术士却言听计从。当时，有一个名叫王梁的术士曾为他打了一卦。这个拿了高许多赏赐的骗子骗高从诲说，他夜观天象，发现镇星（主灾难）在翼轸之分。高从诲作为翼轸分野之主，应“释罗纨，衣布，素饮食，以避祸”，而且，对任何加官封爵之类的赏赐都应力辞不受，否则必有血光之灾。

见王梁说得有鼻子有眼，高从诲不敢不信。因而，他先后数次上书，先谢后晋王朝的封赏美意，次言自己输送军资乃理所当然，最后扣到主题说自己无特殊功勋，因此，不能接受“守尚书令”的官职。

了解到这一情况后，石敬瑭也就释然了，本来就没有真心想封他，现在他自己固辞不受，这正好，谁也不欠谁的情了。

看了上面的故事，人们可能会认为高从诲是一个一点自尊心也没有的人。其实不然，当那些地位、身份不如他的人对他稍有不敬时，他也是会发火的。

后汉王朝的国子祭酒田敏（田敏是五代时著名的儒学大师，历任梁、唐、汉等多国的国子祭酒。）就亲身领教过高从诲发火时的雷霆之怒。

那一年田敏奉后汉高祖刘知远之命出使楚国，假道南平。出于礼节田敏拜访了南平国主高从诲。这位高赖子设酒宴招待来自中原的外交使节。酒过三巡之后，高从诲向田敏探问中原的虚实，言谈之中屡屡透出对刚刚遭受契丹兵丁洗劫过的后汉王朝的蔑视。田敏自然要反唇相讥了，只见他从怀里掏出一卷经书来，说：“临来时，我高祖皇帝曾专命我带一本书给大王。”

“给我？”高从诲不解地问，“要知道，俺老高可是斗大的字也识不了一升啊！”

“噢，这就不对了，”田敏煞有介事地说，“但我记得高祖皇帝曾亲口对我说，大王您于古籍颇有精研，其中尤以老、庄浸淫最深。”

“我？”

“没错。记得高祖皇帝说您最喜欢‘高者抑之，低者起之’这句老聃名言，并将它改为‘高者拜之，低者骄之’，我没说错吧？”

田敏的话还没说完，高从诲的脸腾地就红了。这不是明摆着挖苦他吗？他连《论语》都没读过，又什么时候读过老庄了？更可气的是自己虽然见有权势者就拜，但从来没有人以这种形式“表扬”过他啊！不行，不能饶了他！思及于此，高从诲高声喝令：“来啊，取大杯来！田先生没喝醉就说醉话，罚他三大杯！”

见事情要闹僵，高从诲的智囊忙命人去找高保勖。高从诲发火找高保勖干什么？这里还得交代几句。

原来，这高保勖字省躬，是高从诲最小的儿子，因自幼聪颖，因而深得高从诲的喜爱。据史料记载，每逢高从诲发火别人避之唯恐不及时，只要保勖一到，就万事全无了。一来二去，传神了，南平国士民暗地里给高保勖取了个绰号叫“万事休”。

这“万事休”高保勖果然是“神力”超凡，匆匆赶来之后，也不知用了什么手段，竟将一场干戈重新化成了玉帛。

此件事情过后，高保勖的绰号叫得更响了。这时，有一班爱在名讳上做文章的江湖术士却在私下里犯起了嘀咕：“万事休”倘若单指“什么事都没有”倒还好，但若包含“什么事情都无法挽回了”又该怎么办呢？

想是这么想，可是谁也没敢说出来。

公元九四八年十月，“赖子”高从诲病死于湖北江陵。

十五年以后，他与他的老父苦苦经营的南平亡于高保勖的手中。

“万事休”的不幸预言果然应验了。

这是命运的安排，还是高氏子孙的不争气使然呢？

春联鼻祖『送子张仙』

——五代十国后蜀后主孟昶

◎ 好打球走马 用近习奸佞

◎ 幼子早卒追封遂王 夜壶豪奢饰以七宝

◎ 改桃符为春联 不料联语成谶

◎ 降赴汴京七日而亡 缘妻成仙千古流传

后蜀明德元年（934 年）六月，刚刚接受后唐山南西道节度使张虔钊等人投降的后蜀开国皇帝孟知祥志得意满，设宴款待张虔钊。应邀作陪的还有新近归附的原后唐武定军节度使孙汉韵以及后蜀的文武群臣。席间，孟知祥开怀畅饮，当他伸手去接张虔钊递过来的酒杯时，忽然“手缓不能举”——突然中风不语，不久就离开了人世。

孟知祥一死，整个后蜀群龙无首。王处回、赵季良——孟知祥托付的两个顾命大臣经过一番商议，决定扶立东川节度使、同中书门平章事为孟知祥的继承人。

这位东川节度使不是别人，正是本文的主角孟昶。

孟昶，是孟知祥的第三个儿子。在五代十国的末代皇帝之中，他也算得上是个“腕儿”。

除了对政治没有多大兴趣以外，他的兴趣极为广泛，是一个典型的“花花公子”。

这位“花花公子”有哪些“花花”事呢?

好打球走马 用近习奸佞

公元九三六年三月，“荧惑犯积尸”——“荧惑”与“积尸”均为星宿名。孟昶认为他的后蜀帝国要出现变异，因为“荧惑”是恶星，“积尸”在地上的分野又正好是蜀地。

他的心腹，司天少监胡韫请他宽心，说“积尸”在地上的分野还可以对应秦地，并举出晋咸和九年（334年）三月“荧惑犯积尸”最后应在秦地雍州刺史郭权被杀一事，叫孟昶放宽心。

孟昶当然会放宽心，因为自小生长在锦衣玉食中的他，根本不知真正的忧愁为何物。

他有很多乐事可供开怀。

第一件乐事是打球。

球，即鞠，乃是古代的游戏用具，以皮为之，中实以毛。击球即蹴球，又称蹴鞠，刘向《别录》：“蹴鞠者传言黄帝所作，或曰起于战国时。”到了唐代，发展成为与现代足球相类似的一种运动。据《文献通考·乐考二十》上的记载，击球时要在地上“植两修竹，高数丈，络网于上，为门以度球，球工分左右朋，以角胜负”——在地上插两根长竹竿，在竹竿上拉上网作为球门，击球者分左右两队决胜负。

唐代的达官贵人甚至皇帝中都不乏击球高手，比如唐穆宗李恒最喜爱击球。有一次，他围猎后回宫与太监击马球，忽然有一匹马受惊，直奔李恒而来，李恒受到惊吓，得了一种抽筋病，最后竟一病身亡。再如李恒之子敬宗李湛，也最爱击球，结果最后死于常陪他一起玩击球的将军苏佐明、王嘉宪、石从宽等人之手。

孟昶之喜爱击球，也可以说是一种附庸风雅的行为。

孟昶的球艺并不高，因为他的注意力太容易转移。

玩球的时候，他很难伺候：对手若是球艺比他高而故意输给他，他会说对方看不起他；若是赢了他，他又会说对方不懂长幼尊卑，因而弄得大家都既烦他，又怕他。打球一事只好不了了之。

孟昶的第二个爱好是走马，这也是一项十分富贵的运动。因为走马用的马要跑得既快又稳，而且还要供以“三品以上草料”，简直和人吃的差不多。

孟昶的第三个爱好是信奉一些江湖术士，听这些术士为他讲授房中术，而且“多采良家子以充后宫”。

幸亏一个忠臣，时任枢密副使的韩保贞上书切谏，孟昶才幡然顿悟，即日便放良家子出宫。

这几个“爱好”孟昶可以置于一旁，但另一个爱好，他却无论如何也不肯放弃。

公元九三四年八月，就在孟昶继皇帝位之后不到两个月的时间，他就先后对童年的玩伴王昭远、安思谦等人委以重任。

孟昶的母亲李太后认为儿子不应该重用这些人。

李太后为什么不愿儿子重用王昭远等人呢？说来简单，她觉得他们成不了大事。

原来王昭远的出身十分卑贱。他本是成都的一个贫民子弟，十三岁那年，出家当了小和尚，后来到成都东郭佛寺，给一个名叫智谨的禅师当善财童子。因为模样长得不错，被孟昶之父孟知祥看中。孟知祥从智谨那里硬把他要了出来，赏给了孟昶作跟班。由于王昭远特别“慧黠”——很有些小聪明，所以深得孟昶的喜爱，但李太后却不怎么喜欢他。

后来发生的一件事，证明了李太后的判断是正确的。

那是在公元九六四年，宋太祖遣将伐蜀，孟昶因为王昭远平素爱读兵书、好谈兵法，便命他为将出征，并在首都成都郊外为他举行盛大的送别宴会。

举杯欲饮之际，王昭远大言不惭地以诸葛亮自许。

他手里拿着一柄铁如意，自我感觉就像手执羽扇的孔明一样，大言不惭地说："今天在这里与诸君暂时告别。这次远行，是地地道道的远行。我不仅要御敌于国门之外，还要率领这三万多雕面儿郎，挥师北上，底定中原！"

送行的人有的被他"唬"住了，更多的人则暗自在心里发笑。

只有孟昶相信王昭远的鬼话。

结果呢？王昭远一遇上宋军就像雪堆遇上了火球一样土崩瓦解。

幼子早卒追封遂王
夜壶豪奢饰以七宝

孟昶当政的时期，中原大地群雄逐鹿，晋、汉、周三代迭起，蜀中得天独厚的地理条件，使得他能够左右逢源，安心做太平天子。

公元九五〇年，孟昶给自己加尊号为"睿文英武仁圣明孝皇帝"，并大封诸子为王：先封长子玄喆为秦王、判六军事，次子玄珏为褒王，后封自己的弟弟孟仁毅为夔王、孟仁赟为雅王、孟仁裕为彭王。

封赏完毕，孟昶最为宠爱的花蕊夫人徐氏嘟着嘴，像是不太高兴的样子。

"我的爱妃，"孟昶一副怜香惜玉的神情，"你怎么好像不太高兴啊！"

"没有啊。"

"没有？是不是因为今天分封诸王的事？"

"是又怎么样，反正玄宝也没份！"

"夫人不必着急，玄宝现在年纪还小，有我和夫人在，将来王爵还能少得了他的吗？"

花蕊夫人想想也是，于是转怒为喜。

谁料天有不测风云，五年以后，孟玄宝长到七岁的时候，突然暴病身亡。

花蕊夫人哭得死去活来，孟昶头脑一热，要追封玄宝为王。

有一个稳重老成的大臣觉得此举太过荒唐，上书谏阻。

孟昶大怒，立即将其免职。

见皇上动怒，左右的人不敢怠慢，立即撒下人马去为皇上追封七岁的小王子寻找“理论根据”。

还是一个叫李昊的人“博学”。他绞尽脑汁想出一个成例，于是乐颠颠地去见孟昶，对孟昶说：“皇上，找到了，找到了！”

“找到什么了？”孟昶不耐烦地说。

“找到追封小皇子的旧例了！”

“当真？”

“臣如何敢欺君！”

“好，快快讲来！”

于是，李昊不慌不忙地讲了起来。他说，据史料记载，唐德宗李适的小儿子李评年方四岁时不幸夭折，唐德宗爱子心切，力排众议，追赠他为扬州大都督，封为遂王。

“还有别的吗？”

“这一条就够了！”

“好，你去传朕的旨意：追封玄宝为遂王，追赠青州大都督！”

李昊乐滋滋地传旨去了。群臣们见木已成舟，谁还愿意再饶舌。

小儿子死后，孟昶觉得人生短暂，寿夭无常，所以，变本加厉地奢侈起来。

他不但将境内所有的金银财宝都搜罗在一起，据为己有，甚至连铁器都不准老百姓使用。《宋史·西蜀孟氏世家》中说他“禁境内铁，凡器用须铁为之者置场鬻之”，他还将西蜀境内的珍珠、白米全部集中在一起，不许百姓分享。

到了后来，他觉得再也没法进一步地夸富摆阔时，就把搜刮来的金银全都换成珠宝，镶在衣服上、床上，摆在桌子上。

有一天，孟昶突发奇想，觉得他的夜壶（尿壶）还不够漂亮，于是，立即传令主管宫中器物的尚方监头目给夜壶打扮一番。

“打扮夜壶？”尚方监简直怀疑自己是不是耳朵坏了。

“对！怎么，不行吗？”

“行，当然行！当然行！”那尚方监头目心想：又不是花我的钱，你说怎么就怎么呗！于是，他小心翼翼地请示：“不知陛下有什么高见？”

“高见倒谈不上，”孟昶还挺谦虚，他用手一指堆放财宝的那几间屋子，对尚方监小头目说，“你看，那么多的珠宝，你替我随便找一些来镶在夜壶上不就行了吗？怎么这么笨呢？”

“是，是！陛下圣明！”那个尚方监头目一听竟要给夜壶镶珠宝，心想这可是一件“了不起”的杰作，必须得听听皇上有何高见。

果然，孟昶见那尚方监头目仍是一副似懂非懂的神情，立刻下了更具体的指示：要求工匠想办法在那夜壶上镶嵌上七种宝物。

这七种宝物都是什么呢？

有人说是金、银、琉璃、砗磲、玛瑙、珍珠、玫瑰；有人说是金、银、琉璃、水晶、珊瑚、玛瑙、砗磲；还有人干脆就认为是泛指多种宝物，此处只是“言成数以表其多”。

究竟哪种说法对，我们且不去管它，总而言之，孟昶是想要他的夜壶珠光宝气，这个要求他确实做到了。

七宝溺器后来随着后蜀的灭亡，被当作一件战利品，而呈送到宋太祖赵匡胤的手里。素有明主之称的赵匡胤断然拒绝了别人劝他将七宝溺器留作己用的“美意”，抽出宝剑，当着众人的面将其击碎。赵匡胤的举动越发反衬出孟昶的荒奢。

改桃符为春联 不料联语成谶

公元九三八年正月，孟昶治下的蜀国一片升平景象。经过四年的努力，孟昶终于从老父孟知祥的巨大阴影中走了出来。为了彻底摆脱老父，他将老父时代的“明德”年号改为“广政”。

许多愿意捧皇上臭脚的人决定好好过个年，让皇上高兴高兴。

按照蜀地风俗，每岁岁除（年尾）时，都要由有学问的读书人写两句吉祥话刻在桃木制成的桃符上，据说这样一来可以避邪，二来也可表达喜庆的气氛。

这一年（938 年）的春节，后蜀皇宫中也是一派喜气洋洋的景象。

奉诏前来的翰林学士幸寅逊（人名。幸，姓；寅逊，名）像以往一样，提起笔来，刷刷点点写了几副桃符，什么“一元初始，万象更新”啊，什么“过往诸神，佑我大蜀”啊。他以为这是一项不需要动什么脑筋的工作，所以，也只是因循老套，故调重弹。

幸寅逊写好了之后，侍从把桃符呈送到孟昶的手中。

“不行，不行！”孟昶边看边摇头。他颇为内行地说，“对仗不稳，亦不工！”

“微臣才思枯竭，”幸寅逊顺坡下驴说，“一支秃笔，绞尽脑汁也想不出好词，是以斗胆请陛下惠赐一副给臣作为样板！”

“也好！”孟昶爽快地答应道。他提笔在手，沉思了片刻，随手写出“新年纳余庆，佳节号长春”十个大字。

那个“春”字还没写完，一旁的人就叫起好来。

其实，这些人并不一定真懂，孟昶撰写的也不一定真好，只因为系“御笔”，所以，聪明的人都得叫好。

孟昶见大家一齐叫好，更是飘飘然，随口说道：“这副联语就不用往桃符上刻了。”

“那怎么办？”

“把它裁成两副，贴在寝宫的门上，左右各一张。”

“既然不往桃符上刻了，”左右的人凑趣说，“那么，能否请大王惠赐一个新的名字以示有别于桃符？”

“这名字嘛，”孟昶思忖了片刻，恰好一眼看到他写的那十个字中最后的一个，灵机一动说，“就叫它春联吧！一来嘛，朕亲笔所书中有个‘春’字；二来嘛，岁除又称春节，春节时所挂之联，岂不正可名之以春联？”

这几句话倒是说得在理。从孟昶以后，一直到今天，一千多年过去了，春节时所贴对联一直以春联名之，追本溯源，有人就将孟昶称为中国文化中独具特色的春联的鼻祖。这一点，恐怕是孟昶当时未料到的。

还有一点是孟昶也没有想到的，那就是他那副联语中的“余庆”和“长春”两个词，及其在句子中的奇妙组合后来竟成了谶语。这是怎么回事呢？

原来，公元九六五年正月，北宋军队在忠武军节度使王全斌的率领下攻下成都，孟昶被迫投降。为了便于对原后蜀地区进行控制，宋太祖派他的亲信吕余庆知成都府——这不是“新年纳余庆”吗？接着又下令改春节为“长春节”——这不是“佳节号长春”吗？

这并非笔者牵强附会，而实在是见诸史籍的（详参《宋史·西蜀孟氏世家》）。

说到谶语，《旧五代史》在转引《五代史补》时提到了另外一件事。因此事与孟昶有关，我稍加以叙述。

那还是在孟昶之父孟知祥刚刚随后唐魏王李继岌、枢密使郭崇韬入蜀的时候。那时，王衍的前蜀政权刚被他们灭掉，魏王李继岌就矫诏杀死了能征善战的郭崇韬，不久，挥师北返，留下孟知祥任西川节度副大使，知节度事（即代理节度使）。

从打随军入蜀的第一天起，孟知祥就对蜀地的险要地形、易守难攻的地势，留下了十分深刻的印象，于是，“阴有割据之志”——内心深处生出据蜀地独霸一方的念头。

这一天，他率军来到成都郊外，因太晚，不便入城，所以就地宿营。安排好军务后，孟知祥打坐了一会儿，暗暗对天祷告，祈求神灵保佑他能够诸事顺遂，万事如意。

然后，他带了一名侍从，踱出军营，漫无目的地走了一会儿，迎面远远来了一个车夫。孟知祥想讨个“口彩”，于是充满希冀地问：“兀那车夫，你这车子是用来推粮袋的吗？”

“是。”

“最多能几袋？”

“尽力不过两袋而已！”那车夫老老实实地回答。

“袋”与“代”古今读音都是相同的，孟知祥一听那车夫的答话，心想是“尽力不过两袋”？还是“尽力不过两代”？

自己本想讨个口彩，结果徒增厌恶，遂命人把那车夫给杀了。

车夫可以让人杀了，但他无意中说出的那句话却像谶语一样，预示了后蜀帝国的命运。

降赴汴京七日而亡
缘妻成仙千古流传

后蜀小朝廷虽然很早就以帝国自命，他的两任统治者也都有皇帝之名，但与中原大国比起来，却仍是微不足道。所以，如何处理与中原政权之间的关系，对于后蜀帝国来说一直是个不容忽视的大问题。

孟昶执政的中后期，中原后周、宋两大帝国更替，孟昶对后周世宗皇帝柴荣一直是一种大不敬的态度，在给柴荣的信中直呼其名。对于宋，孟昶则采取了一种“远交近攻”的战略。

公元九六三年，北宋军队连下后蜀的潭、荆诸州，孟昶十分恐惧，于是，偷偷派遣他的大臣孙遇、赵彦韬等“以蜡丸书间行东汉”——拿着藏在蜡丸里边的密信，取道前往宋的敌国北汉（后汉的后人建立的小王国），约请他们同仇敌忾，从侧翼牵制宋，使宋军不能全力南下。

这个计划很好，不料执行过程中出现了偏差，那个“蜡丸使者”孙遇审时度势，觉得不能继续为虎作伥，与宋为敌，于是便干脆把那封“蜡丸书”连同整个后蜀整军备战的详细情报，全都“卖”给了宋太祖赵匡胤。

正苦于师出无名，没法出兵灭蜀的宋太祖如获至宝，重重地奖赏了孙遇等人。

然后，宋太祖召集众文武，发下数道命令。

首先，他命擅长撰写露布文章的翰林学士为他草拟一份宣战诏书，在诏书中要特别公布孟昶写给北汉国主刘钧的密信。

这封密信都写了些什么呢？

《新五代史》和《旧五代史》都没有记载，多亏了《宋史》的撰著者，他在掌握了宋朝的大批原始档案后还原了这份蜡丸书。我们照引如下：

早岁曾奉尺书，远达睿听。丹素备陈于翰墨，欢盟已保于金兰。洎传吊伐之嘉音，实动辅车之喜色，寻于褒汉，添驻师徒。只待灵旗之济河，便遣前锋而出境。

赵匡胤正是想通过披露这封信，让天下人觉得后蜀谋宋在先，宋军是不得已而攻蜀的。

露布写好之后，宋太祖立即调兵遣将。他先派忠武军节度使王全斌充任凤州路行营前军兵马都部署，派武信军节度使侍卫、步军都指挥使崔彦进充任副部署，派枢密副使王仁赡充任都监，率领禁军（宋王朝最精锐部队）三万，厢军（诸州兵）二万，分数路攻蜀。

这五万宋军虽然人数不多，但由于训练有素，有名将（如曹彬）指挥，再加上有后蜀的叛徒孙遇“指画江山曲折之状及兵寨戍守之处”——为宋军画了不少有价值的作战地图，所以，当宋太祖为他们钱行时，大小将领一个个都是劲头十足。

“臣等仗天威，遵庙算，克日可定后蜀”——伐蜀军主帅王全斌如是说。

“西川一方，倘在天上，人不能到，固无可奈何，若在地上，以今之兵力，到即平矣！”——龙捷右厢都校史延德更是豪言壮语。

见手下兵精将勇，赵匡胤十分高兴，亲自为这五万大军定下了每攻取一地只取其粮草，而将金银财宝全部分给战士的策略。

结果，伐蜀军一路势如破竹，很快就打到了成都以北不足百里的地方。

在这期间，孟昶曾先后派出长子孟玄喆、亲信王昭远等人统军迎敌，结果，王昭远师未临敌而已先溃，他本人虽以诸葛亮自许，而实际上却远远不及其万分之一。

那位皇长子孟玄喆，更是“庸懦无识”。他领兵出征时，竟“携姬妾乐器及伶人数十辈，晨夜嬉戏，不恤军政”——带着一大群姬妾、优伶（演员），提着乐器，不分白天黑夜地狂欢，不去处理军政事务。这样的元帅若叫他当个“梨园领袖”还行，领兵打仗纯粹是自取其辱。果不其然，孟玄喆一听宋兵已攻破剑门关，吓得立即望风而逃。此人打仗外行，逃亡路上焚烧老百姓的粮食、房舍倒是很内行。

各路探马流星般飞报成都，众口一词，都说宋军正在向这里推进。孟昶下令召集紧急朝会，老将石斌献计说：“宋师远来，势不能久留。为今之计，莫如聚兵固守成都，顿敌兵于坚城之下，使其师老兵疲，然后待其粮草不济、士卒思乡之际出城袭之，定可一举而奏奇功。”

孟昶一开始时还觉得石老将军的话有一定道理，但当他抬起头来想要从其他人那里寻得进一步的支持时，看到的却是一双双漠然的眼睛，真是“太平年间嫌官小，荒乱年头懒把官升”啊！孟昶暗暗地在心里叹息了一声，然后开口说道：“先皇与朕以丰衣美食养士四十年，但一旦遇上了敌人，这些人却不能发一矢。石老将军的忠心可嘉，计谋亦不为不好，然而，真要是实行起来，朕却不知道有谁能替朕固垒却敌？”

孟昶故意把“有谁”中的“谁”说得很重，想使个激将法，但他完全失望了。因为不说还好，说了之后那些文武官员一个个都如老僧入定一般，眼观鼻，鼻观口，不发一言。

孟昶知道再说无益，立即命人修下降表一封。在表中他首言自已归顺朝廷之志；然后谈他有亲戚、朋友、家属二百多人，而且还有年近七十的老母（李氏夫人），希望宋太祖能允许他“终甘旨之养，免赐睽离之责”；接着援引三国时西蜀后主刘禅以及南北朝时陈朝后主陈叔宝的先例，请求赵匡胤封他一个爵位。

这道降表很快就被交到宋军主将王全斌的手里。王全斌见降表写得有情有理，很是高兴，即刻派遣马军都监康延泽率一百名骑兵入成都安抚，然后，玩味降表，觉得“非老于此道者不能为之”。

几天后整军入城，安排好一切受降事宜后，王全斌向帐下幕僚们问起那封降表出自谁的手笔。

一个喜欢收集奇闻逸事的幕僚答道：“这道降表出自‘世修降表’的李家李昊之手。”

“世修降表？”

“对。这李昊字穹佐，自言是唐相李绅之后，在前蜀王衍时代，曾担任过中书舍人、翰林学士。后唐大将郭崇韬率军灭前蜀，王衍举国出降时的降表就出自他之手，现在孟昶这厮的降表仍是出自李昊之手，所以，有好事者夜表其门曰‘世修降表李家’。”

“怪不得！怪不得！”王全斌摇头叹息说，“有专以修降表为业的人做臣子，这后蜀小朝廷早就该亡国了！”

公元九六五年二月，宋太祖赵匡胤颁下一道诏书。诏书中说：

朕已受命上穹，临制中土，姑务保民以崇德，岂思右武以佳兵？至于临戎，盖非获已……朕尝中宵怃然，兆民何罪？屡驰阳骑，严戒兵锋，务宣拯溺之怀，以尽招携之礼……朕不食言，尔无他虑！

这封诏书是为了安抚心不能安的孟昶的。

这一年的四月末，孟昶一行被解送北宋首都汴梁。宋太祖一开始时对孟昶还是蛮客气的，先派皇太弟赵光义（即后来的宋太宗）亲自到汴梁城外迎接孟昶一行，又“亲御崇元殿，备礼见之”，赏赐孟昶“袭衣、玉带、黄金鞍勒马、金器千两、银器万两、锦绮千段、绢万匹”，又赐给孟昶的母亲李氏夫人“金器三百两、银器三千两、锦绮千匹、绢千匹”。另外，还赐给孟昶一套五百间的大宅第。

这些，都是在十分亲切友好的气氛中进行的。

几天以后，李氏老太太带着孟昶的妻子花蕊夫人进宫谢恩时，事情却起了很微妙的变化。

《宋史·西蜀孟氏世家》中摘引了一段这个时候赵匡胤亲笔下的一道诏书。在诏书中，宋太祖再也不与孟昶称兄道弟，而是骂他为“伪蜀主”。原文是这样的：“咨尔伪蜀主孟昶，克承余绪，保据一隅，擅正朔以自尊，历岁时而滋久……”

为什么会发生这样的变化呢？

原因在孟昶的妻子花蕊夫人身上。

花蕊夫人在历史上有两个：一个是前蜀王建的妃子，她姓徐，称小徐妃，又号花蕊夫人，是王衍的生母，著有《花蕊夫人宫词》；另一个是后蜀孟昶的老婆，也就是我们本文所说的花蕊夫人，她原本也姓徐（一说姓费），是青城（今四川都江堰市）人，此人也生得娇嫩妩媚有如花蕊，所以也落得“花蕊夫人”的美称。

据说这位花蕊夫人喜爱牡丹和芙蓉花，孟昶为了取悦她，专门为她建造了一座牡丹苑，又在成都城里遍植芙蓉。花开季节，成都灿烂似锦，因而留下了“花重锦官城”的美名。

有一天，孟昶专门赋诗赞咏自己的老婆。第一句“冰肌玉骨清无汗”博得一片喝彩，第二句“水殿风来暗香满”又令左右击掌叫绝。正待他要提笔写出第三句时，边关谍报飞至，说宋军压境，孟昶像那位只写了一句“满城风雨近重阳”的唐代诗人一样，掷笔于地，兴味索然，说道：“叵耐宋师，坏我雅兴！”于是，留下了一首未完工的诗。

由于人们多崇尚残缺的美，所以孟昶这首未完成的诗和花蕊夫人的大名，远远地传遍了四方。

远在汴梁的宋太祖赵匡胤早就听说了花蕊夫人的艳名，正愁没有机会一见，不想李氏老太太竟领着儿媳妇入宫叩谢皇恩，不见则已，一见就再也不能忘怀。经过一番苦思，宋太祖想到了一条计策。

就在孟昶一行人到达汴梁的第六天，宋太祖颁下一道诏书，加封孟昶为开府仪同三司，检校太师兼中书令、秦国公，并设晚宴，专门款待孟昶一人。

宴罢回家，孟昶觉得胃里似翻江倒海一般，意识到是宋太祖有意在他的酒中做了手脚，但他一点也不明白，自己已经多次向宋太祖表示，愿像刘禅那样“乐不思蜀”，只求有口饭吃，决没有什么非分之想，为什么宋太祖还非要把他置之死地而后快呢？

的确，孟昶与南唐后主李煜不同，他从没有写过什么“小楼昨夜又东风，故国不堪回首月明中。雕栏玉砌应犹在，只是朱颜改。问君能有几多愁？恰似一江春水向东流”之类的犯忌的诗词，也没有什么过人的英武，但他却有一个如花似玉的老婆，而这个老婆又不幸被赵匡胤看上，所以，他自然就成了北宋开国皇帝的眼中钉、肉中刺，自然是必死不可了！《新五代史·后蜀世家》称孟昶到汴梁后“七日而卒”。

孟昶死后，宋太祖赵匡胤猫哭老鼠似地假装悲哀了一下，追赠孟昶为楚王，并下令把葬礼搞得很隆重。

丧事结束以后，花蕊夫人按照礼节不得不到宫内谢恩。

虽然只是几日不见，但赵匡胤却觉得如隔三秋，无论从哪个角度看，都觉得眼前的这位一身缟素的花蕊夫人楚楚可人、我见犹怜，当晚就命其侍酒侍寝。

花蕊夫人也不是什么贞节烈妇，把宋太祖侍候得又爱又怜。第二天，宋太祖就降旨封其为妃，以后，更是着实宠爱了一段时间。

花蕊夫人的诗句“十四万人齐解甲，更无一个是男儿”虽然一下子把后蜀君臣给贬到了底，但这毕竟只是诗而已。事实上，投降宋王朝的十四万后蜀人中，至少有一个还算是男儿的，至少在花蕊夫人的心目中是这样认为。

这个人就是孟昶。

中国古代有句俗语叫作“女子爱前夫，男儿爱后妇”。宋太祖赵匡胤虽然无论从哪个方面来说都比孟昶不知要强上多少倍，但在花蕊夫人心中，她的那位宝贝前夫却始终占有一个重要的位置。

闲来无事，常要手托香腮发一阵呆的花蕊夫人，有一天突发奇想：为什么不能画一幅像来纪念前夫呢？但她转眼又否定了自己的这个念头："不行，赵大郎（赵匡胤）会发现的！"

又过了一段时间，她偶然得到了一些宋宫中珍藏的历代名画。这些名画中有一些以神仙鬼怪为题材的，或写实，或写意，或借缥缈的虚无世界的种种，来浇自己心中的块垒。

看了之后，花蕊夫人受到了启发和鼓舞。"我完全可以为前夫画一张似像非像，既像又不像的画像，"她心里想道，"这样，赵大郎就看不出来了！"

说做就做，花蕊夫人原本就有绘画才能，加上孟昶的面部特征在她的脑海中十分清晰，所以，只用了几天的时间，一幅孟昶画像就被绘制出来了。

画中的孟昶至少要比实际上的孟昶（亦即赵匡胤所见到的孟昶）年轻二十岁（孟昶死时四十七岁），他头戴神仙巾，身穿英雄氅，少了几分帝王霸气，多了几丝仙风道骨。

画成之后，花蕊夫人把画像挂在自己的寝宫，朝夕相伴。

说来也巧，几天以后，宋太祖突然驾临，花蕊夫人起身接驾。行过礼之后，赵匡胤落座喝茶，偶一抬头，发现了那幅画像。

"这是谁呀？"

"陛下猜一猜？"

"不会是你的那位宝贝后主吧？"宋太祖不愧是宋太祖，眼睛确实很"毒"。

"哪个宝贝后主？"花蕊夫人好似对以前的一切都已漠然了的样子。

"就是孟昶孟仁赞啊！"

"怎么会是他呢！"花蕊夫人佯装不悦地说，"一来我是陛下的爱妃；二来想那孟昶早已不是什么后主，陛下不是刚封他为楚王吗？"

"噢，对了，"赵匡胤也恍然大悟地说，"那会是谁呢？"

"告诉你吧！我的皇上陛下，"花蕊夫人语含机锋地说，"这是送子张仙。”

“送子张仙？”

“对。”

“挂他干什么？”

“臣妾日夜祈祷，祈求张仙快快给陛下送来个儿子！”

当时的北宋皇宫中，众妃嫔为了固宠，都想能多为皇上生儿子，因而，她们大多供奉有各种各样的神仙，以求降福给自己，所以，宋太祖也不好再多说什么。

已经糊里糊涂死去多时的后蜀后主皇帝孟昶又糊里糊涂地被人当成了神仙。据说，在以后近千年的漫长岁月中，因这幅“送子张仙”画像的缘故，孟昶一直在善男信女的焚香祷告中，接受他们的顶礼膜拜，从而成为“生命力”最强的皇帝之一，这不知是幸抑或不幸？

信鬼崇道遭子杀害的皇帝

——五代十国闽太宗王延钧

◎长亭话别遭嘲讽 折辱杀人以泄愤

◎避位欲求大罗仙 杀戮吴英惹众怒

◎疑仁达，寻借口杀人 责李仿，种恶果丧命

公元九二五年十二月，古老中华大地的最南端，由后梁太祖朱全忠加封的闽王王审知病逝，其子王延翰继位。这位“王家大少”不审时度势，竟从太史公司马迁的《史记》中找出“闽越无诸傅，示其将吏曰‘闽自古王国也，吾今不王，何待之有？’”——从古人那里找出“根据”，建国称王。

可是好景不长，一年以后，由于“王家大少奶奶”崔氏滥杀无辜，惹得王审知的养子王延禀恼恨，起兵攻入福州，执“王家大少”而杀之。

这场宫廷政变虽由王延禀发动，但最大的受益者却是王审知的另外一个儿子王延钧。

这位后来登基称帝的闽太宗是怎样从宫廷政变中受惠，又是怎样爬上皇帝宝座的呢？

长亭话别遭嘲讽 折辱杀人以泄愤

公元九二七年一月戊未日，福州西门外的长亭，一场酒宴正进行。

这是送别的酒宴。

有唐一代，长亭话别必饮酒，文人雅士们还要灞桥折柳，赋诗留念。那位被东坡居士称为“诗中有画，画中有诗”的王维，就曾作过一首流传千古的话别诗。诗云：“渭城朝雨浥轻尘，客舍青青柳色新。劝君更进一杯酒，西出阳关无故人！”

但本文写到的这次长亭话别，却没有诗。因为话别的一方是刚刚发动了宫廷政变的王延禀，另一方是从政变中得利的王延钧，这对难兄难弟谁也不是文人，所以，他们只有话，没有诗。

不仅没有诗，他们对饮时所说的话也充满了机锋。

“老弟，”王延禀喝了一口酒，大大咧咧地对王延钧说，“你这次便宜占大了，老兄我费了九牛二虎之力，把延翰那厮给弄了下去！这位子现在归了你，你可要像咱们的老爹（即王审知）那样，继承先志，不要劳烦老兄我再领兵前来啊！”

这番话倘若是换在一年以前说，王延钧可能会觉得没什么，但现在已是今非昔比了——此时的这位“王家三少”虽然尚未登基称帝，但好歹也是一国之主了。叵耐王延禀竟用这种训诫小孩子的口吻和他说话，这简直是没把他这个闽王放在眼里。王延钧当时就想发火，但最后还是克制住了自己。他知道，此时自己立足未稳，还不是与王延禀翻脸的最好时机，于是“衔之”未发，忙喝酒把不悦掩饰了过去。

转眼五年的时间过去了，这对长亭话别时没有闹翻的难兄难弟终于翻了脸。

王延禀见王延钧对自己缺乏应有的“尊敬”，再一次领兵前来。他命其子继雄绕海路攻福州的南门，自己则亲统精锐猛攻福州西门。

王延钧此时已做了五年的一国之主，远非当年的那个“吴下阿蒙”，他一面亲自登城迎战王延禀，一面派最亲信的心腹爱将王仁达迎战王继雄。

王仁达这人还真是个将才，他知道王继雄年轻气盛，且又自恃兵多，求功心切，于是“伏甲舟中，伪立白旗请降”——在船上设下了埋伏，然后搞假投降。不虞有他的王继雄就像那位接到黄盖诈降书后的曹孟德一样，对王仁达的“投降”深信不疑。当他得意洋洋地来到王仁达的座舟上准备受降时，船上伏兵突起，将措手不及的王继雄一刀砍翻在地，并“枭其首”——把他的脑袋砍了下来，送到城内。

王延钧见了，如获至宝，立即命人拿着这颗人头登上西城的城门楼，用一个竹竿挑着人头向城下高喊，说王继雄已经伏诛，闽王已经决定对参与此次作乱的乱军除首恶者严办以外，胁从者一概不究，只要放下手中的武器，仍然是好臣民。

这番挑唆再加上王继雄的人头，不亚于一股飓风，王延禀手下的士兵“见之皆溃去”，反把王延禀孤零零地撇在了城下。此时，城门大开，步骑俱出，一举将王延禀擒获。

左右的人没有把五花大绑的王延禀送到闽王府，因为闽王王延钧有令，“立即将王延禀押往长亭！”

王延钧想要干什么？

原来，他是想报那“一言之仇”。

此时，长亭内，酒宴还是当年的酒宴，人物也还是当年的人物，只是昔日的兄弟如今已是一为席上主，一为阶下囚了！

见王延禀狼狈的样子，王延钧得意洋洋地说：“老兄远来，未遑远迎，实在是大不恭！”说到这里，他举杯喝了一口酒，接着说道：“我果然未能继先人之志，劳烦老兄再次前来，真是不好意思！老兄此来，定当有教于我，对吗？”

“对个屁！”王延禀愤愤地骂道，“我当年真是瞎了眼，立了你这么个忘恩负义的东西！”

“不要发火！不要发火！”王延钧猫戏老鼠似的说，“来啊，这位老兄舌头太长，你们帮我替他拿下一段来！”

刽子手们闻言立即动手，一刀就割下了王延禀的半个舌头，把个王延禀疼得直打哆嗦。

见王延禀已经不能和他对骂了，王延钧突然觉得有些兴味索然，又骂了几句，就叫人把王延禀拖出去杀了。

避位欲求大罗仙 杀戮吴英惹众怒

公元九三二年，王延钧上书给后唐明宗李嗣源，称楚王马殷、吴越王钱镠等几位后唐王朝加封的尚书令如今都已经不在人世，因而“请授臣尚书令”——请求加封他为尚书令。

李嗣源没有答应王延钧的这一请求。

王延钧见人世间的中原皇帝不准他发展，就转而向天上的“皇帝”寻求庇护。

天上的“皇帝”亦即玉皇大帝不是常人能亲近的，因此，王延钧转而“好鬼神道家之说”，宠信上了一个名叫陈守元的道士，对他简直到了言听计从的地步。

陈守元说与天帝“沟通”没有一个合适的场地，王延钧立刻就为他修了一座宝皇宫。

陈守元收了王延钧之子王继鹏的礼，谎称“宝皇（即上帝）命王少避其位”，王延钧信以为真，马上离开王宫，命其子王继鹏“权主国事”。

当然，王延钧也不傻——为陈守元建座宝皇宫这没问题，但要让他把王位让给儿子，他可就没有那么毫无保留了。

陈守元这个披着道士外衣的江湖术士什么样的人没见过，他当然懂得王延钧想吃又怕烫的心理，于是，就先给王延钧一个“定心丸”吃。

他这个“定心丸”是张“空头支票”。为了让王延钧心甘情愿退位，他煞有介事地对王延钧说：“大王暂时避位，然后再入主王宫，定可当六十年的太平天子！”王延钧一听天上的玉帝这样眷顾他，不由喜出望外。“六十年后吾将安归？”一高兴，他头脑就格外灵活起来，冷不丁地冒出了这样一句话，竟问起六十年以后自己的命运来。

这问题很简单，也很复杂。说它简单，是因为王延钧当时已年过三十，六十年以后肯定难逃一死；说它复杂，是因为在中国，死是有权有势者最为忌讳的一个字眼。

陈守元真不愧久混江湖，他装模作样地捣了一会儿鬼，然后说：“六十年后陛下当为大罗仙人！”

一听说自己可以成仙，王延钧自然是喜不自禁，立刻照陈守元所说的去做了。

多亏王继鹏不是那种为了保住权位不惜弑父杀君的人，他代理了一段国政之后又把宝座还给了老子。

从儿子手中接回王位后，王延钧以为自己已得神助，“乃即皇帝位”——不满足于称王而称帝。

为了证明皇位是“神授”，自己是受命于天，王延钧“受册于宝皇”——接受宝皇宫中供奉的宝皇神的册封，改元龙启，国号仍为闽；追封王审知为“昭武孝皇帝”，庙号“太祖”；又立五庙，置百官，以福州为长乐府。

名号虽然由王变成了皇帝，但王延钧治下的领土却没有一丝一毫的增长。“国用不足”仍是摆在统治者面前的一个最现实的问题。

王延钧为了弥补国库的空虚，下令起用一个名叫薛文杰的人出任国计使。

薛文杰可真是一个“理财”好手，至少王延钧本人是这样认为的。这位“好手”理财的一个“秘密武器”是“多察民间阴事，致富人以罪，而籍没其产”——多派人乔装打扮去民间私访，想方设法发掘富人的罪过将其财产没收。

这一手颇有点现代人常说的劫富的味道，只不过是劫富而不济贫，所得全都落进了王延钧的个人腰包。

薛文杰此举，受到了时任内枢密使的吴英的全力抵制，吴英甚至骂薛文杰是蝗虫，而且是专拣肥枝嫩叶叮啃的蝗虫。

薛文杰大怒，但因吴英有一度曾经执掌过禁军的兵权，所以单靠薛文杰自己是扳不倒吴英的。

老奸巨猾的薛文杰想来想去想出了一个主意：找替身——找人帮他攻击吴英。

他找了一个妖巫，这个妖巫姓徐名彦，据说“很有道行”。

徐彦在王延钧面前玩了几手小把戏，取得王延钧的信任后便开始进谗言。

“陛下左右有不少奸臣，不求助鬼神除掉他们，恐怕就会出乱子！”徐彦信口胡诌道。

“哪一个人最危险呢？”王延钧信以为真地问。

“待小道作法，请下仙师来帮陛下指认！”

王延钧一听徐彦说要作法，觉得还真像那么回事，立刻命人去宝皇宫，替他收拾了一间净室，备下各种法器。

语分两头，且说这次诬陷活动的主谋薛文杰此时竟又换了一副面孔去见吴英，假仁假义地对吴英说：“主上最近一段时期对你很不满意，认为你现在是没病装病！”

“这话从何谈起？”吴英激动又有些惶惑地说。

“为今之计，”薛文杰越发诚恳地推心置腹道，“老兄不如说出一种病来，以备皇上查询。”

“我这病多了，”吴英有些犯愁地说，“和皇上说哪一种好呢？”

“这样吧！”薛文杰帮着出主意说，“估计这几天皇上可能要派人前来探视，到时，你就说头痛欲裂就行了。”

吴英一想，头痛这主意不错，听起来挺严重，真要请人来查也不容易查出真伪，于是，一点也没迟疑就答应了。

这个“扣”做好以后，受薛文杰遥控的徐彦也宣告“作法”完毕，回来报告王延钧，说他“入北庙，见英（吴英）为崇顺王所讯曰‘汝何敢谋反？’以金槌击其首！”——见到神仙打吴英的脑袋。

“那么，那个最大的奸臣一定是吴英了！”王延钧自作聪明地下了结论。

薛文杰倒显得很“公正”，他对王延钧说：“鬼神之事需敬而远之，不可不信亦不可全信。依微臣愚见，莫不如请人去吴英家里探视一番，看他的头是不是真的很痛，若是，再杀他也不迟！”

“这样也好，就劳烦薛爱卿走一趟吧！”

“此事请陛下另委他人，因微臣曾与吴英有隙，瓜田李下之嫌臣不能不小心避之！”

“也好。”王延钧觉得薛文杰说得有理，于是，另外派了一个人前去视疾。

除了薛文杰以外，其余的人——皇帝、使者果然中计。因为吴英记住了薛文杰的叮咛，坚称自己头痛欲裂，那使者本想救他，但见他一副不可理喻的表情，也只好作罢。回来如实地向皇帝作了汇报后，使者也就算完成了任务。

有神喻（通过徐彦获得）、有调查，王延钧觉得自己终于揪出了一个大奸臣，于是，立判吴英死刑，并派薛文杰监斩。

在刑场上，终于悟出害自己的元凶是谁的吴英破口大骂薛文杰，骂他为了害自己而挖空心思、不择手段。

由于吴英在内枢密使任上时颇有仁政，对士卒亲同手足，因而深得军心。吴英一死，闽帝国的三军儿郎都恨死了薛文杰。

正赶上吴国吴睿帝杨溥派兵袭击闽帝国的建州，王延钧马上派手下大将王延宗率兵前去援救。这帮士兵走到半路突然停下不走了，说是朝中有薛文杰这样的奸臣，他们犯不着为奸臣卖命。

王延宗也没有办法，只好把这情况如实地向朝廷作了汇报，并说这些士兵必欲得薛文杰而后才甘心。

王延钧一听就火了，他说：“这些家伙竟敢侮辱我的爱将，说他是奸臣！薛文杰要是奸臣，满朝文武还有谁是忠臣？”坚决不答应。

“父皇，”王延钧的儿子王继鹏进言说，“父皇，薛文杰与国家社稷孰重？”——薛文杰与我们大闽帝国的江山社稷相比，哪一个更重要？

这话问到点子上了。王延钧想了想，觉得还是江山重要，于是，命人把薛文杰抓起来，放进木笼囚车，运往前线。

说来真巧，这辆木笼囚车是由薛文杰监制的。当初他为了害人，对传统的木笼囚车作了更动，“令上下通，中以铁芒内向，动辄触之”——在车内装了不少铁刺，囚车内的犯人不动则已，一动就如万刃分身。没想到囚车做成之后，第一个“坐车”的却是他自已，这可真应了那句老话“木匠戴枷——自作自受”。

临上囚车前，薛文杰替自己算了一卦，卦辞上说：“过三日可无患。”

负责押送的人听说了这件事，一路上打马狂奔，两天就到了军前。那些对薛文杰恨之入骨的士兵乱刃齐下，当场就结果了薛的性命。

一天以后，亦即卦辞上所说的“三日”以后，王延钧派特使拿着一道“免死牌”前去赦免薛文杰，但薛文杰早就一命呜呼了。

疑仁达，寻借口杀人
责李仿，种恶果丧命

公元九三五年三月甲子日，是闽帝国例行的朝会之日。早朝散后，王延钧与王仁达闲谈。

王仁达，就是前面提到过的那位勇将，他曾经替王延钧除掉了王延禀之子王继雄，并最终促使王延禀伏诛，因而对于王延钧来说，他可以算得上是一个大大的功臣。

为了表示对他的器重，王延钧一直让他掌管禁军。

也许是功高震主，也许是还有别的原因，反正近一个时期以来，王延钧开始不怎么信任王仁达了。再加上有些奸佞小人在旁挑唆，他越看越觉得王仁达像个居心叵测的人，用他的话说就是像“赵高”。

为了验证一下，这天闲谈时，王延钧有意把话题引到历史上来。

“最近朕读了一遍《太史公书》（即《史记》）。”王延钧没话找话地开了头。

“难得陛下还有这样的好兴致。”王仁达不知道这位皇帝老倌为什么突然和他扯起了《太史公书》，只好顺口敷衍。

“朕观书中所言，赵高指鹿为马以愚二世（秦二世），不知这件事是真是假？”

王仁达一听就明白了，皇上这是考他来了，加上又曾听人说皇上背地里把他叫作“赵高”，于是，气不打一处来，悻悻地回答说：“以臣观之，是那位秦二世太蠢了，所以，赵高才敢指鹿为马糊弄他。倘若他很聪明的话，别说赵高，就是什么张高、李高、王高也都不敢对他稍有不敬。因此，是二世自愚，而非赵高愚之！”

说完这番话后，王仁达觉得自己的态度可能有些过于强硬，不管怎么说，眼前的这位也是皇上啊！于是，他换了一种口气，给王延钧灌了一点“迷汤”。他说：“鉴古而知今。像陛下您这样天纵英明，而且我们朝廷中的文武又都肯替陛下效力，其一举一动，陛下全都知道。漫说没有人敢心怀不轨，即使有人要铤而走险，陛下也决不会允许他成为赵高第二的，对吗？”

“那当然！那当然！”王延钧有些得意地说。

这君臣俩说到这里，突然都觉得再也无话可说了，于是结束了谈话。

等王仁达走了以后，王延钧沉思着对左右的人说：“仁达智略过人，有我在，犹可用之；等朕百年之后，如不除之，定遗后世祸患！”

不久，王延钧随便找了个罪名，把王仁达给杀了。

王延钧的正宫皇后死得较早，其继室金氏贤明而不得宠爱。

在王延钧执政的中晚期，这位闽王国的太宗皇帝竟迷上了他的一位“小娘”——其父王审知一个名叫陈金凤的侍妾。

谁知这位陈金凤爱的并不是王延钧这个人，而是他的皇位。

这也难怪，王延钧此时已是一个年近花甲的老翁，而金凤小娘却是二八佳丽。为了及时行乐，陈金凤搭上了王延钧的“嬖吏”归守明。

这归守明本是王延钧的男宠，史称其“以色见幸”，被王延钧称为“归郎”。这位“归郎”既要侍候皇上，又要侍候皇后，也真够难为他的了！

过了一段时间，一向喜新厌旧的陈金凤又搭上了一个名叫李可殷的人。这位李可殷是执掌专供宫中一应物事的百工院院使。此人为了讨好陈金凤，特命手下的能工巧匠为这位皇后赶制了一顶九龙帐。不曾想这顶宝帐竟被陈金凤用来与归守明偶尔偷情。这真是绝妙的讽刺。

当时的福州城内流传着一句歌谣：“谁谓九龙帐，唯贮一归郎！”

这种乌七八糟的关系，把个本来很好的闽王国搞了个乱七八糟。

也许是上行下效吧！王延钧的儿子王继鹏也瞅空与王延钧的侍妾春燕偷起情来。王延钧一气之下，把春燕赏给了次子王继韬。

王继鹏见老父“只许州官放火，不许百姓点灯”，心里十分气愤。他暗暗勾结了负责京都警戒保卫工作的皇城使李仿，决定“清君侧”。

公元九三五年的十月辛酉日，王延钧在皇宫中的大酺殿大宴手下军将。宴会正欢之时，这位皇帝老倌竟突然说起了疯话——说他看见了王延禀。

这可真是“白日里撞见了鬼”，王延禀早在几年以前就已被他杀害了，怎么会在宴会上出现呢？

王继鹏和李仿由此断定王延钧“病已甚”——已经病糊涂了，于是，决定动手。

此时，因为归郎归守明仍在皇宫，所以，他们只好先拿李可殷开刀，“先杀李可殷于家。”

说也奇怪，一向病瘫在床的王延钧第二天竟又奇迹般地好转，而且，破例能出席久违了的朝会。

就在这次朝会上，王延钧当着满朝文武的面，责问李仿为什么要杀李可殷。

这句简单的问话可难住了李仿。李可殷有什么罪？这一点皇帝本人应该比谁都清楚！负责百工院的李可殷连皇上的老婆都给“负责”去了，皇帝却竟然责问代他除奸的人为什么杀人，这个皇帝的头脑恐怕是真出了问题！

幸亏王继鹏在一旁为李仿遮掩，才混过了这一关。

早朝结束以后，李仿匆匆忙忙地找到了王继鹏，二人不经研究就已经得出一个结论：“清君侧”计划已引起了皇帝的怀疑，为求自保，只好铤而走险，连君也“清”了。

于是，李仿率领一帮皇城卫士——这些人都是他的心腹死党——杀进王延钧的寝宫，欲行弑君之事。

听到外面突然传来的嘈杂脚步声，王延钧凭直觉判断大事不好。也不知从哪里来的那么大一股劲，他一翻身，下了自己的龙床，躲进了专为皇后设计制作的九龙帐内。

气势汹汹的乱军杀了进来，接连砍翻了几个内侍、宫女，却唯独寻不见皇帝的身影。

“搜！”李仿下令说，“若是走了那主儿，今天我们谁也活不成！”

这个利害关系其实不用李仿说，那些乱军比谁都清楚。

好在王延钧的寝宫并不大，乱军七找八寻就发现九龙帐中有人，一个乱兵大声吆喝道：“在九龙帐里！”

李仿做了一个手势，那些如狼似虎的乱兵们刀枪剑戟齐下，把个王延钧刺得满身都是洞，血流如注。

这群人终是有些做贼心虚，再加上还要去杀陈金凤、归守明以及王继韬，所以谁也没有注意九龙帐中的那条“龙”是不是真的死了。

这些人走了之后，几个幸存的太监发现他们的皇上居然还没有死。见他那痛苦万分的样子，都觉得于心“不忍”，于是，只好“帮”了他一个忙，用刀割断了他的喉管，结果了他的性命。这一年，是公元九三五年。

贪财枉法、过河拆桥的皇帝

——五代十国闽景宗王延羲

◎好酒而无酒德 杀侄子欲剖大臣胃

◎贪财而枉法 勒索『买宴费』

◎量小非君子 开棺戮人尸

◎唯有人心相对间 咫尺之情不能料

公元九三九年闰月，偏处东南一隅的闽王国（五代十国中的一个小国）第四任皇帝，康宗王继鹏被部下杀死。

王继鹏的族叔，王延羲受兵变首领的推戴，登上了皇帝的宝座，成为闽王国的第五任皇帝。

王延羲乃是闽王国创始人太祖王审知最小的儿子，继位后改名王曦。他在位六年，做了许多坏事和蠢事。

好酒而无酒德 杀侄子欲剖大臣胃

闽王国的几任皇帝中，除了太祖王审知以外，没有一个不是酒色之徒。王延羲在“酒、色、财、气”四字中占了三个，除了“色”以外，别的他都喜好。

公元九四〇年，王延羲在即位一周年之际，大宴群臣。宴会设在福州城皇宫中的九龙殿里。参加宴会的除了满朝文武以外，还有王延羲的子侄们及他的妻子李皇后。

宴会开始前，王延羲当众宣布此次宴会一律以大杯饮酒，并令皇后派人监酒。

为什么令皇后派人监酒呢？原来皇后李氏也是一个酒徒，史称她“悍而酗酒”（详参《新五代史》）。如果有谁胆敢以量小不饮，那无论是先礼——请他与皇后对饮，还是后兵——让凶悍的李氏代行监酒大权，均可保万无一失。

喝着喝着，出事了。那些文武百官虽然并非每个人都是刘伶、阮籍一类的人物，但多多少少还有一些酒量，但王延羲的子侄们就不同了。平日里只有他们罚别人饮酒，今日里反被别人监视，越想越不是滋味。王继柔——王延羲的侄子，推开皇后所遣侍女为他斟酒的纤纤玉手，站起来向王延羲告醉。

早就对王继柔不满的皇后李氏见状把嘴一撇，说道：“哟，怎么量这么窄，喝起酒来还不如我这个老太婆呢？”见王继柔不理她，李氏由怒转恨，挑拨道：“是不是对皇上有什么不满啊？”一开始并没将这事当成一回事的王延羲听皇后这一挑拨，火腾地一下就上来了，他想也没想就高声喝道：“武士何在？给我把这个逆臣推出去砍了！”

见皇帝因饮酒竟杀人，文武百官唯恐爹娘少生了一个胃，玩命似的往嘴里灌，仿佛喝的不是酒而是玉液琼浆，不一会儿，便一个个醉得不省人事。

见了这番情景，王延羲觉得好玩极了，不由哈哈大笑起来。

笑声未落，他揉揉朦胧的醉眼："噢？怎么他没醉？"

"他"是谁？

他就是翰林学士周维岳，因身材矮小，人称"矮学士"。

"你……你……你这个矮学士，为什么酒量这么大？你刚才是不是投机取巧了？"

"回陛下，臣不敢。"

"那你为什么没醉？我听人说个子矮的人喝了酒就醉……"

平日里最忌讳别人叫他"矮学士"的周维岳见皇帝在大庭广众之下连揭他的短，就带有几分不快地答道："回万岁，臣只听说个子的高矮与穿衣服用布料的多少有关，却没有听说酒量的大小也与个子的高矮有直接的关系！"

"也对。依你看，酒量的大小和什么有关系呢？"

"臣愚，依臣观之，酒量的大小不在身材而在肠胃。"

"这么说，你是有一副与众不同的肠胃了。"不待周维岳答复，喝得已有七八分醉意的王延羲向李皇后挤了挤眼，高声叫道："来啊，给我剖开周学士的肚子，朕要看看他有一副什么样的肠胃。"

一听皇帝要将他开膛破肚，周维岳吓得魂飞魄散，慌忙跪倒求饶。左右也觉得这个玩笑开得有点太出格了，也反复谏阻，王延羲这才很不情愿地停止这个"恶作剧"。

贪财而枉法
勒索"买宴费"

公元九四二年，闽王国谏议大夫黄峻上书朝廷，切辞弹劾闽王国泉州刺史余廷英，说他“假传王命，强抢民女”。

表章上去之后，身为皇帝的王延羲一开始时相当重视。他亲笔批示：着吏部会同三法司即速查明以报!

有知情者将这一消息透露给余廷英后，这个一向以天不怕、地不怕著称的武夫害怕了。

“皇上这下子说不定要动真格的了！”余廷英自言自语道，“怎么办呢？”他找来了心腹死党，密谋了半天，想出了一个主意，接着，派人火速进京予以实施。

将近一个月过去了，仍未见皇帝有什么具体的处置措施，黄峻有些着急。他再次上书继续弹劾，可是这一次皇帝大人王延羲却连见也懒得见他了。

“这可真是‘雷声大，雨点小’啊！”黄峻很是纳闷，他搞不清楚皇帝为什么会中途变卦。有老百姓送来的状词，又有旁证，余廷英的“欺君之罪”很容易就会大白于天下，圣上为什么突然变得不“圣”了呢？

真是不到黄河心不死，黄峻又派人暗暗去打听此事的虚实。进宫的“细作”报回来的消息令他欲哭无泪。

原来，皇帝一开始时确实是想严办的——不为别的，他要维护他的“王法”，但余廷英也不是省油的灯。前文我们已经提到余廷英与心腹死党密谋后连夜派人进京一事，派人进京而且还是连夜，干什么呢？送礼。送礼给谁呢？皇帝。

皇帝怎么会接受一个嫌疑犯送来的礼物？——这是读到此文时一般人心里最为正常的疑问，奇就奇在这里，怪也就怪在这里。《新五代史》《十国春秋》等许多史书，在谈到此事时，有着大同小异的有趣记载：

当余廷英派的代表进京时，王延羲“大义凛然，一身正气”，怒声斥责余廷英的“欺君”行为，并声称要严办。

当这个代表说可以送些钱给皇帝消火时，他也不依不饶。但当得知余廷英“孝敬”的款项达到十万缗（穿钱的绳子，亦指成串的钱，一千文为一缗）时，王延羲的嘴就不那么硬了。他手捻胡须，作沉思状，久久不语。

余廷英派来的代表是个老夫子，见皇帝沉吟不语，还以为他要拒收“孝敬”款，将余廷英“罪加一等”，再定他个“贿赂罪”呢！谁料到，王延羲说出一句话来，差点把他乐昏过去。

王延羲问的是：“我这有十万缗了，那皇后呢？朕为天，皇后为地，你们总不该厚天薄地吧？”

于是，余廷英又被敲了十万缗，算作给皇后的“买宴钱”……

了解到这一情况后，黄峻挥了挥手，令“细作”退了下去。他叹息着说：“以前听人说皇帝视国事如儿戏，我还不愿相信，现在看来那些人说得一点也没错啊！贵为天子，竟也‘黑眼睛见不得白银子’，可叹啊！可叹啊！”

量小非君子 开棺戮人尸

王延羲这个人一向标榜自己是个“不世英主”，但其实，他的度量、胸襟却很小很小。

公元九四〇年，他的一个女儿出嫁，满朝文武大部分都来送礼。后来，那部分没来送礼的官员都被王延羲在朝堂上抽了一顿鞭子。御史中丞刘赞因为没有检举揭发没送礼的人，也被王延羲抓了起来，欲加以笞刑。刘赞不堪其辱，愤而要自杀。

谏议大夫郑元弼切谏，王延羲大怒，质问他说：“你为什么敢替刘赞鸣不平？难道说你要学那犯颜直谏的魏征吗？你可要掂一掂你自己的分量！”

一向以能言善辩著称的郑元弼见王延羲发怒，不慌不忙地答道：“陛下圣明，臣犯颜切谏，自是死罪！死罪！诚惶诚恐！其实，臣哪敢自比魏征，才能不如，声望亦远逊之。臣之所以敢于犯颜直谏，正因为陛下似唐太宗！”

一听郑元弼把自己比作唐太宗，王延羲这才转怒为喜，一场“飞来横祸”也被消弭于无形之中。

与刘赞等人相比，王倓就没有那么幸运了。

王倓本系王延羲的前任闽康宗王昶的宰相。在王昶当政之时，王延羲已初露飞扬跋扈之态，唯有王倓才能稍微震慑他一下。

公元九三七年，新罗国派遣使节来聘，献上一柄新罗产的太阿宝剑。据使节称，这柄宝剑系纯钢打就。就近观之，剑身通体发着一种蓝色幽光；剑柄上缀满各种各样名贵的珠宝；剑鞘系用鲨鱼皮细细缝制。据说，此剑还有一绝，能于出鞘之后盘于持剑者的腰间。时人有诗咏之云：“谁言百炼钢，化为绕指柔。”

王昶从新罗使节手中接过宝剑，话中有话地问站在一旁的王延羲：“这剑是干什么用的？”

“这不是废话吗？”王延羲心里想，“剑嘛，就是杀人防身用的呗！”他刚想开口，站在他一旁的王倓先开了口。他也话里有话地说：“陛下，据臣所知，此剑又名‘斩佞剑’，凡不忠不孝，妄图谋逆犯上者，悉可以此剑斩之！”

说到这里，王倓有意望了王延羲几眼。

王延羲这个气啊！本来他是准备于近期内发动宫廷政变推翻王昶，取而代之的，现在有了王倓这番不阴不阳的话，王昶能不提高警惕、加以提防吗？

这个该死的王倓！

经过一番精心策划，两年以后，王延羲终于如愿以偿，登上了皇帝宝座。他即位后的第一件事就是找曾“坏了他大事”的王倓算账。

遗憾的是，王倓此时已不在人世——就在王延羲篡位前一个月死去了。

“死了？”王延羲闻听暴跳如雷，“死了也得惩治！跑得了和尚跑不了庙，给我开他的棺，鞭他的尸！”

开棺那天，王延羲亲临现场。为了解气，他不顾皇帝的身份，亲自动手将王倓乱剑分尸。

史载："曦（王延羲）既立，而新罗复献剑。曦思倓前言而倓已死，命发冢戮其尸，倓面如生，血流被体。"

唯有人心相对间 咫尺之情不能料

王延羲之所以能够平步青云，当上闽王国的皇帝，是与连重遇、朱文进二人的拥戴分不开的。

当上皇帝之后，王延羲是怎样对待连、朱二人的呢?

一句话：过了河就拆桥。

他先是将连重遇、朱文进二人升任有职无权的合门使，而将他们原先统率的皇家禁卫军——控鹤军，交由一个名叫魏从朗的人掌管。不久，他又找了个由头，将魏从朗杀死。

俗话说"打草惊蛇，投鼠忌器"，本不该死的魏从朗竟被皇帝遣人杀死，连重遇、朱文进二人心里开始滋长对王延羲的不满情绪。

这时，王延羲宠上了一个妃子尚氏。这尚氏虽被封贤妃，但究其所为却一点贤德也没有。每当王延羲酒醉沉睡时，就由她代持朝政。她凭着自己的喜怒随意杀戮大臣，弄得朝政紊乱，怨声四起。当朝皇后李氏也对尚妃心怀不满，她害怕天长日久皇帝会废了她而立尚氏，于是，就在朝臣中寻找可以联合的人，准备杀掉王延羲而立她的儿子王亚澄为帝。

不用怎么费劲，李皇后就发现曾拥立皇帝的连重遇、朱文进二人在心里边对皇帝憋了一口气，而且有愈燃愈烈之势。

原来，在杀死魏从朗之后，王延羲曾以宴请为名，召连、朱二人进宫观察他们对诛魏一事的反应。

酒席之间，王延羲对连重遇、朱文进谈起魏从朗的"谋逆"，他叹息着说："平日里，朕并没有觉得魏从朗这厮有什么反常，看他谨言慎行还是蛮忠顺的，谁料想他竟然做出这等大逆不道的事情，真令我伤心啊！”

连、朱二人见状也不好说什么，只好违心抚慰。王延羲看也不看他们，接着说道：“你们也不用劝我！你们是怎么想的我也不知道，我想的是什么你们也不清楚！还是白乐天说得好：‘唯有人心相对间，咫尺之情不能料’啊！”

连、朱二人一听，知道皇帝对他们已不信任，不由得怒从心头起，恶向胆边生。但迫于当时形势，二人只得离座跪拜以表忠心。

王延羲只是“嘿嘿”冷笑。宴席结束以后，连、朱二人恨死了王延羲。

了解到这一重要情况以后，李皇后立即派人前往策反二人。

她派去的人对连重遇、朱文进二人煞有介事地造谣说：“主上准备加害于你们了，这是皇后娘娘让我带过来的消息，你们快点想办法吧！”

经过一番精心策划，连、朱二人指使拱宸马步使钱达，在一次酒宴后将归宫路上的王延羲于马上杀死。

时为公元九四四年三月。

三姓两名大难不死的皇帝

——五代十国南唐烈祖李昪

◎改换门庭求生存　沉着应变博赏识

◎代主自立建南唐　认祖归宗抬身价

◎无意拓土遭讥讽　迷恋丹药把命丧

大唐天祐五年（908 年），割据一方的唐淮南节度使杨行密与黄巢起义军的叛徒朱全忠大战于淮南。杨行密的部下，一个名叫徐温的偏将与其他乱兵一样，见了百姓的东西就抢，抢来抢去，竟抢了一个小男孩来。没有人知道这个小男孩原本姓什么、叫什么（只在许多年后他才自言姓李）。他把这个小男孩献给了主帅杨行密，杨行密“奇其状貌，养以为子”。

许多年以后，这个被抢来的男孩竟成了五代十国时期南唐帝国的开国皇帝。

从奴隶到将军是可能的，但从一个被人抢来抢去的苦孩子一跃而成为面南背北的帝王，这在一般人的心里是完全不可想象的。

这个从无姓到姓杨，后来又姓徐，最后自己确定姓李名昪的人，是怎样把不可能变成现实的呢？

改换门庭求生存 沉着应变博赏识

爆发于公元八七五年的唐末黄巢起义是一场翻天覆地的革命。这次革命不仅攻下了大唐都城，赶跑了大唐皇帝，而且也打乱了许多人原本平淡的生活。

我们本文的这位主角倘若不是生逢乱世，有可能一辈子只是“躬耕垄亩”，做一个日出而作、日落而息的农民，但这仅仅是假设而已。

且说他被徐温掠走献给杨行密以后，杨行密觉得他甚为“慧黠”，立即就把他认作干儿子。

过了几天安生日子之后，李昪（为了称呼上的方便，我们只好先称其为李昪，尽管他此时既不名“昪”也不姓“李”！）很快就发现自己陷入了一个招人嫌、招人烦的境地。

嫌他、烦他的是杨行密的几个亲生儿子杨渥、杨隆演等人。这几位公子哥儿仗着是杨行密的亲生骨肉，根本没把李昪这个“外来仔”放在眼里。当着老爹杨行密的面，他们“弟弟长，弟弟短”地叫得格外亲热，一旦老爸不在眼前，哥几个就会立即对李昪施以“帮助”——不是拳打脚踢一顿，就是一天不给饭吃。

别看这几位杨家公子哥儿后来当起皇帝一个比一个废物，但他们要弄李昪的手段，却常让人自叹不如：打人从不往脸上、手上、脚上等看得着的地方打，而是使足了劲往屁股上招呼；饿饭时从不对手下人说今天给“小公子”（指李昪）饿饭，而是告诉手下人小公子今天不想吃东西或者假称老将军（指杨行密）带着小公子出去玩了，不用预备他的饭食。

别说李昪不是个笨人，就算是个大傻瓜，他也能觉出他这几位大“哥哥”不喜欢他。“这样下去可不是个办法！”李昪暗想，“得想个辙！”想个什么样的辙呢？

李昪突然想到了那位把他抢来、对他甚有好感的徐温徐将军："听说他也是海州人，与我是老乡，反正给谁都是当儿子，杨行密的几个儿子不容我，我不如给徐将军当义子算了！"于是，他决定托杨渥向徐温求情，请徐温收自己为义子。

这个主意真大胆，一般人听了可能会觉得这简直是老鼠托猫办事——异想天开！只有真正聪明的人，才会对李昪这个想法和胆略击案叫绝——杨渥是徐温的主公之子，对徐温有相当大的影响力，他出面，徐温不能不给面子；而杨渥本人觉得李昪作为杨府义子极有可能成为将来的心腹之患，因此，李昪主动请去，托他代为疏通，实际上帮李昪也就等于帮他杨家弟兄，这个忙杨渥不能不帮。因此，李昪对杨渥怎么帮他都不闻不问，反正办成办不成他都无所谓——至少在杨渥面前他是这样表述的。

杨渥果然不负所托说服徐温，徐温也很快就征得杨行密的同意将李昪收为义子。

这样，李昪又有了第二个姓：徐。

徐温按照自己亲生儿子的字辈，替李昪取名为知诰，这样李昪不但有了新姓，而且连名都有了。

要说李昪这人可能真像那个相士给他下的断语那样："命途多舛"。

他本以为脱离杨府就可以从此一帆风顺，谁料徐温的几个亲生儿子也不是什么好东西。他是刚离开虎口，转眼又进了狼窝。

当然，经过几年的磨难，他已年近二十，成为一个虽是弱冠但却能够领兵打仗的小将军了。先哲们说："苦难是人生最好的学校！"这话说得一点也没有错。

经过这么多年的磨难，李昪不但没有被击倒，反倒因其才干而被徐温任命为升州刺史。李昪对徐温十分孝顺，因而更得徐温的欢心。徐温常骂他的几个亲生儿子，尤其是徐知训不如他这个养子。

本来就对李昪心怀不满的徐氏诸公子，一听老父长他人志气灭自己威风，气就不打一处来。跟老父发火吧，却没那个胆量，所以，这满腔的怨气就都撒在了李昪头上。

有一次，李昪从升州回到广陵（江都府），徐知训突然派人前来相请，说是兄弟久未聚首，特备下薄酒一桌为老弟接风洗尘，而暗地里却在宴会厅的屏风后面伏下了一排刀斧手。

心怀坦荡的李昪不虞有他，欣然前往。

到了宴会大厅，徐知训拱手相迎，兄弟二人寒暄了几句携手入席。

要说李昪这人倒是吉人天相，负责这天宴会事宜的酒吏刁彦能曾经得过李昪的好处，他知道宴会伏有刀斧手，可是当着徐知训的面又不敢说破。于是，他灵机一动，有了一个主意。

他先敬了徐知训一杯酒，然后转过身来向李昪敬酒。李昪与徐知训是相对而坐，刁彦能敬酒必然要背对着徐知训，借这机会，他看似无意却有意地在李昪的手背上划了一下。见李昪没有完全明白过来，他又狠狠地掐了他一下，做了一个快逃的表情，李昪会意，假托上厕所逃走了。徐知训闻听李昪不辞而别大怒。

不久，他又企图借在山光寺为李昪饯行的机会加害于李昪，李昪有所察觉逃走，徐知训派人追杀。说来人们也许不信，徐知训派去的人竟然是刁彦能，这结果是可想而知的了。

见徐氏诸子容不下自己，李昪也不与他们撕破脸皮而是转而向外求发展。他在自己的治所设立一座延宾亭，延揽四方精英。由于李昪能征善战，所以，当时的一些名士诸如宋齐丘、骆知祥、王令谋等先后投到他的帐下。

有一年盛夏，徐温派人送一封信给李昪。在接官亭迎信使时，李昪既不打伞遮阳，也不扇扇子，热得汗流浃背。那信使不明所以，好奇地问：“天这么热，少将军为什么不张盖操扇呢？”

李昪正色答道：“小校场上的士卒和田野里的农夫不也是整天晒在太阳底下吗？一想到他们，我就觉得自己在屋里公干已经够奢侈的了，哪敢再张盖操扇以劳民呢！”

那信使虽然知道李昪有些矫情，但一来自己拿了人家不少东西，二来他也确曾听人说李昪“盛暑未尝张盖操扇，左右进盖必却之”，所以，回去后为李昪向徐温美言了一番。他这一番美言，触动了徐温头脑里的一根“特殊”的弦。

几天以后，徐温下令调李昪任润州团练使。

李昪在升州这个地方已经打好了基础，现在见徐温又要调他去润州，心里很不高兴，因此不打算前去。

李昪的谋士宋齐丘闻听后劝他说：“这是件好事，少将军为什么要拒绝？”

“好事？”

“当然！”宋齐丘见李昪仍大惑不解，附耳说道：“徐知训那厮骄倨不可大用，现在老将军（指徐温）竟让他留镇广陵，估计不久就会有焚巢之祸。升州距广陵甚远，而润州与其则只一江之隔，一旦广陵有变，在别处都会鞭长莫及，唯有身在润州又手握兵权的人才可派上大用场。这乃是天赐良机，为什么要放过？”

李昪听了心中释然，欣然前往润州上任。

果不其然，没过多长时间，骄横不法的徐知训就被一个名叫朱瑾的人所杀。那天夜里，广陵火起，彻夜不息。李昪在润川府衙中看到，未待天明，即起兵过江诛灭朱瑾之党，然后解甲以待徐温。

远在金陵的徐温虽然一接到手下人的奏报就立刻往回赶，但当他回到广陵时，已经是事发后的第二天下午了。

本以为大本营已经乱成一团的徐温回来后一看，大出意料——街上人群熙熙攘攘，在各个关键位置，李昪都布下了岗哨，而最让他感到欣慰的是李昪本人迎接他时，不着铠甲，而且不居功、不沾沾自喜。

徐温感慨万千地说：“疾风知劲草，板荡识忠臣！这场乱子都是知训这个不成器的东西闹出来的！要不是有你在润州，又应变及时、处理得法，那么我们徐家几十年的苦心经营都要前功尽弃了！”

“父亲大人言重了！”李昪恭谨地答道，一副不敢居功的样子。

“我心中有杆秤！”徐温摆了摆手，示意义子不要过谦，然后断然说，“你在我的几个儿子中功劳最大，润州那个地方太小，实在委屈你了！这样吧，从明天起，你就当左仆射，不要回润州了！”

这仆射始置于秦，汉以后承袭之，职权渐重。至魏晋时代其地位已与宰相接近，有“端副”（尚书令称端右）之称。唐代不设尚书令，仆射即为尚书省长官，而且由于太宗李世民曾经担任过左仆射一职，所以有唐一代，左仆射一职一般决不轻易授于人。

李昪本不愿从升州移镇润州，谁料无意中却捡了个大便宜，真可谓福从天降了！

代主自立建南唐 认祖归宗抬身价

公元九三二年五月，当时的吴国国王杨溥加封李昪为东海郡王。

其时，李昪的养父徐温已经病死。徐温的几位嫡亲公子，论威望、论能力、论实力，没有一个能比得上李昪。

不长的时间，李昪一跃而成为“徐家班”的第二代首领。

从一个孤儿到晋封王爵，按理说，李昪该满足了吧？有的人心里这样想道。

李昪本人却另有打算。

七月的一天，天气酷热。李昪没有到前厅升堂议事，而是一副休闲打扮在后堂休息。

很随意地，李昪拿起了摆放在案几上的青铜宝镜，揽镜自照，“见白发”——竟然发现不知道从什么时候起，白发已悄然爬上了双鬓。

“唉！”李昪长叹一声，对身边服侍他的贴身小吏周宗叹息着说，“功业未就而鬓发先斑，真是人生苦短啊！”

周宗虽然只是个侍吏，但却十分乖巧，最善于揣测长官话里的言外之意。

他想：“东海郡王的爵位不谓不高，可以说已经是位极人臣了，但眼前的这位爷却说‘功业未就’，还有什么功业未就呢？显然是想当皇帝了！”思及于此，他不由在心里暗暗为自己的聪明而高兴，于是，一个虽然大胆，但却可行的计划就在脑子里孕育成熟了。

几天以后，周宗悄然赶赴广陵去见李昇的心腹宋齐丘，与他商量逼使杨溥禅位给李昇的事。

宋齐丘做事一向小心谨慎，此刻见周宗不请自来，来了就放了这么一炮，立即就将周宗扣押了起来，并即刻派人送密信给李昇建议将周宗斩首。

宋齐丘的谨慎是有原因的。

公元九二〇年五月，平庸无能的吴宣帝杨隆演一病身亡，徐温，这位曹孟德式的人物从其大本营连夜赶回广陵。当时，众人觉得杨家的气数已尽，行密诸子都是扶不上墙的角色，因而纷纷给徐温写劝进表，劝他代杨氏家族而自立。

有一个人甚至还面见徐温，大谈三国时代刘备在白帝城对诸葛亮所说的话：“君才十倍于禅（刘禅），可立，即立之；不可立，君可取而自代！”言外之意是想给徐温篡国寻找一点理论根据。

当时，徐温未置可否。

次日早晨，徐温大会文武众臣，当着大伙的面厉声说：“这些天不断有人跟我讲刘备的临终遗言，这是什么意思，我不说想必大家也明白！你们提刘备，我倒想起了曹操，此公有一句话：‘设若天下无孤（曹操自称），不知有几人称帝！’本王不想做诸葛亮，倒是想学学曹操！杨家若没有一个男丁便罢了，倘若有一个男丁，只要他是先主公（杨行密）的儿子，老夫就要扶立他为主！”

几天以后，徐温果然从润州把杨行密最小的儿子杨溥接回广陵，并把他扶上皇帝宝座。

有了这么一档子事，宋齐丘又摸不透周宗的底，所以才有扣押周宗并请李昇斩之的表示。

宋齐丘这回的谨慎虽然不是没有道理，但很快被证明是多余的。

李昇不同于徐温，正像曹丕不像魏武帝曹操一样。

接到宋齐丘的信之后，李昇又惊又喜：惊的是周宗如此大胆，宋齐丘如此处置；喜的是终于有人悟出他的心思，而且宋齐丘也绝不可能将这件事情外泄。罚不罚周宗呢？李昪想了半天断然决定：不罚！不但不罚，而且还要升他的官以激励后人。于是，他一面亲自写了一封信给宋齐丘让他马上释放周宗，一面亲下命令任命周宗为池州刺史。

此举无疑是向众人明示“皇上轮流做，明年到我家，我李昪也想坐上那把金交椅享享清福了”。

其时，朝里朝外已经完全为李昪所控制。不久，杨溥就派人加封李昪为齐王，准其定都于金陵，未几，又“加昪九锡、建天子旌旗，改金陵为西都”，只差把那位子腾出来让李昪去坐了。

公元九三七年十月，做了十八年傀儡皇帝的杨溥派人传旨给李昪，说他愿意禅位，李昪没有推让坦然接受。

他也算“对得起”杨溥了，自作主张地尊杨溥为“让皇”。其册文曰：“受禅老臣知诰（徐知诰。即李昪）谨上册皇帝为‘高尚思玄弘古让皇帝’。”他还追尊徐温为忠武皇帝。

继而，他开始分封手下诸臣：以宋齐丘为左丞相，封徐温之子徐知证为江王、徐知谔为饶王。

人真是奇怪的动物！

徐温的儿子徐知证、徐知谔原来十分看不起李昪，并想千方设百计地排挤他、打击他。但当李昪登基坐殿当了皇帝之后，他们又立即换了一副面孔，想方设法地巴结李昪。

在封建时代有一条不成文的规定：一个老皇帝的几个皇子中倘若有谁当了皇帝，他的名字就要改，以示不同于众。比如，南唐后主李煜，本名李从嘉，继位后为了与其弟李从善、李从益、李从谦、李从度区别，改名为李煜。

徐温几个“知”字辈（即名字中间都有个“知”字）的儿子见自己的这位义弟当了皇帝，马上上表恳请徐知诰改名。

李昪置之不理。

见没拍到点子上，徐知谔想出个主意：“请昪复姓”——索性请李昪恢复自己被掠来以前的姓氏。

这次虽然没有拍到马腿上，但却触动了李昪的一桩心事：该姓什么？

他依稀记得自己曾经姓李，可是是哪个李呢？

在讲究血统门阀的那个时代，最辉煌的家族莫过于陇西李氏。大唐开国皇帝李渊便出于陇西李氏。一笔写不出两个李字来，说不定五百年前自己的先祖和李渊的先祖还是一家呢！

“对！就姓这个李！”

大政方针确定下来之后，又一个问题出现了：声称是李唐的后代这可以，但总得找个直系远祖自圆其说啊！

也许是计议不周，也许是史家记载有误，出现在《新五代史》和《旧五代史》中的李昪家系竟有两种不同的说法。

《新五代史》上说李昪“自言唐宪宗子建王恪生超，超生志，为徐州判司；志生荣，乃自以为建王四世孙”。——认为自己的天祖是唐宪宗，高祖是唐宪宗李纯的儿子建王李恪。

《旧五代史》上说李昪“自云唐明皇第六子永王璘之裔。唐天宝末，安禄山连陷两京，明皇幸蜀，诏以璘为山南、岭南、黔中、江南四道节度采访等使。璘至广陵，大募兵甲，有窥图江左之志，后为官军所败，死于大庾岭北，故昪（李昪）指之以为远祖，因还姓李氏”——认为李昪是唐玄宗李隆基之子永王李璘的后代。这位李璘可是个大大有名的人物：他与肃宗李亨争权，又连累大诗人李白下狱坐牢，现在又成了李昪的远祖。

这些说法是真是假，恐怕只有天知道了！

在未称帝前，李昪把自己的一个女儿嫁给了当时尚未禅位给他的吴睿帝杨溥的儿子杨琏。杨琏当时是皇太子，所以，李昪的这个宝贝女儿也就自然而然地成了太子妃。公元九三七年十月，李昪取代杨溥自立，封他这个宝贝女儿为永兴公主。这位女子倒真有些根深蒂固的正统观念，就像东汉末年身历七朝的皇太后王政君不肯接受篡汉自立的侄儿王莽所上的新封号、隋帝杨坚的女儿不肯接受其父所赠的“公主”诰封一样，李昪的这个女儿“闻人呼公主，则呜咽流涕而辞”——一听见别人喊她公主就要哭哭啼啼，一副悲不自胜的样子。

这番一哭二啼可以说与李昪认祖归宗时选大唐皇族的某一位王爷做远祖，有异曲同工之妙。因为她可以迷惑并拉拢住一部分对杨行密所建立的吴王朝怀有旧情、对李昪心存不满的人，用眼泪和悲咽不战而收服那些在战场上也不易制服的人。

无意拓土遭讥讽
迷恋丹药把命丧

李昪是一个具有多重性格的人。

就在他被杨溥封为东海郡王、朝思暮想想要登上九五之尊的时候，他做出了一件与他的“收人心，推恩信”等一贯做法大相径庭的事。

这件事发生在公元九三五年冬天。

这一年的冬天特别冷，雪也下得特别大。

有一天大雪过后，李昪摆下一桌酒宴，命人去请当时的两位名士宋齐丘、徐融。

“东海郡王请我干什么？”宋齐丘问送信儿的人。

“小的不知，只听说王爷已命人备好了上等的酒席……”

宋齐丘心中有了数。他知道李昪这是想附庸风雅，来个“置酒高会赏雪景”，心里稍稍有了点底。

“东海郡王请我做什么？”徐融也问那送信儿的人。

那人也答曰是要饮酒赏雪。

“赏雪？”徐融重重地用鼻子哼了一声，心里暗道，“他也懂赏雪？一介武夫！”

要说李昪这天的情绪本来是很好的，近日来诸事顺遂，梦寐以求的王爵已经弄到手，虽然皇帝还是老杨家的人，但实际掌权的却是他本人，闲来无事，召几个文人对酒吟诗，“偷得浮生半日闲”，岂不乐哉？

但这好兴致不一会儿就被人给破坏了。

谁这么大胆?

徐融。

见宋齐丘、徐融二人应召而来，李昪立即命人生好炭火，摆上酒席。三人先喝了几杯。在酒酣耳热之际，李昪觉得此情此景，不行酒令无以尽兴，于是，提议不能干喝，要行个酒令玩玩。

“行酒令？好啊！”宋齐丘凑趣说，“不知大王要行什么酒令？”

“咱们就以眼前这雪景为题，”李昪一副老于此道的样子，“每人说上一句酒令，令中要有情有景，而且还要暗含一个古代的知名人物！”

“好！”

“既然两位先生没有异议，那我们就这样定了。”李昪开口说道，“就由本王开始，好吗？”

举杯喝了一口之后，李昪脱口吟出一句:“雪下纷纷便是白起！”——这句酒令中隐含的古代人名是“白起”。白起是战国时期秦国的著名将领，又名公孙起，爵封武安君。

“着履过街必须雍齿！”宋齐丘接着吟道。这句酒令中隐含的古代人名是“雍齿”。雍齿是西汉初年的一个人物，因与刘邦有隙为刘邦所不喜，后来刘邦接受手下谋臣的建议封他为什邡侯，使他成为西汉初年一个赫赫有名的人物。

“明朝日出争奈萧何？”徐融想也没想就接了一句。这句酒令中隐含的古代名人是“萧何”。萧何是我们都很熟悉的历史人物，是刘邦得天下的大功臣。“萧何月下追韩信”的故事千百年来一直为人称道。但徐融在这里将“萧何”谐音为“消何”，与前面的“明朝日出争（怎）奈”连在一起意谓眼前的雪景虽好，但无奈明天早晨太阳一出来就会融化。

这可真是大煞风景，李昪正满腔兴奋，准备借两位名士的吉言讨个口彩，谁料徐融竟口不择言冒出这样一句话来。

李昪不愧在官场上历练了这么长的时间，当时虽然在心里恨死了徐融，但表面却是不动声色。待酒宴终了，李昪立即派人送徐融“回了老家”——把他捆起来投到江里淹死了。

以往的正史在谈到李昪时，往往只谈到他性格中善良、可爱、可亲的一面而忽略了他凶狠残忍的一面。

除了上面所述的因一句酒令愤而杀徐融之外，他还曾将杨行密所遗下的诸子、诸女圈禁在一起派兵“保护”。这种“保护”实际上就是软禁。

这种只许进不许出的“软禁”比什么都恶毒。久而久之，杨氏“男女自为匹偶，吴人多哀怜之。”——竟逼得杨氏男女在自己的家族内部通起婚来。这在讲求血缘关系，“同姓不婚”的古代是很骇人听闻的。

后周世宗显德二年，周世宗柴荣征讨淮南，派人寻访杨氏子孙的下落并“下诏慰安”，李昪竟派人将杨氏族人全部丢到河中淹死。

当然，作为南唐帝国的开国之君，李昪在一些大事上还是颇有贤君风度的。

南唐升元六年（942 年），与南唐长期为敌的吴越王国国都突然起了一场无名大火，“焚其宫室、府车，甲兵皆尽”——把钱镠辛辛苦苦几十年积累起来的老家当全都烧光了；最要命的是连“甲”——铠甲、“兵”——兵器也全都化成了灰，这在兵戈不休的五代十国时期，对失火者可是大大不利的事儿。

冯延巳——李昪手下的一个著名文人，趁机劝李昪赶紧出兵讨伐吴越，他认为这样做一来可以开疆拓土，二来可以吊民伐罪。

李昪对此颇不以为然。

这位冯延巳是个大大有名的人物。他生于约公元九〇三年，卒于公元九六〇年，是五代时南唐的著名词人。词本称“诗之余”，在五代时期多写花间月下的韵事，当时最大、最有影响的流派叫“花间派”。冯延巳就是花间派的代表人物。

对于冯延巳的文采李昪一向都是很钦佩的。但对于他的政治、军事才能，李昪却常常要打上几个折扣。他知道冯延巳其人“好论兵大言”——喜欢纸上谈兵、夸夸其谈，所以，对他提出的乘乱出兵之举颇不以为然。

“这个时候讨伐吴越和趁火打劫有什么区别？”李昪愤愤地对手下人说，“这种落井下石的事情我是不做的！”

李昪果然是不为已甚，“遣使吊问，厚赒其乏”——不但没有出兵侵吞吴越，反倒派使节前去慰问，并送去了许多粮食赈济吴越的平民百姓。

吴越王国的老百姓本来人心惶惶，现在见到平素里的敌国居然给自己送来了粮食，一个个真是喜出望外，因为这意味着他们不仅可以安然度过严冬，而且自兹以后还会享受到和平。

华而不实的冯延巳见李昪居然不采纳自己的“高见”，心里很不是滋味。有一次，他喝醉了酒，借着酒劲大声嚷嚷说：“我们的皇帝哪里像个有作为的明主，净是些宋襄公式的妇人之仁！”见没人理他，他更加张狂，信口说道：“其实，我们不应当叫他陛下，而应当叫他田舍翁！田舍翁能成什么大事！”

此话传到李昪的耳朵里，李昪一笑置之，没有和冯延巳计较。

公元九四三年三月，由于崇尚道术，长期服用丹药，李昪染上了一种可怕的怪病——疽疮。

这疽疮乃是由内热、痰凝、血瘀等邪毒所引起的局部化脓性疾病。疽发于皮肉之间，初起时肿块无头，红肿热痛，如肿块按之中软，为化脓征象，易溃易敛，属阳证，类似浅部脓肿。疽分有头疽、无头疽两类：有头疽如脑疽、发背、搭手等。

李昪所患的这种疽疮往细里说就是发背。它初起时顶如粟米，根脚坚硬，发痒作痛，日后根盘渐大，脓头渐多，色红灼热。此时，由于李昪有些讳疾忌医，疽疮已经溃破，状如蜂巢。太医用药又出现了治表、治里之争，结果，弄得李昪时不时神志不清、气息短促。

三月甲寅日，李昪神志突然清醒，他拉着长子李景通的手说：“我这次病得不轻，恐怕将不久于人世。德昌宫里有价值约七百万的兵甲、器物，你要善用这些，与邻国友善相处，万不可再滋生事端！”

说到这里，疽病又发作起来，李昪忍痛拉着李景通的手说：“我想延年益寿，故而服用丹药，想不到反而更加短寿，这个教训你可千万要记住啊！”

接着，李昪又向儿子交代了一些治国方略，一阵昏迷之后，当天晚上病逝于金陵。

这一年，他五十六岁。

李昪死后的谥号为“光文肃武孝高皇帝”，庙号为“烈祖”，葬于永陵。其子李景通、孙李煜均为著名词人。李煜即是大名鼎鼎的“李后主”。

每欲用大臣先必阉之的皇帝

——五代十国南汉后主刘鋹

◎亲近宦官有奇理　每用大臣先必阉

◎吝啬无能宠奸佞　委政女巫终亡国

公元九四二年四月，偏安一方的南汉小朝廷的实际创立者高祖皇帝刘龑病重。自知时日无多的刘龑派人宣来右仆射王翻商量后事，进行所谓的托孤。他叹息着说：“我生有十九个儿子，至今还没有立太子。他们看起来都不中用，洪度、洪熙（均系刘龑之子）年纪虽长，却智力平平不足以承继我的事业。其他诸子也差不多如此。唉，子孙不肖，后世恐怕如鼠入牛角，势当渐小了啊！”

说到这里，君臣忍不住相对唏嘘。

刘龑死后，其子刘玢继位。刘玢是一个典型的“花花大少”式的人物。由于他荒淫无度，不久就被刘龑的另一个儿子刘晟所杀。刘晟继位后变本加厉，诛杀自己的兄弟、侄子。

公元九五八年八月，刘晟病死，其子刘鋹继位，是为南汉后主。

刘𬶍，原名刘继兴，系刘晟长子，曾被封为卫王，继位时年仅十六岁。可不能小看了这个小后主，他与南唐后主李煜、后蜀后主孟昶等人相比，在胡作非为方面绝对是有过之而无不及。

亲近宦官有奇理 每用大臣先必阉

还是在刘𬶍的父亲刘晟执政之时，南汉就已经成了一个胡闹王国。刘晟妒忌诸弟有贤名因而想方设法一个个地将他们诛杀殆尽，然后把他们的女儿全都掳去“以充后宫”。刘晟还亲近宦官、宠信宫女，特设“女侍中”一职，命年轻貌美的宫女卢琼仙、黄琼芝等人充任。这还不算，刘晟还常常酗酒。据说有一天，他饮酒饮得酩酊大醉，竟把一个西瓜放到一个名叫尚玉楼的伶人的脖子上，然后拔出剑来猛砍西瓜，说是这样可以试出剑刃是否锋利。结果，西瓜砍开了，尚玉楼的脖子也和脑袋分了家。第二天早上，酒醒后的刘晟也曾懊悔过，但胡闹的习性却始终不改。

作为刘晟的儿子，刘𬶍绝对是“青出于蓝而胜于蓝”。

史书上说他“尤愚。以谓群臣皆自有家室，顾子孙，不能尽忠，惟宦者亲近可任”，因而，他只宠信宦官。可是皇宫中原有的宦官人数毕竟有限，而且他们往往很小就进入宫中，四堵高墙、一面蓝天的宫中生活限制了他们的视野，且他们中的大多数目不识丁、缺乏文化素养。因而，为了维持王朝的正常运转，不能把每一个官职都交给那些名副其实的太监，只能给文武群臣（女侍中一职已被刘𬶍取消）。可是这些不是太监的人，在刘𬶍看来，是大大地不可靠。因为每个人都有老婆孩子，在处理与国家的关系时，这些人往往是先家后国，甚至是只要家不顾国，怎么办呢?

为了解决这个矛盾，刘𬶍想了很久很久，终于想出了一个主意。因为这个主意太过于令人难堪，因此，一时之间他还不敢公然宣布实施。

不久，刘张在东宫做太子时的老师进宫与他闲聊，说到武则天执政时专以威立国，聘官之制极滥而责官之制极严，凡有小过失者皆杀之，但想当官者却仍大有人在。说到这里，刘张的那位老师叹息着说："唉，一心想当官的人就是记吃不记打啊！只要有官可做，叫他们做什么都行。"

说者无心，听者有意。刘张暗自在心里说道："有了，就这么做！"

不久，他就命人颁布了新的官员铨选办法。其中第一条第一款是："自今而后，凡进士及第而欲登朝臣之列者先必自阉。倘自阉无着而又极欲得官者，由朝廷代为阉割。"

诏书颁布之后，舆论为之大哗。许多朝臣极力反对这一空前的任官创举。

一位言官在奏章中写道："自从盘古开天地、三皇五帝至如今，未闻有如此铨选办法。倘此令一出，定会使可为朝廷所用之才望魏阙而止步矣！请皇上为祖宗社稷计，三思而后行，收回成命。"

刘张看了奏章，颇不以为然。他轻蔑地说："可恶！言官可恶！只要有官做，像前朝武则天那样以杀头相警尚有人踊跃前往，区区阉割而竟得执笏板，登庙堂、做高官，何乐而不为？又何苦之有？"

言毕，他命人将那些反对此举的奏章统统付之一炬。

据说，诏令颁行之初，适逢一次进士考试刚结束，名居榜首的状元郎闻阉而逃。刘张恰从宦官口中得知此人才高八斗、学富五车，因而，必欲用之充任高官而后快。见他惧阉而逃，刘张大怒。手下人奏报该人可能逃回家中，因其已经娶妻生子。刘张听了，立即命人快马加鞭赶至状元老家。到了那里，果然一找一个准，状元郎以不求做官只求不做阉人相求。如狼似虎的差人听了之后呵斥道："真是读书读得昏了头。是命重要，还是你那个传宗接代的玩意儿重要？皇帝不过是要割掉你的'那话儿'，然后就会赏你一个大官来做，这是许多人做梦都在想的美事。你不思谢主隆恩，反倒坚辞不就，难道你真个是活得不耐烦了吗？"

状元郎一看别无他法，为了保住性命只得答应下来。不过，他连连顿首，恳求钦差宽限几日，以便他能够与妻妾再享受一下正常人的乐趣。

差役们虽然答应了，但却只给了他三日的宽限。

三天三夜过去了。第四日一大早，奉命一直守候在状元郎宅子旁边的官差们搭起了一座“蚕室”（专为施宫刑而设），把那个才华横溢的状元郎给阉割了。

吝啬无能宠奸佞 委政女巫终亡国

刘鋹这个人，还真是不一般。在他所处的那个时代，帝王们常以“车马轻裘与臣子共”来自我标榜，而刘鋹呢？偏偏反其道而行之。在他看来，“天下国家，本同一理”，换言之，国是他的家，家也就是他的国。家庭里边食用长者居先，国里边也是如此，因此，做他的臣子，必须将车马轻裘等东西交给他独用。

其实，对金银财宝的追求乃是南汉小朝廷历代君王的一项“优良”传统。刘鋹的父亲刘晟就先后几次派人“以兵入海，掠商人金帛作离宫”，先后营造起南宫、大明宫、昌华宫、甘泉宫、玩华宫、秀华宫、玉清宫、太微宫等数百座宫殿。刘鋹继位后更是变本加厉地穷奢极欲，先后几次颁布诏书，昭告民间任何人不得随意乘坐驷马高车；又引证《孟子·梁惠王》中的话，说什么古时候人不到五十不衣帛，因此，全国臣民最好都着芒履、穿布衣。那么那些丝织品产出来怎么办呢？一句话，归皇帝享用。

对财物吝啬对于一个帝王来说，也算不上大毛病，但刘鋹偏偏又有寡人之疾，且到了不顾政事的地步。

上有所好，下必行焉，“楚王好细腰，宫中多饿死”嘛。当权者喜欢坐什么轿子就会有什么样的轿夫。

不久，刘鋹的亲信宦官许彦真就派人从海上掳来一名波斯女子。据说这个女子“丰腴而慧艳”，因而与温婉细腻的江南女子不同，别具异国风味。此名波斯女子果然大获刘鋹宠爱。刘鋹亲自降旨，赐这名波斯女子一个美称——媚猪，还自称“萧闲大夫”，不理政事。自此以后，真是食则相陪，寝则相伴。

为了有更多的时间玩乐，刘鋹在继位后不久，还对官制进行了一次“改革”。

这次“改革”是围绕“女侍中”这一官职的保留与否展开的。有许多老臣认为“侍中”前边冠以一“女”字，尽管有些不雅，但毕竟系先帝亲口所定，因而，最好保留。刘鋹呢？他对这些平日里对自己的胡闹行为持反对态度的老臣们很不满，因而根本不把他们的话放在心上。但他一时半会儿也想不出别的主意来。因为在他的心目中，最可靠的人有两种：一种是阉割过了的男人；另一种则是不须阉割的女人。“女侍中”的名号可以废除，可总得找个女人来帮他理政啊。

真是打瞌睡就有人送枕头。不久，宦官陈延寿向刘鋹奏报说，他最近遇见了一个女高人，文能安邦、武能定国，且能呼风唤雨、撒豆成兵，端的是法力无边、才能无比。

“快与朕宣来！”刘鋹急不可待地说。

“陛下，‘宣来’一语恐怕有些唐突佳人。想当年，刘玄德三顾茅庐，要请的不过是一个诸葛亮。而我们今天所要请的人，其才其能远甚于诸葛亮，您觉得‘宣’她来，她能肯屈尊吗？”

“依你之见？”

“陛下可备下法驾，亲自前往迎之。”

“好，就依你。我倒要看看她有多深的道行。”

见面之后，那个名叫樊胡子的女巫在刘鋹面前玩了几把小魔术，在这方面见识如井底之蛙的刘鋹马上就信以为真了。加上陈延寿等人不遗余力地吹捧，刘鋹当场拍板，以王者贵宾之礼将樊胡子请入宫中。

其后，这个名叫樊胡子的女巫又歪打正着地“预测”了几次祸变。尤其是大宝七年（963 年），她大大地露了一次脸。其时，已经统一了大半个中国的北宋王朝派兵攻打南汉，走投无路的刘鋹问计于樊胡子。樊胡子装神弄鬼地屈指掐算了半天之后，摇头晃脑地说：“不必急，不必慌，我朝大军不可挡，北方蛮子势不长！”当时，北宋大军粮草不济，加之南汉有员名叫邵廷琄的大将善于用兵，他用守战之计迫使远道而来的宋军无功而还。这本应是前方将士的战功，但刘鋹却全把它归之为樊胡子的“神力”。自此以后，樊胡子更以大仙自居，刘鋹对她的宠信也日胜一日，最后竟将皇帝的尊号也让给了她，而自称“太子皇帝”（详参《新五代史》）。

每次朝会时，刘鋹坐在前殿，而樊胡子则“冠远游冠，衣紫霞裾”，坐在刘鋹身后的帐幄之中。因“女侍中”官职被撤而失宠的卢琼仙等人见有机可乘，转而走起樊胡子的门路。

大大地敲了卢琼仙等人一笔钱财之后，樊胡子假作玉皇大帝附体，派人请来了刘鋹，对他说道：“玉皇谕太子皇帝：卢琼仙等均系上天派来佐尔治理尔国者，彼等若有罪，可由上天责罚，尔不得过问。”

信以为真的刘鋹果然诺诺连声。

玉皇大帝是诸神之帝，代替他降临凡界的樊胡子又有半仙之体，加上卢琼仙这些“上天派来”的王佐之才，南汉国自然就不再需要什么太子皇帝了，因而，刘鋹从此也就不再过问政事。

他不揽权有人揽权。南汉小朝廷内部的一班佞臣如许彦真、龚澄枢、陈延寿、卢琼仙等人趁刘鋹不理国政之机与樊胡子相互勾结，狼狈为奸，把个好端端的江山弄得乱成一团。尚书右丞相钟允章因上书弹劾他们竟被下狱，并被以莫须有的罪名诛杀。钟允章临死前，曾对负责审讯他的礼部尚书薛用丕哭诉说：“我自知自己是清白的，许彦真这班人竟假传圣旨将我置于死地，但请老大人饶过我儿，俟其长大成人之后，告诉他们事情的真相！”

此话不知怎的又传到许彦真一班人的耳朵里，于是钟允章两个年幼无知的儿子也惨遭杀身之祸。

按下刘鋹以及昏天黑地一团糟的南汉小朝廷这头不表，单说与他同时割据一方的南楚、南唐，其时已被北方刚刚崛起的宋王朝一一荡平。宋王朝的创立者——宋太祖赵匡胤在扫平南唐时曾有一句名言，叫“卧榻之侧，岂容他人鼾睡”！其居高临下，必欲统一天下之志表露无疑。

刘鋹呢，却偏偏不晓得狮子口下容不得漫不经心嬉戏这个不言而喻的至理。

公元九七〇年，宋太祖遣潭州防御使潘美领兵扫荡南汉，师次白霞。

刘鋹遣龚澄枢守贺州、郭崇岳守桂州、李托守韶州与宋军对抗。腐败的南汉军队将老兵疲，根本抵挡不住宋朝大军的攻击。不到四个月的时间，宋军连下贺州、昭州、桂州、连州。前线折兵失地的告急文书雪片般地飞传南汉京师，许多大臣忧心忡忡，寝不安席、食不甘味。而刘鋹反倒如释重负地说："昭、桂、连、贺，本属湖南，今北师取之，足矣，估计他们得手之后就不会再往南来了！"

《新五代史·南汉世家》写到此处时，曾有一句评语叫"其愚如此"！

次年一月，宋军又连下英州、雄州，兵临南汉都城广州城下。直到这时，刘鋹方才如梦初醒，知道玉皇、女巫再好，也都帮不上他什么忙。除了奉表请降以外，自己已别无他法。他派出右仆射萧漼前往宋军大营，企图以割地的方式苟延残喘。率领得胜之师打遍差不多整个南汉的宋朝大将潘美哪肯让马上就要吃到口的肥鸭子飞了，他断然拒绝了萧漼的请求。

一无所获的萧漼回去复命。刘鋹手下的几个"高参"如龚澄枢等人，自作聪明地对刘鋹说："陛下，请不要着急，求和不成，咱们就不和！"

"不和？但这仗怎么打下去啊！"

"依臣等愚见，北师之来，无非是贪图我们国家的金银财宝。倘若我们把那些东西烧掉，留给他们一座空城，他们还会赖着不走吗？"

糊里糊涂的刘鋹又一次糊里糊涂地听信了这班佞臣的谗言，把满城的财宝付之一炬，然后准备了十余艘大海船准备逃往海外，暂避一时。将逃之日，平日里被刘鋹视为左膀右臂的亲信总管太监乐范来了个"黑吃黑"，把十余只海船全数盗走。

上天无路、入地无门，战又不能、和又不准，刘鋹只好素衣白马，肉袒出降。然后，他被送到北宋京师汴梁。

宋太祖赵匡胤嘲弄式地将刘鋹封为左千牛卫大将军、恩赦侯。公元九八〇年，刘鋹去世。

有『虎』气也有『猴』气的皇帝

——北宋太祖赵匡胤

◎杯酒释兵权

◎是『虎』是『猴』亦难分

◎胸襟气度令人钦佩

渊明图醉，陈抟贪睡，此时人不解当时意。

志相违，事难随，不由他醉了齁齁睡。

今日世途非向日。贤，谁问你？愚，谁问你？

上词中提到了中国历史上有两个有名的“懒散”型高人：一个是渊明，一个是陈抟。

渊明，谁之谓也？稍有点历史常识的人都知道渊明者，陶渊明是也。陈抟是谁呢？

熟悉残唐五代历史的人会告诉你：陈抟，自号扶摇子，系后唐失意举子。此人怪极：他先后隐居于武当山、华山学道，常常一睡百余日不起。自后晋、后汉以后，他每闻一朝兴亡，常心有不悦而攒眉蹙额好多天。时人将其目为有道高人。

这个有道高人到了晚年修炼得喜怒不形于色。唯一的一次例外是公元九六〇年正月，他在骑驴外出访友的途中，听到有人建立了一个新王朝的消息后，乐得忘乎所以，被颠下驴背还不忘大叫道：“天下自此定矣！”

是谁在“乱哄哄，你方唱罢我登场”的大分裂局面中，因建立一个新王朝而受到了高人陈抟的如此心仪呢？

这个人叫赵匡胤，是赵宋王朝的创始人。他建立的新王朝以“宋”名之，史称北宋。

杯酒释兵权

从公元七五五年的“安史之乱”到公元九六〇年宋太祖赵匡胤靠“陈桥兵变”夺得政权，二百多年间军阀割据，藩镇作乱，建立的王朝也一个比一个短命，皇帝竟相比赛昏聩残暴和无能。因此，生活在中国这片土地上的老百姓，也就变得麻木超脱起来，在他们的心目中，由赵匡胤创立的宋王朝也不会是一个长命王朝——至少在当时，有许多人持有这种观点：赵宋王朝是因兵变建立的，同样也可能会因兵变而覆灭。

公元九六一年秋季的一天，宋王朝新任宰相赵普向皇帝赵匡胤提出了“兵变”的问题，并暗示赵匡胤他最亲信的将领如石守信等人所具有的潜在危险性。一向宽宏大度的赵匡胤不以为然，他说：“我待石守信他们恩重如山，他们绝不会有什么问题。”一向耿直的赵普话说得很是不留情面，他辩驳道：“后周皇帝待陛下也恩重如山，但陛下最终仍旧‘黄袍加身’。我的意思不是说石将军等人会主动叛变，只是说担心他们的部下贪图富贵，也把龙袍披到他们身上，届时，他们纵想不叛变也不可能。”

赵匡胤听了沉吟不语。这一天晚上，他辗转反侧，久久不能入睡：

朱温、李存勖、石敬瑭、刘知远、郭威……这些人连同他们的所作所为像走马灯似的，一幕幕地浮现在他的脑际。赵普说得有道理，这些人最初可能并没有当皇帝做天子的野心，但一旦兵权在握就难以自制了。“兵权，兵权，这该死的兵权，简直是万恶之源！”赵匡胤一边踱着方步，一边喃喃自语，“必须想个法子！”——这话其实赵普早就已经说了。赵普的原话是宜“制其钱粮，收其精兵”。问题是该怎样“收其精兵”。

第二天晚朝过后，赵匡胤留下石守信等人，说要和他们一起吃顿便饭。

酒兴正浓时，赵匡胤叹息着说：“如果不是诸位推戴，我不会有今日。但是，当了天子日子也实在并不好过，还不如从前做节度使时快活。如今我几乎没有一夜睡得安稳。”

众将领一听皇帝说他并不快乐，一个个都停杯不饮，有人忍不住问道：“陛下如今贵为天子，还有什么可忧虑的？”

赵匡胤叹息着说：“我这个位置谁不想坐？”

此话说得太露也太重，石守信等人听了，一个个争表忠心。他们异口同声地说：“如今天命已定，谁还敢这样大胆怀非分之想？”

赵匡胤要的就是这句话！他话里有话地说：“你们虽然不会有异心，但是，假如有朝一日部下将黄袍披到你们身上，你们即使不想做皇帝，恐怕也不行吧！”

直到此时，一向大大咧咧的将领们才忽然发现杀机四伏，一个个大惊失色，跪倒在地，请求赵匡胤为他们指示一条生路。

“人生有限，”赵匡胤此时也停杯不饮，用手捻着颔下胡须说道，“转眼就是百年。拼命上进，追求富贵，目的是什么？不过升官发财，既可以自己享受，儿孙们也不至贫乏，如此而已。依我之见，各位不妨辞去军职改任高级文官，多多购买肥沃田地，营建豪华住宅，搜罗天下歌童舞女，昼夜饮酒取乐，以终天年。我跟你们结为姻亲。君臣之间两无猜忌，上下相安，各位以为如何？”赵匡胤的这一番话恩威并施，戳中了人类低级情操上的全部弱点。与宴将领于感激涕零之余，只得接受。次日，由石守信带头，大家纷纷呈上奏章，请求解除军职。表章递上，赵匡胤立马批准。不久，赵匡胤又以同样的手段解除了王彦超等其余节度使的兵权。他把解除了兵权的将领们派到各地担任地方首长，再由中央另派一位副首长或秘书长（时称通判）对其牵制。将领们享受尊荣，通判们握有实权。从公元八世纪“安史之乱”开始炙手可热的节度使们自此退出了历史舞台。

赵匡胤的“杯酒释兵权”被誉为“最高的政治艺术的运用”，受到了人们的称赞。

是“虎”是“猴”亦难分

赵匡胤是一个具有多重性格的人。

公元九五四年，后周太祖郭威病死，新主柴荣（郭威的养子）继位。与后周互为敌国的北汉王朝与契丹贵族勾结，企图把立国不过四年的北周扼杀在襁褓之中。周世宗柴荣力排众议，领兵出征，与北汉军队战于高平（今山西省高平县）之南。

战斗刚刚开始，后周右军主将樊爱能、何徽就领骑兵先退。右军被击溃，步兵千余人解甲投降北汉，情况十分危急。

就在此时，在柴荣手下任宿卫将的赵匡胤挺身而出，他大声对手下将士说：“情况危急，主上（指柴荣）有危险！主辱臣死，不就是一个死吗？我们拼命杀敌吧！”就这样，他“身先士卒，驰犯其锋”。本已处于溃散边缘的后周士兵见“香孩儿”（当时人们对赵匡胤的昵称）如此神勇，一个个也都奋勇向前，无不以一当百，杀得北汉军队大败亏输。

此战之后，赵匡胤威名远播。人称其“一条哨棒打遍四百座军州”。

作为创业皇帝，赵匡胤身上有“虎”气是不足为奇的，令人惊叹的是他身上的“猴”气。

在赵匡胤称帝之初，他手下的节度使们还是很骄横的。这些节度使中有十个人特别难以驾驭，人称“十兄弟”。这十兄弟仗恃手里的兵权和过去曾与赵匡胤同殿称臣的老关系，就连新任宰相赵普、御弟赵光义都不放在眼里。

公元九六一年夏的一天，赵匡胤召来十兄弟，给他们每人一把佩剑、一副强弓、一匹骏马。然后他也翻身上马，自己不带卫士，也不让十兄弟带卫士。一行十一人，策马扬鞭驰出皇宫。到了一处名叫固子门的地方，赵匡胤看看四处无人就说了声："下马，喝上几杯！"

每人拿出自己随身携带的鹿皮酒囊喝了几口之后，赵匡胤说话了。他对被他一连串的举动弄得有些不知所措的十兄弟说："知道为什么要带你们到这里来吗？这里僻静，杳无人迹，我的卫士没有带，你们的卫士也不在。你们当中谁想当皇帝，这可是个千载难逢的好机会，杀了我，你们就可以黄袍加身了！"

那些斗力不斗智的节度使们做梦也没想到皇帝陛下会跟他们来这一手。这种近似"儿戏"的举动把他们全给镇住了，一个个拜伏在地战栗不止，连称"不敢"。

得理不饶人，赵匡胤训斥他们说："你们既然要我做皇帝，就应当恪尽臣下的职守！今后不准你们再骄横不法、目无天子！"

十兄弟听了，一个个都高呼"万岁"，表示顺从。

靠自己身上魅力独具的"猴"气，赵匡胤降服了众人。

胸襟气度令人钦佩

胸襟是衡量一个人——即使他是帝王——的重要尺度。明王朝的太祖朱元璋因为自己做过"贼"（强盗）、当过和尚，因而，当浙江府学教授林元亮的奏章上出现"作则垂宪"、河南尉氏县学教授许元的奏章上出现"体乾法坤，藻饰太平"时，就将林、许二人处斩。（"则"与"贼"音近；"法坤"与"发髡"同音）人们由此认为朱元璋气量狭小。

作为宋朝的开国皇帝，赵匡胤的胸襟、气度如何呢？

公元九六五年，赵匡胤大宴群臣。喝着喝着，有一个名叫王著的翰林学士因系后周王朝旧臣，几杯酒下肚后，看着眼前这些周王朝旧臣现在一下子变成赵宋文武，而他们的故主柴宗训却被谪往房州（今河北省房县），忍不住当众喧哗起来。群臣大惊，好心人都为他捏了一把汗。大家都停杯不饮，把目光一齐投向坐在首席的赵匡胤身上。只见赵匡胤面不改色——他当然知道王著为什么哭泣，但他什么也没说，只是命人将王著扶出去休息，王著不肯，在屏风后面接着痛哭。左右一齐上前，费了好大的劲儿才将他扶出去。

第二天，有善于逢迎的人上奏说王著竟因思念周朝皇帝当众大哭，应予严惩，以儆效尤。赵匡胤不以为然地说："瞎扯！王著喝醉了，说点糊涂话有什么要紧！世宗在时，我曾和他一殿称臣，他的脾气我很了解。一介书生哭哭故主，能出什么大问题，不许为难他！"

公元九六六年七月，赵匡胤于月夜访赵普之后起驾回宫。车驾经过大溪桥时，突然不知从何处飞来了一支冷箭，"嗖"地一声射中作为皇帝标识的黄龙旗。左右侍卫见了，一个个吓得魂飞魄散。是谁吃了熊心豹子胆，竟敢把罪恶的黑手伸向皇帝？于是众侍卫纷纷下马，要宣召当地的地方官戒严，进行大搜查。没等侍卫头领说完，赵匡胤就拦住了他的话头，他以一种若无其事的口吻说："算了，算了！千军万马、枪林箭雨都闯过来了，这点小事何必大惊小怪！"

"但这箭……"侍卫头领还想说点什么。

"这箭很好嘛！"赵匡胤诙谐地说，"只可惜放冷箭的人箭法练得还不到家！"

公元九七六年十月，赵匡胤染上了时疾，卧床不起。病中的他想起了母亲杜太后"汝百年之后，当传位于光义，光义传于光美，光美传于德昭"的临终遗言，下令传晋王赵光义进宫。其时天降大雪，赵光义进宫后不久，赵匡胤即辞世而去。

关于他的死至少有两种说法：

一是自然死亡。

一是为赵光义所害。

按常理推论似乎第一种说法可能性要大些。因为杜太后降下钧旨以后，赵匡胤已命赵普拟好了传位诏书，并“藏之金匮”，赵光义是铁定要继兄位登大宝的，根本没必要搞什么谋杀。可是近年来有人考证出太祖皇帝病重时，其爱妃费氏曾随侍左右。当赵匡胤昏迷不醒时，刚进宫来的赵光义色胆包天，欲非礼费氏，恰好被刚醒过来的宋太祖发现，于是，第二种情况便出现了。

哪种说法有理，我们这里暂且不必管它。不管怎么说，一代雄主赵匡胤于公元九七六年十月壬子日去世了，这是确凿无疑的。

误尽苍生的艺术大师

——北宋徽宗赵佶

◎宠六贼迷花石
不负轻佻之名

◎工书工画唯不工国政
畅快了自己误尽苍生

◎迷道教以道治国
被俘命丧五国城

八百多年以前的塞外北国，当时中原人眼中的“化外蛮荒之地”——金朝五国城，一个年已半百的老人遥望南天，极目远眺，发出了孤寂凄凉的一声叹息。他是在慨叹自己的命运，还是在为以往的所作所为而忏悔？是怨艾，还是悲哀？没有人清楚。历史，并不是一部高传真的摄影机，它往往是只记录一点而舍弃其余的。随着岁月的流逝，人们只能从号称信史的正史和为史官们所不屑的野史的断简残编中去认识这位孤寂的老人。

他，就是北宋历史上也是中国历史上有名的昏君——宋徽宗赵佶。

赵佶，生于公元一〇八二年，系宋哲宗的弟弟、宋神宗的儿子。与历史上的某些无道昏君相比，赵佶不像晋惠帝司马衷那样低能，也不像三国时吴末帝孙皓那样残暴，更不像隋炀帝杨广那样凶狠，但在他二十五年的皇帝任期中，却埋下了北宋王朝倾覆的祸根。从某种意义上来说，由赵匡胤一手创立起来的北宋王朝实质上就亡在他的手里。他的儿子，北宋最后一任皇帝宋钦宗赵桓不过是一个可怜的替罪羊而已。

往事越千年，我们不妨回首看一看这位北宋王朝的第八任皇帝究竟做了些什么。

宠六贼迷花石 不负轻佻之名

在哲宗皇帝宾天，众臣一时不知择谁而立时，北宋王朝内部就皇帝的继任人选展开了一场廷争。名义上的最高统治者向太后哭着对大臣们说："真是国家之大不幸啊！大行皇帝竟没有留下一儿半女！你们看，谁可以继登大宝？"首辅章惇亢声答道："按礼律当立大行皇帝同母弟简王赵似，否则当立大行皇帝的长弟赵佖"向太后不允。群臣问太后属意谁，向太后答以端王赵佶。章惇亢声反驳说："端王轻佻！"向太后不听，执意立端王。于是年近三十的赵佶登上了皇帝宝座。

赵佶是不是真的轻佻呢？当时有许多人持否定态度。因为下这个断语的章惇是个大奸臣。但是，十分不幸，章惇这一次并没有说谎，更没有看错。

继位不久，赵佶就把曾一度被罢免的蔡京召回复用，接着又重用王黼、童贯、梁师成、李邦彦、朱勔，纵容他们大肆胡作非为。宋朝的老百姓对这六个人恨之入骨，私下里称他们为"六贼"。

赵佶，用现代的话来说，可能是个"艺术家"，他对奇花异石有一种特殊的"爱好"。对于赵佶的这种嗜好，"六贼"之一的朱勔看在眼里，喜在心上。

在赵佶的授意之下，朱勔在江南设立了苏杭应奉局，搜刮江南民间的奇花异石，将其经淮河、汴河运往京师。运输过程中，往往十艘船称

"一纲"，所以这种运输花石的船队被称之为"花石纲"。

这"花石纲"既害国家，又害百姓。

赵佶以前，北宋的几位皇帝还都比较节俭。赵佶的高祖仁宗皇帝赵祯有一天晚上饿得很，睡不着想吃烤羊，但怕扰民就忍着没有开口。与他相比，赵佶可阔绰多了。他用搜刮来的草木花石修筑"丰亨豫大"园，名之为艮岳，又大兴土木，兴建宫室，很快就将北宋政府历年积蓄的财富挥霍一空。

"花石纲"不仅耗尽了北宋王朝的国库，而且害得东南一带的北宋百姓民不聊生。据史料记载："士民家一石一木稍堪玩，（恶官）即领健卒直入其家，用黄封表识，未即取，使护视之。微不谨，即被以大不恭罪。及发行，必彻屋抉墙以出。人不幸有一物小异，共指为不祥，唯恐芟夷之不速。民预是役者，中家悉破产，或鬻卖子女以供其须！"这是一副多么悲惨的景象啊！

据说有一次朱勔的爪牙曾经得到一块太湖石，高达四丈，只能以巨船载之。为此服劳役的有好几千人。所经之处，不时拆除水闸、桥梁（因石太高）。运到京城后，赵佶将这块石头命名为"神运昭功石"，一笑了之。

运送花石的途中，朱勔的手下经常拦截各地的粮船或商船，取出进贡物品放到那些船上晾晒，广大百姓敢怒而不敢言。

工书工画唯不工国政
畅快了自己误尽苍生

赵佶不是一个好皇帝，但这并不妨碍他成为一个好的书画家。正如南唐后主李煜不善为政，但并不妨碍他成为一个有名的词人一样。

宋徽宗赵佶的书法和绘画都是颇为有名的。

提起赵佶的书画，不能不提到另外两个人。这两个人一个是黄庭坚，一个是吴元瑜。黄庭坚是北宋著名的书法家。他除了工于诗以外，尤其工于书法。其书学颜真卿和怀素，并受杨凝式的影响，尤得力于《瘗鹤铭》。他用笔纵横奇崛，以侧险取势，自成一格，是有名的“苏黄米蔡”四大家之一。吴元瑜，字公器，北宋开封人，官至合州团练使。他善画人物、山水，尤精花鸟，师从崔白。其画风和徐熙“野逸”相近，追求淡雅、荒寒、萧疏。《宣和画谱》上称他“尤喜作败草荒榛，野色凄凉之趣”。

赵佶之学书画，颇得力于黄、吴二人。从传世于今的《真书千字文》等作品来看，赵佶确于书法一道颇有所成。他用笔瘦劲挺拔，虽然远不及右军（王羲之），亦难与“四大家”比肩，但以帝王之尊而有此成就也就不错了。更值得一提的是，赵佶师法黄庭坚等人而不拘泥，还自创了一种瘦劲锋利、似“屈铁断金”的“瘦金体”书法。

绘画一途，赵佶同样学有所成。他不仅设“画院”网罗绘画人才，倡柔媚之画风，且师法于吴元瑜专工花鸟。据说他所画之鸟雀，常以生漆点睛，小豆般地凸于纸绢之上，十分生动。因用心颇专，赵佶的传世画作有很多，像《腊梅山禽图》《五色鹦鹉图》《芙蓉锦鸡图》《红蓼白鹅图》等，后来汇总成册，名《宣和睿览册》。

倘若赵佶是一介布衣，或虽不是布衣但却没有生长于帝王之家，抑或虽生于帝王之家而没有继承帝位，那他一定不会千古以后还遭到人们的蔑视，他的书画才能足以为他赢得后人的尊敬。

迷道教以道治国
被俘命丧五国城

自从汉末张道陵、张鲁等人创立“五斗米”教以来，中经寇谦之、陶弘景等人的改造，尤其是唐代尊李耳为皇帝先祖，使道教的地位不断提高。道教到了北宋时代，已与儒教、释教一样，成为统治阶级借以维持其统治的工具。就宋朝而言，太宗赵光义、真宗赵恒都热衷于此道，而徽宗赵佶更是变本加厉地崇信道教。

也许是觉得仅当一个人间的君主显得不够威风吧！赵佶受膨胀的虚荣心的驱使，自称神霄帝君下凡，并对道教展示的诱人“世界”如醉如痴。他不但特命在皇宫旁边修建上清宝箓宫，而且常在当时一个有名的道士林灵素的讲道之所“设幄于其侧”，听其讲道，“问者皆再拜以请”。道教徒们都美衣玉食，“有诸殿侍晨、校籍、授经”，其官可比朝廷的侍制、修撰、直阁。

赵佶为什么会对道教、道士如此情有独钟呢？原来，这和他的迷信性格有关。

据说，继位之初，赵佶并不怎么热衷于道教。他那时热衷的是与王黼、蔡攸等人穿着窄裤短衫，涂脂抹粉夹杂在歌舞艺人和侏儒中间嬉戏。后来蔡攸为了固宠，想出了以道教迷惑徽宗的主意。他与温州道士林灵素勾结，请其出面给赵佶大灌“迷汤”。林灵素对赵佶说：“天有九霄，而神霄为最高，其治曰府。神霄玉清王者，上帝之长子，主南方，号长生大帝君，陛下是也！”

怕赵佶对道教没什么印象，林灵素又为他讲了一个故事：

传说五代时后蜀皇帝孟昶偕妃张太华同游四川青城山，一日雷雨大作，张太华被雷击死，孟昶将之葬于青城山道观内的白杨树下。几年以后，观内道士李若冲于雨后傍晚绕观散步，忽见杨树下有一美人翠眉雪肌、仙姿窈窕，在树下吟诗曰：“一别銮舆今几年，白杨风起不成眠。常思往日椒房宠，泪滴衣襟损翠钿。”诗毕，纵声大哭。若冲询之，女子再拜，言及往事，并求李若冲为其荐拔。李若冲允诺在黄箓大斋上为其超度。当黄箓斋毕，若冲夜梦美人曰：“妾荷炼师荐悼之恩，已受生于人世，壁间特留一绝以谢。”次日，若冲视之，见黄土上果然有几行诗。诗云：“符吏匆匆夜叩扃，便随金简出幽冥。蒙师荐拔恩非浅，领得生神九卷经。”

见林灵素把道教的神通说得活灵活现，赵佶已有七分信意。加上蔡攸在旁吹捧，他遂对道教沉迷起来。到了后来，赵佶对道教简直可以说到了痴迷的程度。据史料记载，他的生日本是夏历五月初五，但道教徒认为这个日子是贱日，福寿不足以压天下，赵佶便下令擅自将其往后移了五个月零五天，改为十月初十日。有一个道教徒上言说皇帝陛下生肖属狗，而现在京城汴梁却有许多酒店有狗肉出售也不吉利。于是，赵佶又下令禁止在京城一带屠狗。

为了表彰赵佶对道教的虔诚，当时的道教管理机构道录院特授予赵佶“教主道君皇帝”的尊号。

公元一一二六年，金兵大举南侵。由于赵佶的腐败、昏庸，以宗望为首的金军在北宋叛将郭药师的配合下直取汴梁。迫于无奈，这位道君皇帝传位于其子赵桓。一年以后，金兵再次南侵，赵佶与赵桓（钦宗）一起被俘，北宋灭亡。八年以后，公元一一三五年四月，赵佶不堪精神折磨，死于金朝五国城。

这一年，他五十四岁。

从亡国之帝到一代高僧

——南宋恭帝赵㬎

◎敌方主帅语苍凉
谁怜寂寞身后名

◎一代高僧伟绩在
留子千古史难明

宋朝时有一个名叫林和靖的，一生立志不入仕途，终日以梅花和仙鹤自娱，留下了“梅妻鹤子”的美名。在其故去以后，有许多人填词赋诗吟咏过他。诸如“梅鹤因缘请入梦，莼鲈滋味冷相陪”等，不一而足。

在众多的咏林诗中，有一首五言：

寄语林和靖，梅花几度开？
黄金台下客，应是不归来。

此诗写得慨慷悲凉，内中蕴涵着丧国离乡的辛酸。诗的作者系南宋恭帝赵㬎，诗是他国破家亡、身处敌国荒僻之地时的感怀之作。

赵㬎，南宋度宗皇帝赵禥之子，曾受封为嘉国公。他非度宗长子，按通例本无承继大统的希望，只是由于奸臣、权臣贾似道为了在度宗死后便于控制国柄，在众皇子中选择了年方四岁的他，他才得以于公元一二七四年成为南宋王朝的第七任皇帝。

由于自己年幼，更由于内有太皇太后谢道清垂帘、外有权相贾似道秉政，赵㬎也不像大多数亡国之君那样昏聩荒淫，所以在位期间，他本身无甚大事可言。

赵㬎的真正传奇是从他的国家行将倾覆之际开始的。

敌方主帅语苍凉
谁怜寂寞身后名

在漫长的封建社会中，王朝更替的方式多种多样。其中，从孤儿寡母手中夺权，往往最为那些身居高位、手握兵权的野心家们所喜爱。

人们都知道宋太祖赵匡胤靠陈桥兵变从“小儿”皇帝——后周恭帝柴宗训手里夺得政权，却不知后周王朝的创始人郭威也是从后汉“小儿”皇帝——湘阴公刘赟手中夺得的政权。也许是天道轮回、疏而不漏吧，赵匡胤创立的宋王朝传到南宋赵㬎的手中时，天下已三分，而宋只存其一了。饶是如此，那位在向敌国递降表时自称“臣妾谢道清”的太皇太后仍不许赵㬎亲政。当时赵㬎的心情如何，我们不得而知。

不久，元兵围扬州，李庭芝固守不下，元军主帅伯颜挥兵渡江，破独松关。从身边的宫女口中，赵㬎隐隐得知国将不国，忍不住日夜悲啼。谢道清遣人问其故，他似有隐衷，不敢作答。

他怕什么呢？原来这位可怜的皇帝深处宫中，对宫外谁执政都不清楚。他清楚地记得发生在一年前的一件往事：

那时，其父赵禥仍然在位。贾似道挟兵自重，屡屡以辞官要挟赵禥，自命“师臣”，自比周公，群臣有言边事者，似道一概加以贬斥。有一天，赵禥闲来无事问贾似道：“听说元兵围攻襄阳差不多已近三年，我以前怎么一点消息也不知道？”贾似道听了一惊，忙问：“这话从何而来？”

“我也是刚从一个宫人那里听来的。”见贾似道不悦，赵禥忙止住话头不敢再往下深谈。退朝以后，贾似道通过其安插在宫中的亲信查出“告密者”，诬以他事，将其活活打死。此事成为当时一大新闻，在还是孩童的赵㬎心中留下了深刻的印象。是以无论太皇太后如何问他，他死也不肯道出哭的缘由。这位可怜的小皇帝，虽然号称位尊九五，但却连奸相贾似道已经被贬谪，并已于流放途中为监押官郑虎臣杀死都不晓得，他该是多么的可怜啊！

不久，谢太皇太后以赵㬎的名义向元兵请和。请和书中有这样一段话：

宋国主臣㬎谨百拜奉表言：臣眇然幼冲，遭家多难。权奸似道背盟误国，致勤兴师问罪。臣非不能迁避以求苟全，今天命有归，臣将焉往？谨奉太皇太后命，削去帝号，以两浙、福建、江东西、湖南、二广、四川、两淮见存州郡，悉上圣朝，为宗社生灵祈哀请命。伏望圣慈垂念，不忍臣三百余年宗社遽至陨绝，曲赐存全，则赵氏子孙世世有赖，不敢弭忘！

因为南宋王朝曾经不止一次地扣留或截杀过元朝的和平使者，因而元军主帅伯颜对南宋恨之入骨。见赵㬎的求和文书，伯颜冷酷地对宋使说：

“汝国执戮我行人，故我兴师。钱氏纳土，李氏出降，皆汝国之法也。汝国得天下于小儿，亦失之于小儿，天道如此，尚何多言！”

伯颜的态度决定了南宋王朝及赵㬎的命运。

南宋亡后，赵㬎与母亲全太后一起被元军押离临安北上，当年五月到达元大都。

其时，元王朝的统治者（大汗）是忽必烈。与元王朝的其他统治者相比，忽必烈算是一个比较温和的皇帝。在他的授意下，赵㬎被降封为瀛国公，后又被封为开府仪同三司、检校大司徒（皆系虚衔）。

在不明真相的人看来，赵㬎的命运似乎比一般的亡国之君强一些，起码他还保住了自己的性命。但是，有谁知道赵㬎心里的悲哀呢？

被押北上的途中，与赵㬎朝夕相处的安康朱夫人、安定陈才人及两个宫女不堪忍受元兵的凌辱自缢而死。死前，留下了“不免辱国，幸免辱身”的遗书。这件事对赵㬎的刺激较大。

日居月诸，赵㬎由一个“小儿”长成一个大人。这时，他所客居的元王朝宫廷内部出了一件大事。

这事发生在公元一二八五年。执政已达二十五年之久的元世祖忽必烈，有一日退朝后批览群臣的奏章，发现有个御史上表，以“陛下春秋已高，而太子年事渐长”为由请忽必烈禅位于皇太子真金。于六年前完成扫平南宋、统一天下大业的忽必烈此时虽已年近古稀，但仍志得意满，精力充沛，根本没有内禅的打算。览此奏章，他怫然不悦。此时有人“恰到好处”地奏告，说不久以前发生的王著怒斩阿合满（奸相，忽必烈的亲信）事件的主谋也是皇太子。本来就已疑心重重的忽必烈听了不辨真假迁怒于真金，一贯忠善孝顺的真金闻知此事忧惧交加，不久，一病不起。

三年以后，忽必烈得知了太子蒙冤真相，不由伤心欲绝。这位古稀之年的老人受不了这个刺激，益发变得多疑起来。

这一年（1288年）十月的一天，上早朝时，忽必烈忽然传下旨意：令瀛国公赵㬎自尽。

一向谨小慎微的赵㬎国破家亡之后，从来也未惹过事、生过非，更没有像南唐后主那样以诗词诽谤新朝，忽必烈为什么要杀他呢？原来，这里面又有一个真实的故事。

下旨的头天晚上，忽必烈做了一个梦。他梦见有一条小金龙张牙舞爪缠住了金銮宝殿的支柱，而且越缠越紧，眼看要将玉柱弄断。梦可能是无意识的，但做梦的人却留了心。第二天，时已为元臣、受封为瀛国公的赵㬎随文武群臣早朝，恰好站在忽必烈梦中所见盘龙的龙柱下。“前朝天子”、“金龙”、“盘龙柱”这几样东西这般巧合，使一向相信因果报应的忽必烈心里感到十分忌讳。《周易》中“潜龙勿用”一语又浮现心头，是以有了前文所述的一幕。

为了求生，赵㬎“乞从释，号合尊大师，往西天受佛法”。后人有诗咏其事云：

皇宋第十六飞龙，元朝降封瀛国公。元君诏公尚公主，时承赐宴明光宫。酒酣伸手扒金柱，化为龙爪惊天容。元君含笑语众臣，风雏宁与凡禽同。侍臣献谋将见除，公主泣泪沾酥胸。幸脱虎口走方外，易名合尊沙漠中……

得到忽必烈的“恩准”以后，赵㬎暂时保住了性命。

公元一二八八年十二月，在忽必烈派人“保护”下，赵㬎离开元大都，前往“天高云淡，望断南飞雁”的吐蕃习学佛法。

长途跋涉以后，赵㬎来到目的地萨迦寺。出家后他更名为合尊法师，又号木波讲师，开始了漫长的僧侣生活。

一代高僧伟绩在
留予千古史难明

从景色秀丽的南方迁居到天似穹庐的北国，从瀚海阑干百丈冰的元朝大都、上都，辗转来到“春风难渡”的青藏高原，赵㬎从此开始了他的僧侣生活。

在人们的印象中，僧侣的生活是闲而无事的，“因过竹院逢僧话，又得浮生半日闲”嘛。其实，这在很大程度上来说属于一种误解。因为，这只是一部分僧侣的生活。

至少有两种僧侣因其特殊身份是与闲暇无缘的。其一为刚刚出家的小和尚。他们整日里打柴担水，习诵经书，恨不得变成千手如来、赤脚大仙，忙！另一种是学问僧。他们往往是天纵英明，虽然斩断尘缘，但慧心未泯，或因情、或因罪而遁入空门，遂矢志以毕生聪明才智奉献佛学，也忙！

赵㬎，做的就是后一种和尚——学问僧。

国破家亡的惨痛，个人命运的起伏多舛，使赵㬎恍恍惚惚地觉得冥冥中有一种看不见、摸不着的东西在主宰着人生，于是他潜心佛学。

经过十数年的不懈努力，赵㬎终于通晓了藏文，并且贯通了佛学，成为当地有名的学问僧。他甚至还担任过他所在的萨迦寺的总住持。据说，他于佛学诸经均有研究，尤对因明一门浸淫颇深。因明系古印度佛教学者创立的一门研究论辩逻辑的学问，素以难懂难译而著称。

经过数年的努力，赵㬎将《因明入正理论》《百法明门经》这两部汉传著名经典译成藏文，受到了当时诸多学问僧的好评。

出家的生活是清苦的，山居又很孤寂。

赵㬎所居的寺院系喇嘛寺，寺内的喇嘛按元代习俗是不禁婚姻的。虽已年近五十，但却已经尝过“个中滋味”的赵㬎自然也不能不为情欲所动。

公元一三一八年，元皇族赵王经过赵㬎所居住的萨迦寺，见赵㬎孑然一身，忽然动了恻隐之心，留下了一个姓罕禄鲁、名叫迈来迪的回族女子与他作陪。隔了一年，这名回族女子为赵㬎产下了一子。按说，赵㬎的故事差不多就该结束了——倘若没有新生下来的这个儿子的话。

赵㬎新生的这个儿子后来的去向在之后相当长的一段时间里，成了一个扑朔迷离的问题。有一种说法最为耸人听闻。这种说法是这个婴儿几经周折，后来成了元王朝的最后一任皇帝——元顺帝。

此种说法最早见于《庚申外史》，其后又见于《符台外集》。据二书记载：赵㬎奉诏居于甘州山寺。有赵王者因嬉戏至其寺，怜㬎老而且孤，召一回族女子与之。延祐七年（1320年）女子怀孕，四月十六日夜产下了一个男婴。元王朝周王和世㻋刚好路过该寺。和世㻋这位未来的元朝皇帝（元明宗）见赵㬎一家所住之处上空有龙纹五彩气，即按图索骥，找到了赵㬎的住处。命侍从将赵㬎唤至近前之后，和世㻋开口问道：“子之所居，得无有重宝乎？”

赵㬎小心翼翼地答道：“没有。”

和世㻋不信，一再追问，赵㬎不得已答曰：“今早五更后，舍下生一子。”

和世㻋一听大喜过望，命人强行把这个新生儿连同罕禄鲁迈来迪一起带走。据说，此子后来成了元顺帝。

后人有诗专咏其事云：

是时明宗在沙漠，缔交合尊情颇浓。合尊之妻夜生子，明宗隔帐闻笙镛。乞归行宫为养子，皇考崩时年甬童。

但此说往往为正统的史学家们所弃而不取。

据说，过了一百多年，靠“清君侧”从侄儿手中夺得政权的明成祖朱棣，在观看历代帝王图像时，也曾因元顺帝妥懽帖睦尔与和世㻋长相迥异，而发出“元顺帝不像元朝列帝而像宋朝列皇”的慨叹。

其中真假，一时难辨。

公元一三二三年，赵㬎因诗文获罪，被赐死。

后人论曰：赵㬎其人，虽做过皇帝，但不以帝王之身显；虽然出家为僧，却娶妻生子，不以独身终；虽有子嗣，但其后身世却扑朔迷离，不知困惑了多少史家和非史家，诚为一空前绝后之皇帝也！

死后被做成木乃伊的皇帝

——辽太宗耶律德光

◎趁火打劫立儿皇帝
当爹成癖甚是荒唐

◎灭了后唐灭后晋
死后腹空成帝羓

公元九三〇年十二月，由大辽控制的东丹地区靠近渤海的海岸上，一个三十多岁的青年男子愤懑难忍，要背井离乡，跨海远行。他这一次远行是要投奔异国，而且可能永难再回到故国家园，心情之复杂我们完全可以想象得到。

艄公又在催促他登船了，“唉！”青年男子长长叹了一口气。此人名叫耶律倍，系辽太祖耶律阿保机的长子，官封大辽东丹王。犹豫再三，他一跺脚、一咬牙，举步向船上走去。走了几步，他突然又停住了，向左右的几个侍从说道：“拿笔来！”

左右不敢怠慢，立即取海水研墨。耶律倍沉思片刻，刷刷点点在部下递过来的一张木板上写下了这样几行诗句：

小山压大山，大山全无力。

羞见故乡人，从此投外国。

然后，他把木板竖在海边，登船扬帆而去。

以堂堂的、王爷之尊，耶律倍为什么会弃国南逃？诗中的“大山”显然是他的自况，那么，“小山”又是指谁？

诗言志，要解释耶律倍南逃之谜，先要解释“小山”和“大山”的含义。我们在前面已经说过，“大山”系耶律倍自况，“小山”呢？识者答曰：“小山者，耶律德光是也。”

耶律倍的南逃，显然是和不堪忍受耶律德光的压制有关。

那么，耶律德光又是谁呢？

耶律德光是大辽的第二任皇帝。他是辽太祖之次子，生于公元九〇二年，于公元九二七年即皇帝位，当了二十一年皇帝。在他生命的最后二十一年中，他创造了中国帝王史上的好几个第一。

趁火打劫立儿皇帝 当爹成癖甚是荒唐

契丹民族是一个很有趣的民族。按照通常的说法，他们属少数民族，而按《资治通鉴》上的解释，又说他们“本东奚种，神农氏之后”，俨然又是汉民族的一个分支了。大约是在唐王朝的后期，契丹民族出了一个精明强干、能文善武的领袖人物耶律阿保机。他乘唐王朝内乱，“东征室韦女真，西取突厥故地”，使其所统民族成为一支可以左右中原的政治、军事力量。

正因为如此，中原地区的一些野心家为实现自己的某种企图时，往往都要借助于契丹，与之结盟。当然，这种结盟在耶律德光以前，往往是比较平等的，至少不像后来那样以一方的屈辱为代价。

公元九三六年，与辽对峙的中原地区出了一件大事：后唐河东节度使石敬瑭疑心后唐废帝李从珂有加害之意，起兵反叛，被后唐的平叛军队围困于太原。

三千里以外的辽上京，辽太宗耶律德光忽然进宫朝见母后述律平。小心问过母后的平安之后，耶律德光开口说道：“禀母后，儿臣昨晚做了一个梦，梦到镇守太原的南蛮石郎遣人前来进贡……”

“这孩子，净做白日梦！”述律平不以为然地说，“‘石郎’，‘石郎’！据我所知那石郎石敬瑭可比你大十来岁啊！他干吗要拜你！”

“这有什么，”耶律德光像是有点撒娇似的说，“母后没听说过这样一句话吗：‘刚会走路的爷爷，拄着拐棍的白胡子孙子’，说不定有朝一日那个石郎不但会来拜我，而且还会来管我认爹！”

述律平不以为然而又无可奈何地笑了。一来，她知道自己这个儿子生性倔强；二来，从近侍最近一个时期的飞骑谍报中，她也确实了解到后唐国内正在发生一场大的内讧。

果不其然，就在耶律德光进宫讲梦几天后的一个下午，四面楚歌的石敬瑭遣使北来，许诺割卢龙一道及雁门关以北幽、蓟等一十六州，以假兵灭后唐。

耶律德光不许。

石敬瑭加上“许输岁绢三十万匹”。

耶律德光仍然不许。

最后，石敬瑭的使节花重金从耶律德光的近侍口中了解到这位皇帝的心理，于是在所有的条款之前又加上了一条千古未闻的条款：石敬瑭尊耶律德光为父亲——这一年石敬瑭四十四岁，而耶律德光才三十四岁。

这一次，耶律德光慨然应允。

对割地、赔款不怎么在乎，而对别人尊之为父却很满意，这是不是说明耶律德光有一种给别人当“爹”的癖好呢?

我们不妨看看另外一件事：

就在石敬瑭遣使北来的同时，割据幽州的军阀赵德钧也派专人“厚币甘言”，请求契丹皇帝资助他成大事。赵德钧的条款就物质方面说不比石敬瑭的差，而且不须耶律德光为之解城下之围，但他却遭到了耶律德光的拒绝。

据史料记载，耶律德光对使者指帐前一石曰：“我已许石郎为父子之盟矣！”

一语道破天机，这个“石烂方可改”的盟誓之最起码的条件是能给别人当爹，且是当皇父立别人为“儿皇帝”！真是“前不见古人，后不见来者”之举。

灭了后唐灭后晋 死后腹空成帝𬂩

公元九三六年闰十一月，那位渡海逃到后唐的耶律倍突然接到后唐废帝李从珂的一道圣旨：赐李赞华即刻自尽。

李赞华是耶律倍南逃后的新名字，该名系当时后唐明宗皇帝李嗣源所赐。

这样一个连故国尊爵都已经舍弃了的“叛逃者”，李从珂为什么要赐他自尽呢？

原来，这是“小山”对“大山”的又一次施压，或者确切一点说，是“大山”再一次受“小山”之害。不过，这一次“小山”的主要矛头并不是直接对准“大山”的。

上文我们已经说过，“小山”耶律德光以让石敬瑭尊其为父的条件，换得他出兵解救城下之围。解围之后，四十四岁的“儿子”对三十四岁的“老爹”请求移得胜之兵，直指后唐首都洛阳，耶律德光许之。

后唐皇帝李从珂闻听此讯，心胆坠地，唯“日夕酣歌”，手下部将也都逃、降殆尽。临死之前，李从珂想到了李赞华，“不能让他活着，他的弟弟（即耶律德光）要来杀我，我也不能伸着脖子等死！”于是才有了上文中赐李赞华自尽之举。

杀死李赞华以后，李从珂与曹太后、刘皇后、儿子雍王李重美及部将宋审虔一起，携传国玉玺登玄武楼自焚。

在石敬瑭“引狼入室”的卖国路线导引之下，耶律德光灭掉了后唐。

灭掉后唐以后，这位三十四岁的“父皇”没有失言，果真立四十四岁的“儿子”为皇帝，助其建立后晋，但他“宰”起自己的“儿子”来也真够狠的了：计割燕、蓟、幽、云等十六州，每年勒索岁绢三十万匹。

这是有形的勒索，无形的欺诈更是数不胜数。

石敬瑭死了以后，其兄石敬儒之子石重贵得立，对辽称孙不称臣，耶律德光就立即派人前来责难。后晋大臣景延广亢声答辩，义正词严地对辽使说：“大晋国军民已磨好十万口剑，誓与一切屈辱他们太甚的人周旋！”

听得手下人的禀报之后，耶律德光大怒，再次领兵南下。他又以立后晋王朝的叛将为帝做诱饵，招降了后晋大将杜重威、李守贞、张彦泽等，灭掉了后晋。

这次灭后晋与上次灭后唐不同，耶律德光的手下人发现耶律德光脸上并没有几分喜色。

这不仅是因为没有“神人托梦”，更重要的还在于缺少石敬瑭那样的得力“儿臣”。

还是在耶律德光将要发兵南侵，但尚未动身之际，后晋的一位大将军刘知远就已经接受部下郭威“静则勤稼穑，动则习军旅”的建议，养兵备战，准备对付契丹。

刘知远，称帝后改名刘暠，系沙陀族人。他曾当过别人的倒插门养老女婿，仕晋，以军功封北平王，是一员能征善战的大将。更为难能可贵的是他与他的夫人都颇有政治家的眼光。

有一件事颇能说明问题：

公元九四七年，耶律德光攻入后晋首都大梁以后，刘知远受部将苏逢吉、杨邠、史弘肇、郭威等人的推戴，于晋阳称帝。

按五代时通例，每逢新主登基，常常大索天下以赏手下士兵，刘知远一开始也准备这样做。史书上说他“欲掠晋阳民财以赏军士”，他的夫人李氏劝道："您靠着晋阳一带百姓的支持，登上了皇帝宝座，未有惠泽及民，反倒要夺其生民之资。这可不是新天子所应做的啊！"

"依你说该怎么办？"在战场上"鲁莽"，但平常却较为谨慎的刘知远问妻子。未待妻子作答，深知当时"行情"的他对妻子叹息着说："我也知道这样做是饮鸩止渴，可是不这样做又怕士兵有怨言哪！"

"妾已为陛下想出了一个主意。"李氏夫人不慌不忙地说，"我们晋阳皇宫虽然比不上大梁的，但宫中多多少少还是有些东西的。陛下平素也有一些积蓄，我们可以倾其所有拿出来劳军，这样即使东西不多，也能使那些三军儿郎心甘情愿地为陛下所驱使了。我担保，这样做，陛下定会大得人心！"

刘知远听了觉得有理，遂采纳了夫人的建议。胡三省注引《资治通鉴》时论及此事，用了八个字叫"福至心灵，祸来神昧"，对刘知远夫妇赞不绝口。

得知刘知远勒兵身后的消息，在政治上并不糊涂的耶律德光在心里隐隐把刘知远当成了平生未遇的大敌。虽然生长于朔北沙漠，但由于倾慕中原文化，因而于孔、孟之道颇有浸淫的耶律德光，不由想起孟老夫子的一句名言：

"得人心者得天下，失人心者失天下。"

偏偏手下的人又不争气，那些吃足了牛羊肉、三天不碰女人就憋得发慌的契丹骑兵，见了中原花枝招展的汉家女子，真好比饿坏了的狼突然见到又白又肥的小羊，一个个丑态百出。史书记载，当时"胡骑四出剽掠，奸淫妇女"。

这下子搞得中原一带的老百姓内外怨愤，"始患苦契丹，皆思逐之矣"！

外有刘知远的大军虎视眈眈，内有百姓打"麻雀战"——不断地杀死四处奸淫妇女的小股辽兵，耶律德光怎么能够不忧心忡忡。

公元九四七年四月的一天，耶律德光下令从中原撤退。临行前，他叹息着对左右说："我没有想到中原人如此难制！"

一路上，不断有坏消息传来，耶律德光的气越来越大。临行之前，他染上了一种热疾，加上纵欲过度，走到一处名叫杀胡林（又作杀虎岭）的地方，耶律德光就再也支撑不住了，于是口吐鲜血，昏死过去。左右的人一看都慌了神，急忙七手八脚地把他救醒。醒过来之后的耶律德光神志仍然有些不清，左右的人见他嘴里嘟嘟囔囔不知说些什么，但见他咬牙切齿，不由凑上前去倾耳细听。只听这位曾领兵灭了两个中原王朝的大辽皇帝口里反复叨念："刘知远灭！刘知远灭！"

"又在那里做白日梦了！"一个平素里常受耶律德光责打的近侍心里恨恨地想道。

就在这一天，耶律德光在恨恨自语中死去。

还是在几天以前，随行亲信就派人前往上京，向太后述律平禀报耶律德光的病情，并请示方略。述律平太后下令：

生要见人，死要见尸！

这下子可难坏了随行伴驾的众文武："活着见人"这容易，"死要见尸"这可就难了！要知道，杀胡林距上京近千里，而其时又正逢盛夏，死了的尸体怎能保存到上都？就地火化或埋葬又都有抗旨不遵的嫌疑，怎么办？

想来想去，随军太医和御膳师不约而同地想出了一个主意：

做"羓"。

羓是什么东西？

原来，辽国地处漠北，其民多以羊、牛肉为食。由于系分散游牧，有时杀上一整头羊或一整头牛一顿吃不了，又赶上夏季，于是只好掏空了牛羊的内脏，用盐巴卤上，这样即使在炎热的夏天，也可以保持很长一段时间不致腐烂。

"对，就是它！"太医与御膳师向耶律德光的部下讲出了这个主意。因为别无选择，这个本来是用以对付畜生的办法，就空前绝后地用到了辽太宗耶律德光的身上了。

太医和御膳师一齐动手，掏空了耶律德光的内脏，然后"实盐数斗"，做成了颇具中国特色的"木乃伊"。

一开头，耶律德光的亲信们还对这样处理皇帝尸体的办法予以保密。

但纸怎能包得住火！不久，中原百姓，甚至辽的下层人民都知道了这一消息，不知是谁灵机一动，给这位谥号太宗的辽帝来了个“私谥”：帝羓！

这真是：

浮生着甚苦奔忙，盛席华筵终散场。灭了后唐灭后晋，后晋灭后一命亡。死后还遭人唾骂，千古称奇一帝羓！

靠掷骰子给群臣授官的皇帝

——辽道宗耶律洪基

◎视国家如赌场
掷骰子选官员

◎因一诗而杀皇后
千古无情骂名扬

不读书有权，不识字有钱，不晓事倒有人夸荐。
老天只凭忒心偏，贤和愚无分辨。
折挫英雄，消磨良善，越聪明越运蹇。
志高如鲁连，德过如闵骞，依本分只落得人轻贱。
……

这首出自元代无名氏之手的散曲道出了一个事实：在两千多年漫长的封建社会中，尽管“学而优则仕”被视为士大夫步入仕途的唯一正路，但还是有许多人宁肯舍弃正路而去经营旁门左道。因为后者虽不是正路，但却是捷径，可以早得实惠、快得实惠。走捷径者常为人们所不齿，鼓励和倡导别人走捷径的人，如皇帝呢？我们是否也应当将其放在历史的广角镜头之下，做一番透视呢？

公元一〇五五年八月己丑日，大辽第七任皇帝、辽兴宗耶律宗真在巡游秋山，驻宿北峪时病死。同日，他的长子燕赵王耶律洪基继位，是为辽道宗。道宗皇帝，字涅邻，小字查剌，在兴宗一朝曾先后担任过北南院枢密使事、尚书令、天下兵马大元帅等职。像那位比他稍前的南宋道君皇帝一样，耶律洪基可一点“正道”都没有。

视国家如赌场
掷骰子选官员

梁羽生笔下的张丹枫，靠掷骰子赢下一座快活林，羡煞了读者诸君。生活中倘若真有张丹枫，那他读了《辽史》之后，会不会感到愧煞呢？因为与辽代的耶律俨比起来，他只不过是一个“小巫”而已，后者得辽道宗的恩准，竟靠掷骰子来赢“一人之下，万人之上”的宰相高位。耶律俨奇，辽道宗更奇……

耶律洪基是三十四岁即位的。即位之初，他正当而立之年，有过文武方面的种种历练，还是很想有一番作为的。比如，当时皇宫内有一些隶属于鹰坊的人，借口要为皇帝猎鹰而乘机危害乡民。像南宋的“花石纲”一样，使京城周围的百姓无法忍受。有一个臣子把这件事报告给耶律洪基，他马上就下令禁止鹰坊使胡作非为。还有一次，耶律洪基来到春水县，当地官员按惯例要从州里要钱，时任长春州钱帛都提点的名臣大公鼎严词拒绝，并向耶律洪基奏报了这件事，他也支持大公鼎拒付钱财，而且不久还把大公鼎提拔为大理卿。

但是，随着年事日高，到了当政的晚年，道宗皇帝渐渐地把他的主要兴趣转向钓鱼、游水。真个是：

一叶舟轻，双桨鸿惊。水天清、影湛波平。鱼翻藻鉴，鹭点烟汀。

过沙溪急，霜溪冷，月溪明。

重重似画，曲曲如屏。算当年、虚老严陵。君巨一梦，今古空名。但远山长，云山乱，晓山青。

在《辽史·度宗本纪》中，耶律洪基“如混同江、鸭子河、鸳鸯沟”的记载明显地多了起来，而处理国政的有关记载却日见其少。

到了公元一〇九〇年，每三年一度的科举取士的殿试之期又已临近。那些凿壁偷光、囊萤映雪的读书人受尽十年寒窗苦，个个希望一举成名天下闻。负责科举之事的礼部主事和负责殿试之后铨选工作的吏部官员一起，前往皇帝所住宫殿，请示此次殿试的准备工作及殿试之后铨选细则。

正一心扑在钓鱼上的耶律洪基懒洋洋地说：“殿试？什么殿试？殿什么试？”

“启禀万岁，就是请您当面测试那些举子，以便为我大辽铨选一批干练人才啊！”

“噢，这个事啊！你们去办不就得了，干吗老来烦我？”

“陛下，这殿试岂能由臣子主持？祖宗之法上……”

“祖宗之法？祖宗之法岂是为我而立？”耶律洪基不耐烦地挥了挥手，像是觉得自己的自尊心受了什么伤害似的吼道。

“不管怎样，务必请陛下出席。”

“好吧！好吧！既然你们非摽着我不可，那我就去殿试那班举子。不过话可得说明白了，‘殿’我可以去，但‘试’什么可得由我定。”

礼、吏二部的官员心想，只要你去就不算出大格，再不把祖宗之法放在眼里，谅你也不会出什么“新”点子，于是三呼“万岁”后退了出来。

次日，五更鼓刚刚打过，耶律洪基就已穿戴整齐。近年来，一向懒起的他，今日却一反常态，惹得外面服侍他的两个宫女悄悄咬耳朵：

“姐姐，今天主子爷这是怎么了？莫不是日头要打西边出来，怎么起得这么早？而且还这样兴致勃勃？”

“听说是要去前边殿试各地来的举子。”

“但听里边的公公们说，主子爷近些时候可是对什么早朝、晚朝、殿试之类的事不感什么兴趣啊，而今天……？”

“嘘，禁声！等着瞧吧，今天主子爷说不定会有什么‘新点子’呢！”

两个宫女的话一点也没说错，耶律洪基之所以显得这样兴致勃勃，的确是因为他想出了殿试的“新点子”。

原来，隋、唐以来，尤其是与辽并峙而文化程度上远胜于辽的宋朝，科举取士的最后一关殿试（又称廷试），通常都是要由皇帝亲自出题、亲自批卷、亲自圈点、亲自铨选的，这就是通俗小说中经常提到的“御笔点状元”。殿试时，皇帝所出的题目大多与国计民生有关，像什么“一史”、“三史”、“开元礼”啦，什么“明书”、“明法”、“明算”啦，不一而足。中心目的无非是为封建王朝选拔“志行修谨、清平干济”的驯服人才。殿试以后，中选者一甲三名，赐进士及第。其中第一名通称为状元，第二名通称榜眼，第三名称探花。二甲均赐进士出身，其第一名称传胪。三甲均赐同进士出身。

这些做法和通例，耶律洪基都完全清楚。在他执政的前期，他也确实是这样做的，但今天他却不想再弄那些老套子了。

不久以前的一次微服出玩，他曾到过一家勾栏瓦舍。那里边的三教九流掷骰子赌博给他留下了深刻的印象，只不过赌起来以筹码计输赢、以金银论得失，令他感到并不过瘾。他想，我何不把我的国家、我的朝廷看作是一个大赌场，把那些一心想做官的士子文人看成是赌徒，让他们用掷骰子的方式，为了功名富贵放手一搏呢？这样输赢得失全取决于命运，我自己岂不也免去了出题、圈点、铨选之苦，何乐而不为呢？据说唐太宗李世民见天下举子进入考场时，曾有“天下英雄入吾彀中矣”的慨叹，他可不如我。他视天下举子为英雄，我视他们如赌徒，孰优孰劣，明眼人自会明白的。因此，从礼、吏二部官员坚请他前往那一瞬间，他就萌生了“耍戏”这班人的念头，看他们以后还来不来打扰我钓鱼、玩水的兴致了！

见天色已经微明，耶律洪基断喝一声：“起驾！”一应太监及礼、吏二部的官员陪同皇帝来到了文华殿。

坐下之后，耶律洪基环视了一下已经准备好了笔墨砚台的莘莘学子，以一种漫不经心的口吻说道："你们都是才高八斗、学富五车的才子，因此，考你们文章、经济、诗词歌赋之类，恐怕也算不了什么。今天的殿试，什么文章策问我全都不考了。"

"不考了？"端立于皇帝身后的礼、吏二部官员及跪在丹墀之下的莘莘学子听了不禁一愣："不考文章策问，怎么殿试？"

环顾了一下四周，耶律洪基见大家似乎全对他的话感到困惑，不禁得意地干咳一声，说道："对！今天我要你们用一种新法子决出高低！"

"新法子？什么新法子？"

"说新也不新，就是让你们四个人一组掷骰子。谁的点数多，谁就是该组第一。依此类推，胜了所有人者，朕就御笔亲点他为一甲头名。"

"陛下！"端立于侧的礼、吏二部官员听了，不由得暗暗叫苦。他们想说：这殿试之法起自唐代则天大圣皇太后垂帘听政之时。自我大辽开国以来，一直为我大辽列祖列宗所沿袭，已成为法度，岂可用掷骰子的方式代之？但还没容他们说出来，耶律洪基就已经显得有些不耐烦了。他把手一挥说："不要说了！我不来主持殿试时，你们非请我不可，我应了。算起来，我已经迁就你们一次了。当时，我已有言在先，'殿'我可以来，'试'由我做主，我记得你们已经答应了，对吧？"

见皇帝说到这个份儿上了，礼、吏二部官员谁还敢再说什么——皇帝毕竟是皇帝啊！

"来啊！"耶律洪基一挥手，"把骰子盒给我搬上来！"

一场掷骰子比赛开始了。

经过一番激烈的角逐，析津（今北京）人李若思技压群雄，夺得总分第一。

殿头官报上殿来，并将骰子的花色、点数以及搭配的名目报给耶律洪基，他听了之后拍案叫好（赌博方面他也是个大行家），连连说道："此上相之征也！此上相之征也！"

当场赐李若思以国姓——"耶律"，并为之更名为"俨"。自兹以后李若思就以耶律俨的名字出现在《辽史》中了。接着，耶律洪基御笔亲点李若思——耶律俨为一甲第一，实封大理寺卿，以后累迁景州刺史、御史中丞、山西路都转运使，后来更被晋封为漆水郡王。

因一诗而杀皇后 千古无情骂名扬

“一枝红艳露凝香，云雨巫山枉断肠。借问汉宫谁得似？可怜飞燕倚新妆。”李太白兴之所至，醉草谪仙书，被人诬以有辱贵妃而遭赐金放还。后人论及此事时，常责唐玄宗有识才之能而无用人之量。但若与辽道宗皇后萧观音相比，李白的遭际就算不了什么了。因为后者竟因一首诗——也是借写赵飞燕姐妹咏史的，而惨遭杀身之祸。比较起来，唐玄宗与辽道宗哪一个更好一些呢？

在中国文学发展的漫长历史中，辽代不是一个值得一提的时期。有些比较苛刻的人，甚至把辽代称为中国文学发展史上的“沙漠地带”。这种说法可能有一定道理，但倘若就此推论，认为有辽一代文学创作一无可观，那就有些失之偏颇了。俗语云“沙漠之中往往有绿洲”。在沉寂的辽代文学创作者行列中，有一个女诗人的经历、创作及遭遇，分外惹人注目，这个人就是辽道宗的皇后萧观音。

萧观音，出身辽国的名门望族。其家世代与皇室通婚，她的姑姑萧耨斤乃是道宗皇帝的祖父辽圣宗耶律隆绪的皇后。因此，细论起来，她与她的宝贝丈夫耶律洪基还是姑侄呢！史书上说她“姿容冠绝，工诗，善谈论。自制歌词，尤善琵琶”。她是辽道宗还没有登上皇帝宝座以前迎娶的。

婚后的最初一段生活，萧观音过得十分美满：本人多才多艺，丈夫不久就登上皇帝宝座，加之又为大辽生下了一个太子，因而，差不多独占了皇帝的宠幸。真个是“后宫佳丽三千人，三千宠爱在一身”。

但是幸福、平静的生活背后却潜伏着难以摆脱的危机，因为她有一个并不贤明的丈夫。说这是物极必反也好，说这是静水下面有深潭也好，总而言之，这是一个令人扼腕叹息的历史悲剧。

事情是由一首词和一首诗引起的。

原来，在萧观音所处的时代，词既是一种文学创作的形式，也是一种音乐吟诵的谱本。换言之，词是可以吟诵，也可以引吭高歌的。萧观音曾作有《回心院》词一组十首。由于她的词文理皆具、辞藻纷呈，在当时所有的宫廷伶官中，只有赵惟一能够将之演唱得传神而且动听。因此，当时有人把皇后的词、赵惟一的演技并称为“双绝”。

萧观音的死对头、大奸臣耶律乙辛深知这一点。他收买了一名叫单登的宫女，如此这般地面授了一条毒计，叫她去陷害皇后。

一天，单登带着耶律乙辛交给她的《十香词》去见萧观音，鼓吹道：“这是南朝宋国忒里蹇（皇后）所作。倘能得到您的亲笔书写，就可以称得上是词、书二绝了。”

胸无城府的萧观音其时正有闲暇，经不住单登的撺掇，提起笔来刷刷点点，不一会儿就把《十香词》抄在了一幅宣纸之上。写完之后，意犹未尽，她又口占一首《怀古诗》，书写于后。诗云：

宫中只数赵家妆，败雨残云误汉王。

惟有知情一片月，曾窥飞燕入昭阳。

这首诗咏的是中国历史上人人皆知的汉成帝与其皇后赵飞燕的故事。主题无非是说身为皇后，不能冶容误国。

但诗到了单登和耶律乙辛手里却变成了一件害人的至宝。耶律乙辛拿着抄有这首诗的那张宣纸去见道宗皇帝，声称接得密报，宫婢单登与教坊司朱顶鹤状告皇后与伶官赵惟一关系暧昧。

“何以见得？”耶律洪基显得有些聪明似的问道。

“有诗为证。”

“什么诗？读来我听。”

耶律乙辛一字一句地为耶律洪基读完了那首《怀古诗》。在“赵家妆”与“惟有知情一片月”等处刻意加重了语气，又如此这般地解释了一番。耶律洪基听了大怒，命令耶律乙辛与张孝杰审理此案。审理的结果是将赵惟一处死，株连他的九族；皇后也被勒令自尽。

当时有名的贤臣、大理卿大公鼎就此事专门上书替皇后和赵惟一鸣冤。耶律洪基把大公鼎找来训斥道：“你不要以为自己平反了一些冤狱就想连这个案也要翻。告诉你，这个案是谁也翻不了的！”

“陛下，臣愚，不知皇后犯有何罪？”

“你是真的不知，还是故意和我装糊涂？告诉你，那个贱人亲手写下的那首诗就载有她的自供状。”

“何以见得？”

“那是一首藏头诗。”

“藏头诗？”

“对！你看，‘宫中只数赵家妆’一句含一‘赵’字，‘惟有知情一片月’中含‘惟一’，反转回来与第二句‘败雨残云误汉王’合起来，说的岂不是‘赵惟一误汉王’吗？必是那个贱人与赵贼做下了什么伤风败俗之事，后又生忏悔之情，是以才有《怀古诗》之作。”

“陛下，臣不敢苟同。依臣愚见，皇后的这首《怀古诗》系见到南朝皇后所作的《十香词》有感而发。‘赵’者系赵宋王朝之‘赵’，与什么赵惟一、赵飞燕都搭不上边。它的主旨是自戒，告诫自己不要像南朝宋国皇后那样冶容误国，根本不是什么藏头诗。因为据臣所知，藏头诗者，藏头一字之诗也，决不会头上藏一字，中间藏两字。”

“你懂什么？你是皇帝？还是我是皇帝？我说《怀古诗》是藏头诗，它就是藏头诗！”说完，耶律洪基衣袖一拂，转身就走，把大公鼎晾在了那里。

耶律洪基，作为皇帝可以“一言九鼎”，处死皇后，驳回大公鼎的申诉。但他本人却无法随心所欲地自创一种新的藏头诗。因为在人们的心目中，藏头诗确如大公鼎所说，系一种“藏所言之事于诗句之首”的杂体诗。像大家所熟知的《水浒传》中智多星吴用题在卢俊义家里墙壁上的那首“芦花丛里一扁舟，俊杰俄从此地游。义士若能知此理，反躬逃难可无忧”（暗含“卢俊义反”四个字）就是标准的藏头诗。耶律洪基一口咬定他的妻子所作的诗是一首藏头诗，除了显示出他的专横以外，还在一定程度上暴露了他的无知。

公元一一〇〇年十二月，这位屡次闹出“靠掷骰子给群臣授官、自创藏头诗新解”的大辽皇帝一病不起。次年正月甲戌日，在交代了后事之后耶律洪基病逝。死后，他被安葬在庆陵。

为子所弑的三姓君王

——西夏景宗李元昊

◎随时势三姓更替 平叛乱称帝立国

◎尚武而不武道 创文字轻文化

公元十一世纪初的一〇〇四年，宋、辽两国签订了《澶渊之盟》。自唐末安史之乱以来，一直战乱频仍的中国北部边疆，开始出现一片祥和之气。占据中原的北宋王朝一片歌舞升平，一切似乎都那样完美，仿佛从此就不会再有什么灾变发生。

谁知好景不长，三十六年以后，一向平静的北宋王朝西北部地区突然不再平静——原北宋定难军节度使、西平王李元昊突然领兵南犯。直到此时，一向只以辽为劲敌，而根本不把西凉等处放在眼里的北宋王朝的君臣们，才把迷惘的目光投向遥远的西北：李元昊，究竟是个什么样的人呢？人人都暗暗在心里问自己。

随时势三姓更替 平叛乱称帝立国

在研读《宋史》《西夏书事》《辽史》《金史》等史籍中的西夏部分时，人们会发现西夏国的开国皇帝一会儿姓李，一会儿姓赵，一会儿又姓一个很怪的姓“嵬名”。他的名字也是多变的，一会儿叫李元昊，一会儿叫赵曩霄，一会儿又叫一个很怪的名字“嵬名嵬理乌珠”。把人搞得眼花缭乱，不知道这位皇帝大人有什么病。

什么病呢？什么病也没有。

公元七世纪时，有一个复姓拓跋名赤辞的党项贵族，带领他的部众离开祁连山南的柴达木盆地，投靠当时的唐王朝。“天可汗”李世民赐拓跋赤辞以国姓“李”——这就是“李元昊”的“李”姓之由来。李赤辞即拓跋赤辞，乃是李元昊有案可查的远祖。

北宋定鼎于汴梁，威服了当时中原各处的割据势力。僻处西北一隅的李赤辞的后代、原唐定难军节度使李继捧“以诸父、昆弟多相怼”举家降宋。宋太宗赵光义亲改其姓为“赵”，赐名“保忠”。赵保忠与其弟赵保吉一边接受宋王朝的赏赐，一边向与宋对峙的辽暗送秋波。不久，赵保吉病死，子赵德明继位，史称“德明于本国则称帝，奉表于宋、契丹，则去帝号而称臣”。

李元昊是赵德明的儿子。他从父祖那里除了承袭下来一笔数目可观的“遗产”以外，还继承了赵、李两个姓氏，加上他“又名曩霄，小字嵬理”，这样，在浩如烟海的史籍中就出现了一人而三姓、三姓复三名的“咄咄怪事”。

一人而三姓，很容易使人想起三国时代那位有名的“三姓家奴”吕布。其实，这样的联想是错误的。吕布一人而三姓（丁、董、吕）是无耻的行为，而西夏帝国这位开国皇帝先姓李，后姓赵，继而改嵬名，却是一种团结族人的策略。

公元一〇二八年，李元昊（为称呼上的方便，我们在本文中一律从俗，对这位西夏开国皇帝以“李元昊”称之）因领兵攻克西凉府有功，而被其父赵德明立为太子。三年后，赵德明病死，野心勃勃的李元昊嗣位，改年号为“显道”，开始不奉北宋正朔，准备自己立国。李元昊此举遭到了一班守旧贵族的反对。在以果断措施平息了旧贵族的叛乱以后，李元昊索性大干起来，建国号为大夏，定都兴庆府，改年号为“天授礼法延祚”，自称“始文本武兴法建礼仁孝皇帝”。

为了团结族人，使党项能与他在称谓上有一种主观认同感，李元昊改用党项族姓嵬名，又废去北宋给他的“西平王”封号，而以党项语“乌珠”（又作“兀卒”，意为“青天子”，犹如汉语“天子”之意）自称。

在位期间，李元昊从便利于其统治的角度出发，不仅更改了自己的姓名、称谓，而且还亲自厘定了西夏帝国的军制、官制、法制，创造了西夏文字，刻印了书籍。一时之间，使这个方圆万里的少数民族政权成为西北一强。

尚武而不武道 创文字轻文化

有一位史学家在论及李元昊时说他“武艺高强，精通汉文，熟读宋朝法律、兵书，还能画画，是个文武全才”，这种评价实在有点太过，笔者不敢完全苟同。

不错，李元昊确实比较擅长用兵，先后把陷落在回纥部落中达一百余年之久的河西走廊，包括凉州、瓜州、沙州、兰州全部收复，而且还于公元一〇四一年大败任福统率的宋朝大军。但那些战役或因对手是比他落后的回纥部落，或因对手大意轻敌，他方才得手。倘若遇到一个比他更强的敌手时，他的武就只能变成较力不较智的“武”了。

公元一〇四〇年，李元昊领兵进攻北宋西北军事要塞延州，给了宋军重重一击。北宋派遣名相兼名将范仲淹、韩琦到西北边境主持军事。北宋、西夏处于相持状态。李元昊的手下有两员大将，一名野利刚浪稜，一名野利遇乞。这兄弟二人皆有万夫不当之勇。野利刚浪稜手使一杆长枪，曾于一〇四一年好水川口战役时，连挑北宋十三员大将于马下，人送外号“万人敌”；野利遇乞的兵器是两柄日月双刀，据说其刀出手迅捷如风，人送外号“鬼见愁”。李元昊之所以在收复西凉故地之时攻必克、战必得，大半都得力于此兄弟二人。

公元一〇四二年，李元昊却突然命人将野利刚浪稜宣来赐死。

李元昊是不是发疯了，怎么会干起自伤左膀右臂的蠢事来？

原来，李元昊刚刚从与北宋军队对峙的延州前线返回兴庆府。在延州前线，他遇见了一件令他十分恼火的事：有一个名叫王嵩的北宋军官亲携蜡丸书信，前往他的临时行军帐篷，说是有一封信要交给野利将军。看这个名叫王嵩的宋朝军官呆头笨脑的样子，李元昊自作聪明地与他开了个“玩笑”，对他说：“我就是野利，你有什么事就快说吧！”

“你就是野利将军？”王嵩似乎带有几分不信任似的问。

“一点没错。你有什么好消息要带给我啊？”

“野利大人，不，野利大将军，可找到你了。”王嵩很“激动”地说，“我们种世衡种将军（时任延州前线宋军主将）有封密信要在下带给你。”

“噢？”李元昊简直有点不敢相信自己的耳朵了。他强抑心中愤怒，问道：“信在何处？”

“信嘛，”王嵩说到这里，故意迟疑了一下，“你真是野利大将军？那你的那杆枪我怎么没看到？”

“真是乱弹琴！”李元昊忍不住骂了一句。自觉失口，他强装出一副笑脸哄王嵩说，“枪嘛，自然是打仗的时候用的了。那又不是腰带，怎么会老带在身边？”

“也是！也是！”王嵩似有所悟地说。

“那你快把书信给我，好不好？”

“行啊！”王嵩一边应着，一边从身上破棉袄的一块“补丁”里拿出一个小小的蜡丸。

李元昊一把夺过蜡丸，捏碎了之后，里面果然是一封密信。密信中除了几句寒暄之语以外，还有这样几句话：“元昊悖逆天朝，早晚就戮。唯将军能顺天应人，效忠我大宋王室。闻逆贼元昊将于近日前来，请将军届时将其扣押，朝廷必有重赏，连同以往传递情报之功，万户侯不难致也！”

“反了！反了！”还没等看完，李元昊就已气得暴跳如雷，“我叫你将我扣押！我看谁扣押谁！”

由于自诩是个喜怒不形于色的英主，李元昊故意不露声色，在前线待了几天之后，才返回首府兴庆府。回到兴庆以后，他以商量军情为名，将野利刚浪棱从前线召回处死。

不久，李元昊又接到手下人送来的“木板条文”——据说是宋军主帅祭祀野利刚浪棱的祭文。由于烟熏火燎，板上的字已模糊不清，只依稀可辨这样一句话：“尔与天都将军（野利遇乞被封天都将军）矢志同归本朝，而未克成功……”

“啊！连野利遇乞这厮也不是好东西。我说我杀野利刚浪棱的时候，他玩命似的谏阻，给我一块杀了！”李元昊恨恨地说。

就这样，野利遇乞也死于李元昊的刀下。

李元昊难道真有这么大的福气，一连破获两桩“叛国案”吗？

根本不是！上述一切都是宋朝名将种世衡所施的反间计。按理说，这样的反间计，本来很容易识破，但李元昊却不能悟出。由此可见，他对武道的研究根本不够。

尚武使得李元昊对文，尤其是文化有一种天生的厌恶感。也许会有人举出他创制了西夏文字作例证，证明他并不轻文，这样举证同样是错误的。

李元昊称帝后有一天，在西夏帝国的首府兴庆府，他与自己的长子李宁明有一段很有意思的谈话。

李宁明是李元昊的长子，也是李元昊的太子。李宁明不喜武而喜文，尤其崇尚中原一带流行的儒学。见李宁明整日捧着儒家经典不放，李元昊问他道："总读汉人的书有什么用？"

"回父皇，书中有养生之道。"

"养生之道？"虽然不喜文，但却对长生、养生有特殊嗜好的李元昊问道，"什么养生之道？"

"这养生之道就是不嗜杀人！"

李元昊不屑地说，"那么我再问你，什么是治国之道？"

"莫善于寡欲！"李宁明言简意赅地回答道。

这一下子又触到了李元昊的痛处。

原来，李元昊这时正在闹"离婚"——李元昊原本娶妻野利氏。这野利氏年轻时也是颇有姿色，虽说不上有闭月羞花之容、沉鱼落雁之貌，但也确实使李元昊为之痴迷过。

但长江后浪推前浪，野利氏近日来遇到了一个强大的敌手——她的儿媳没移氏。

这没移氏本系李元昊的儿子宁令哥的妻子。李元昊见其天生丽质，强行霸占为妃。当时的西夏朝野以此为一大丑闻；中原一带的北宋人士，更是送一顶"爬灰"的桂冠给李元昊。深深以此为憾的李宁明大概尚存一些礼义廉耻之心，是以冒死以谏。

李元昊气得暴跳如雷，将李宁明责骂了一通，继续从事他的"爬灰"事业。

公元一〇四八年正月的一天，在外出行猎之时，李元昊被恨他入骨的李宁令哥刺死。

这一年，他四十六岁。

迷恋天魔舞的『鲁班天子』

——元顺帝妥懽帖睦尔

◎ 万里迁徙缘底事
只因身世道不明

◎ 初继大统颇勤政
后期腐化宠奸佞

◎ 耽于玩乐迷天魔
匠心独具造龙舟

元王朝是中国历史上第一个由生活在当时中国境内的少数民族建立起来的全国性封建政权。“其兴也勃焉，其终也忽焉”，前后经历了十八个皇帝（包括称制的乃马真皇后和海迷失皇后），却只存在了一百六十三年。其疆域之广，简直可以说是前无古人，后无来者。但管理这个庞大帝国的最高统治者——元王朝的历任皇帝却与他日见其广的疆域相反，一个不如一个。他们或崇尚武力，下令变汉人良田为蒙古铁骑的围场；或宠信西番和尚，任其奸淫妇女。到了最末一任皇帝——元顺帝妥懽帖睦尔执政之时，这个横跨欧亚的封建王朝已处于风雨飘摇之中了。

元顺帝，本名妥懽帖睦尔，生于公元一三二〇年，死于公元一三七〇年。他于一三七〇年故去的时候，本有一个庙号“惠宗”。因明太祖朱元璋觉得他“知顺天命，退避而去”，因而又下令以“顺帝”尊之。在并不很长的一生中，他几度沉浮，又几度崛起。

万里迁徙缘底事
只因身世道不明

公元一三三〇年八月，鸭绿江中的大青岛上，突然来了一行不速之客。这大青岛本属高丽管辖，历来偏僻，少有人烟，乃是当时的统治者用来流放犯人的地方。上岛之人大都是穷凶极恶之辈。但这次来的人却有些例外，为首的人还是个孩子，但见他头戴交角襆头巾，身着青绯控鹤袄。由这身打扮看，来者可能系一个学子。但他的腰间却又系着一块很大的玉佩。这玉佩按当时元朝统治者的规定，只有亲王或皇太子才可以佩戴，所以他又不像个学子。这个似亲王非亲王，似读书人又不是读书人的人是谁呢？他就是我们这篇文章的主人公、未来的元朝皇帝妥懽帖睦尔。

紧随其后的一队兵丁上岛之后如临大敌，立即沿岛靠近水面布防。

是什么原因使得这位未来的小天子去国离乡来到这鸭绿江中的不毛之地呢？

要解开这个谜，还得从头说起。

原来一三二九年、一三三〇年这两年，元朝最高统治中枢接二连三地出了几件大事。先是远在漠北的国王和世㻋，受其弟图帖睦尔禅位得登大宝，庙号明宗。但不久，图帖睦尔又将和世㻋毒死，自己又继帝位，是为文宗。文宗当国后，为了清除明宗的影响，首先向他的嫂子，明宗的皇后八不沙下手。

《元史·帝纪》上写道：明宗崩，文宗复正大位。至顺元年四月辛丑，明宗后八不沙被谗遇害。遂徙帝（即妥懽帖睦尔）于高丽，使居大青岛中，不与人接。

为什么要流放妥懽帖睦尔呢？

这里不能不提到另外一个人——南宋恭帝赵㬎。据说这位南宋小皇帝于亡国之后被俘北上，后又被元世祖忽必烈远徙吐蕃。在那里他与一个名叫迈来迪的回族女子同居，并生有一子。他的这个儿子是谁？有许多史学家断言，就是后来的元顺帝。

这里面有两种史证：

其一，据说明成祖朱棣在定鼎北京之后，有一天闲来无事，与群臣一起观看历代帝王画像，见到元顺帝面貌清癯，因而惊异地说："他怎么不像元朝列帝，而像宋朝皇帝！"

其二，系妥懽帖睦尔乳母的一份证词。在这份写于元文宗至顺元年的证词中，妥懽帖睦尔的乳母向当时权倾一时的太师燕帖木儿作证说，妥懽帖睦尔并非明宗皇帝的嫡亲骨血。

由于有了这份证词，年仅十岁的妥懽帖睦尔只好离开大都，前往高丽。

千里跋涉被押解到大青岛上之后，他对一切似乎都看透了。"难道还有什么比目前这种样子更坏的事情吗？"闲来无事的时候，这个显得过分早熟的孩子暗暗问自己。

其实，他根本没有想到新的迫害还在那里等着他呢！

又过了差不多一年的时间，元文宗图帖睦尔病重，眼看不起，打算召回妥懽帖睦尔做个姿态，却遭到了一部分权臣的坚决反对。为了杜绝后患，权臣、当朝太师燕帖木儿矫诏，将妥懽帖睦尔由高丽大青岛再远谪到广西。

也算是妥懽帖睦尔运不该绝，他被谪广西不久，接替文宗皇帝之位的元宁宗懿璘质班（妥懽帖睦尔之弟）突得暴病身亡，时年七岁。

在文宗皇后、当朝皇太后卜答失里的力主之下，妥懽帖睦尔又被莫名其妙地洗清了"血统嫌疑"，被以明宗长子的身份迎回大都。

孰料命途多舛，就在将至大都的良乡，妥懽帖睦尔遇上了前来迎接他的太师、答剌罕、大都督，领龙翊亲军都指挥使事燕帖木儿。行过见面礼之后，二人并马而行。燕帖木儿扬鞭指画，开口说道：

"公子此来大不易！"

沉默。

"国家不幸，连丧三主，宁宗皇帝驾崩之时，朝臣中曾有人主张为文宗皇帝立嗣，是老夫'舌战群儒'，太后作主，才说服了那些人，好险哪！"

沉默。

本拟想"人后使坏、人前讨好"的燕帖木儿期望在妥懽帖睦尔这里讨得一番感谢，但无论他说什么换来的总是妥懽帖睦尔的沉默。这可把他气了个半死。

要知道，这燕帖木儿可不是一个等闲人物。他是蒙古钦察贵族，六朝元老。武宗时，任同知宣徽院事；仁宗时，任左卫亲军都指挥使；泰定帝时，任同佥书枢密院事；文宗时以功封太平王、中书右丞相，行枢密院事；明宗、宁宗二朝先后任太师、答剌罕，以大都督领龙翊亲军都指挥使事等要职。史书上说他"自秉大权以来，挟震主之威，肆意无忌。一宴或宰十三马，取泰定帝后为夫人，前后尚宗室之女四十人，或有交礼三日遽遣归者，而后房充斥不能尽识"。

有一个真实的故事可以说明他的荒淫无耻和专横霸道：有一天，燕帖木儿应平章政事赵世延之邀，到赵府去赴男女杂处的"鸳鸯会"。酒会之间，见坐在角落里的一位妇女非常美丽，燕帖木儿顿起歹意，惊问左右："这是谁？"身边的人提醒说："太师忘了吗？她是您的第五十六位妻子啊！不久以前入的洞房……"

如此权高位显、说一不二，让燕帖木儿碰了个软钉子，他岂能善罢甘休。到了大都之后，妥懽帖睦尔就被幽禁于深宫，直到这一年的六月，燕帖木儿因患病不治身亡之后，妥懽帖睦尔才得以登基即位，成为元王朝的皇帝。

初继大统颇勤政 后期腐化宠奸佞

即位之初，元顺帝妥懽帖睦尔还是想有些作为的，尽管当时有伯颜、撒敦、唐其势等奸臣把持朝政，他还是对元王朝的政治、经济、文教等做了一些改革。

据《元史》记载，他“禁滥予儒人名爵”，“以地震赦天下”，不断“发国库银以赈灾民”。尤其是在至元四年（1338 年），他驳回了当时的太师、右丞相、秦王，权势炙手可热的伯颜的一项“杀尽天下张、王、刘、李、赵五姓汉人”的动议，更为人们所称道。

这件事的经过是这样的：

自从排除唐其势、撒敦的影响，推戴妥懽帖睦尔登皇帝位以后，伯颜的权势日渐显赫，他“擅爵人，赦死罪，任邪佞，杀无辜”，把诸卫精兵收为己用，府库钱帛更是随便支取，搞得天下之人只知有他，而不知有朝廷、有元顺帝。说来好笑，这位权倾一时的太师爷本身是一个极其迷信的人，他别人的话都可不信，唯有对女巫和算命人的话深信不疑。

有一次，他到一个名叫畀畀的女巫那里去算命。畀畀来自西番，极端仇视汉人，尤其是仇视汉人中张、王、刘、李、赵五大姓的人。见伯颜前来，就想借伯颜之手杀尽天下这五姓汉人。于是，她装模作样地掐弄了半天手指，然后煞有介事地说：“太师爷，您的命本来富贵至极，只是因为有汉人作祟，将来恐会大起大落，弄不好您还要死在汉人手里。”

伯颜一听，信以为真，忙惊问禳解之法。

畀畀又摇头晃脑地捣了一会儿鬼，然后说道：“要想禳解，除非杀光张、王、赵、刘、李五大姓的汉人。”

伯颜听了竟深信不疑。回去之后，他立即草拟了一道奏章，以汉人太多、蒙古人的居处日见其仄为由，要求杀掉一部分汉人。他在奏章中说："汉人中以张、王、刘、赵、李五大姓为最多，因此，欲除汉人请先从这五姓起！"

这道表章上去，中书省、枢密院都照准，自然是一路绿灯。到了妥懽帖睦尔的手里时，差不多已经决定了天下汉人的悲惨命运了。

也许是觉得伯颜此举太过荒唐残忍吧！元顺帝第一次行使了他的否决权，将伯颜的奏章断然驳回。《元史·顺帝纪》谈及此事时写道："伯颜请杀张、王、刘、李、赵五姓汉人，帝不从。"由于妥懽帖睦尔的坚持，成千上万的汉人得以幸免于一场浩劫。这无论如何也应该算得上是元顺帝的一桩德政吧！

像任何一个重要历史人物往往都具有人格上的两重性一样，元顺帝在施善政的同时也不忘胡闹，不忘放纵自己。就在他下诏驳回伯颜"杀人"奏章的同时，又亲自下令"征西域僧伽喇嘛至京师"。不远万里，召西番僧人进京干什么呢？这不能不从元顺帝所宠信的哈麻、雪雪谈起。

原来，自打入主皇宫以后，妥懽帖睦尔外受制于权臣，内又没有得到他的婶母、太皇太后卜答失里的信任，因而心里仍很苦闷。这时，一直担任皇宫宿卫的哈麻、雪雪成了他的玩伴。哈麻与雪雪系兄弟，二人乃妥懽帖睦尔的弟弟元宁宗懿璘质班的乳母所生。与元顺帝可以说有较深的渊源。加之哈麻本人又能说善道，因而深得妥懽帖睦尔的喜爱。

有一件事颇能说明他们当时的亲密程度。有一天，哈麻穿了一件新衣服。衣服很窄小，元顺帝觉得很滑稽，含着的一口茶全喷到了哈麻的衣服上，哈麻躲闪不及，也如法炮制地回敬了元顺帝一下，说："您是皇帝，皇帝难道也可以这样为上不尊吗？"旁边站着的人都为哈麻捏了一把汗，可是元顺帝并不以哈麻为不敬。

哈麻、雪雪二人为了固宠，就想千方设百计地引诱妥懽帖睦尔耽于淫乐。于是，他们就屡荐西番僧人给皇帝，让他们用自己的"独门法术"迷住元顺帝。尝到一些甜头之后，妥懽帖睦尔干脆自己下诏征召西番僧人入京，请他们来传授秘密法。

他在一份秘密手诏上说："朕尝闻人言，天子虽尊居万乘、富有四海，不过保有见世而已。近闻西番高僧专攻喜乐禅定及秘密法，于朕心有戚戚焉。想百年一瞬耳，人生能几何！为人臣者，当思朕之良苦用心！”诏书末尾附录曹孟德《短歌行》数句：“对酒当歌，人生几何？譬如朝露，去日苦多。”

在“君为臣纲，父为子纲，夫为妻纲”的封建社会中，皇帝一身兼有君、父、夫三种权威，为人臣者只能以他之所喜为喜，既然皇帝觉得“人生自古欢娱少，不惜千金买一笑”，那当臣子的还有什么说的？于是，“广取女妇，惟淫戏是乐……君臣宣淫，而群僧出入禁中，无所禁止，丑声秽行，著闻于外，虽市井之人，亦恶闻之。”

耽于玩乐迷天魔　匠心独具造龙舟

秘密法和大喜乐禅定在皇宫里流行了一阵以后，元顺帝又迷上了天魔舞。天魔舞，全称十六天魔舞，是元代最富魔力的舞蹈之一。跳舞时，十六名舞者头垂发辫，戴象牙佛冠，披缨络衣，内着大红镶金丝长短裙，嵌金五彩短衫，配以披肩，以及丝带鞋袜等。每人手里拿着法器、昙花，其中一人执铃杵敲奏音乐节拍，另有宫女十一人用白绢扎束起槌状发髻，用丝帕束腰，穿平时服饰，或者戴唐时人戴的帽子，着窄小的上衣。伴奏用的乐器有龙笛、头管、小鼓、筝、琵琶、笙、胡琴、响板、柏板等。每逢宫中举行赞佛仪式时就奏乐起舞。舞时，十六天魔幻化成美女，勾魂摄魄，迷惑世人。舞者以其娇媚的体态、婀娜的舞姿、美妙的技艺，渲染出超脱尘世、浪漫神秘的氛围。由于天魔舞以天魔被神佛降服告终，因而，迎合了以神佛自居的统治者的心理，是以深得元顺帝的喜爱。

当时诗人张昱有诗记之曰：

西方舞女即天人，玉手昙花满地青。
舞唱天魔供奉曲，君王常在月宫听。

天魔舞独有的魔力使它风采独具，很快就流传到民间。元顺帝得知这一情况后，居然亲下禁令不准民间表演观看，只有宫官中受过秘密戒者才能观看。

真是“天魔只许天子赏，民间百姓禁演观”啊!

其实，妥懽帖睦尔所下的禁止民间上演十六天魔舞的禁令可以说是多余的。因为当时天下大饥，赤地千里，人民流离失所。“山东、河东、河南、关中等处，飞蝗蔽天，壅塞人马不能行，民大饥相食。”连命都顾不上的人哪有闲心再去舞天魔呢?

当然，这些情况元顺帝是不知道的，事实上他也不想知道。因为除了迷天魔舞，性情不定的元顺帝当时又迷上了另一件事——机械设计。

至正十六年二月的一天，妥懽帖睦尔叫来内官供奉少监塔思不花，命他监制一批龙舟以备御用急需。

“可否请将作监派人根据上意绘出图纸?”塔思不花问道。

“不必，朕已有安排。”元顺帝一面说着话，一面回头叫道，“来啊，把朕弄好的那个东西拿来。”

不一会儿，小太监恭恭敬敬地双手捧着一个锦盒走了上来，跪下后将一卷东西双手呈给元顺帝。元顺帝接过后略略看了看，就顺手交给了塔思不花：“爱卿，这是朕画给你的！”

“谢陛下！”

散朝以后，塔思不花回到家里焚香更衣之后，将那卷东西打开来细细观看。但见他一会儿似有得于心，一会儿又似惑然不解，最后忍不住连连慨叹：“端的巧夺天工！端的巧夺天工！”

据史书上记载，元顺帝妥懽帖睦尔设计的龙舟，船身长一百二十尺，宽二十尺，前有竹瓦细帘的凉棚，穿过走廊到暖阁，后面是高层楼殿。龙身和殿宇用五彩绘饰，金玉镶嵌，前面还有两副龙爪。

龙舟全图中还包括附设设备——宫漏（一种计时工具）。宫漏高约六七尺，宽是高的一半。需先用木头制成一个大柜，然后将漏壶暗藏在柜内。以水作动力，水自上而下流动。柜顶有三圣殿模型。柜中央设计了捧时刻筹的玉雕仙女。每当一个时辰到来，仙女便会浮出水面。仙女左右有二尊金甲神人，神人两侧设计有钟、钲。入夜，神人逢更敲钟、打钲分秒不差。钟、钲旁边设计了狮子、凤凰，每逢钟、钲敲响时，狮子与凤凰就会翩翩起舞应和。三圣殿两侧分别设计了日宫、月宫。各宫前站着三个仙女，每逢子时、午时，两边仙女会自动合为一队，度过仙桥，到达三圣殿前舞拜，随即又退立到原处……

看着皇帝御笔所绘的图纸，一些往事涌上了塔思不花的心头。他自言自语道："怪不得常听人说圣上喜欢为臣子设计房屋住宅，甚至有时还亲手做木匠活，敢情陛下真有这份才能啊！"

按照妥懽帖睦尔的设计，塔思不花果然造出了别致的龙舟和精致的宫漏。中国科技史上由于第一次有了皇帝身体力行的参与而添上了颇为奇特的一笔。妥懽帖睦尔也因之被史学家戏称为"鲁班天子"。

公元一三七〇年，妥懽帖睦尔在应昌病逝。

劳动郑和七下西洋的人

——明建文帝朱允炆

◎性至孝而不通权变　为名所累害人害己

◎少壮被迫出家避难　花甲归来物是人非

明成祖永乐三年（1405 年）六月，苏州城外的刘家港码头上人山人海，一支船队就要起程远航。以当时人的眼光来看，这支船队的规模真是大极了：有士兵二万七千八百多名，长四十四丈、宽十八丈的大型海船六十二艘。船上还载有大量产自中华大地的金币、礼物、玉石宝器。

这样的一支巨型船队将驶向何方？已经习惯了太祖高皇帝朱元璋“片帆不得出海”禁令的大明朝苏州城的士农工商们，一个个大惑不解。他们把头探得老高，张望着、私语着，到了最后，都一片茫然地极目注视着船队驶向烟波浩渺的远方。

两年后，这支船队返回中国。

其后近三十年，这支由人称“三保太监”郑和率领的大型特遣舰队先后七次不知疲倦地奔波航行于东起中国台湾省，南至爪哇，西达赤道之南的非洲东海岸，北抵波斯湾、红海的十余万海里的浩浩大海上，历尽了艰难险阻，备尝了海上的艰辛。在时间上，他们比迪亚士发现非洲好望角（1488年）、哥伦布发现美洲新大陆（1492年）都要早上七八十年，比麦哲伦一五二一年环行世界到达菲律宾要早上一百一十多年。

耗时如此之长，耗资想必亦然甚巨的航海远行，其目的何在呢？是像哥伦布等探险家那样为了攫取巨额黄金吗？答案明显是否定的。从现有的史料上看恰恰相反，因为每次远航明王朝都要支出无数的金帛财物作为对沿途各小国君主的赏赐。是为了扩展疆域吗？更不是，大明王朝与它的前任元帝国不同，从来没有对海外存有领土野心。那究竟是为了什么呢？

《明史·郑和传》上有十二个字的解释："成祖疑惠帝亡海外，欲踪迹之。"

这十二个字诚为拨开这段若隐若现历史迷雾的千古不刊之论。说白了，那个派遣郑和下海远行的明成祖朱棣之所以不惜工本，完全是为了捕捉据云漂泊海外的他的前任，也是他的侄子与政敌的明朝第二任皇帝明惠帝（亦称建文帝）朱允炆。

这个已经失去了一切的朱允炆为什么竟会使拥有一切的成祖皇帝朱棣感到如骨在喉呢？他，是个什么样的人？

性至孝而不通权变
为名所累害人害己

人常说"龙生九种，各有不同"，同样在战乱中长大的朱元璋的各个儿子亦禀性各异。燕王朱棣善战，宁王朱权善谋，只有长子（也是太子）朱标善文而且喜文厌武。朱标曾经不止一次地劝谏朱元璋可以马上得天下但决不可以马上治天下。作为朱标的次子，朱允炆酷肖其父，恪守古制而不知变通。

洪武三十一年（1398年）闰五月初十，明太祖病死，朱允炆于同月辛卯日即位。即位后，他做的第一件事就是“诏行三年之丧”，说这是遵行孔孟周公之礼。同时，他又遵朱元璋的遗命不准各藩王（均系太祖之子，他本人的叔父）赴南京吊孝以尽天伦之情。这是一件很失策的事。固然，从表面上看，不准诸王进京可以暂时解除这些人和他抢龙椅的危险，可是细细想来，这个举动又等于明摆着向诸王宣告：你们已不被信任，此其一。同时，此举又很容易为急于找碴儿的藩王们提供一个很不错的反叛借口：新任皇帝悖逆天伦，此其二。

朱允炆呢？不知是年幼无知，还是太过于恪守古礼，竟根本没有想到这较深刻的一层，反倒听信刚刚被他提拔起来的兵部尚书齐泰和太常寺卿黄子澄的建议，在本已人心不稳的局势下火上浇油——下令削藩。

这更是在条件很不成熟的情况下，所犯的急功冒进的错误。

开始时，朱允炆并没有意识到这一点，因为当时的形势还算比较乐观。削藩令下，周王朱橚、齐王朱榑、岷王朱楩等先后束手就“废”，被废去王爵。湘王朱柏不服，焚其宫室美人，自己乘马执弓跃入火中而死。不久，朱允炆又把削藩的矛头对准了远在北方的燕王朱棣。这回，他可大大地错了，因为他遇上的是一个老谋深算的对手。

这朱棣，系朱元璋的第四个儿子。史书上说他“文武全才，宽严并济。知人善任，谗间不行，用兵应变，机智神勇”。据说，他的才能与智慧绝不仅仅表现在军事上。有这样一件事颇能说明朱棣与朱允炆在权谋通变上的差异。

那还是在朱元璋健在的时候，朱元璋、朱棣、朱允炆祖孙三人一起饮酒对句。朱元璋先出一上句“风吹马尾千条线”，让朱允炆接着对下句。朱允炆想也没想就张口对道：“雨打羊毛一片膻。”把朱元璋气了个半死，连声说道：“枯对！枯对！”

“什么叫哭对啊？”远远地站在殿上的一个小太监忍不住偷偷地向另一个太监发问。

“枯对！不是哭对，是一种对子，对这种对子时只看每个字的意思而不管整句话的意思，陛下这是在责备皇太孙不知变通。”那个被问及的中年太监卖弄似的说了一大通。

“父皇，且请息怒。儿臣有一对不知当讲不当讲。”见朱允炆因对句被责而心中大喜的朱棣不失时机地开了口。

“对来！”

“这‘风吹马尾千条线’据儿臣看来，可对以‘日照龙鳞万点金’！”

“好对！好对！有气魄！这才像是龙子龙孙的口吻呢！”朱元璋转怒为喜道。

这次雅集之后，朱元璋曾想以朱棣取代朱允炆，只是由于一些老臣们的死命谏阻，才没有付诸实施。但废侄立叔的太祖本意，叔叔明白，侄儿也明白。

因而，当建文帝削藩令下来时，朱棣早已成竹在胸。他先是以司马懿欺曹爽发动“高平陵政变”的方式，以迅雷不及掩耳的手段将建文帝朱允炆派去削藩的张昺、谢贵等人捕获处死，然后，又以所谓“内有奸臣，许藩王起兵，以清君侧之恶”的太祖遗训作由头，起兵与建文帝作对，发起“靖难之役”。

这场战争耗时颇久，进行了差不多四年（1399年8月~1402年6月）。战争初期，建文帝朱允炆根本没有把他这个叔叔放在眼里。史书上说他“方锐意文治，日与方孝孺等讨论《周官》法度，以北兵为不足忧”。直到晓事大臣以西汉“七国之乱”相警时，朱允炆方才派兵三十六万，号称百万去讨伐燕王。

按说，当时朱棣虽然跟随明太祖久经戎场，以知兵善战著称，但无论从军队数量上，还是天下人心的归属上，朱棣都不占上风。此时，倘若朱允炆能够洞达世情，不拘泥于孔孟之礼，天下大事仍有可为的。可是人们怎么也没有想到，这个十八岁的小皇帝竟在大军出征之时，亲口给三军将士下了一道死命令：

一门之内，自极兵威，乃不仁之极。尔将士务体此意，无（勿）使朕负杀叔父之名。

正是由于有了这道不通权变的死命令，到了后来，才出了一件令人哭笑不得的事。

那是在朱棣率军攻打济南之时，济南守将盛庸、铁铉使用火器和毒弩守城，大大地折损了朱棣的军威。朱棣本人以精骑冲击南军的左翼，反被南军包围。“靖难”军溃军之后，南军将士穷追不舍，眼看就要赶上，弓箭已能射及。一个号称“小李广”的弓箭手弯弓搭箭对准赤手空拳的朱棣的后心。

只听“啪”的一声，弓箭手连人带箭和弓一起被随后赶来的领兵主将铁铉从马上打掉。

那个被打掉了弓箭，人也掉下马去的弓箭手惊问：“铁将军，您……？”

只见铁铉隐忍再三，然后，一字一顿地说道：“圣上有令，不得伤害皇叔！”

“将在外，君命有所不受，再说，焉知皇帝非有难言之隐，所言非所思！”

“不！你们不理解，今上，他，是个志诚君子！”

“这不是纵虎归山吗？”

“唉！尽人事而听天命吧！”

铁铉凝重地叹了一口气。

就这样，由于朱允炆想当君子，而朱棣不在乎当小人，由后者率领的叛军便由数千而数万，由数万而十万、二十万，如滚雪球一般不断壮大。“靖难”军一路上斩关夺隘，势如破竹，很快就打到了南京城下。

朝廷公卿大臣多为自全求出守城，都城空虚。建文帝朱允炆直到这时，方才晓得拘泥于孔孟之礼、不知权变害人害己。然而，这一切都显得太晚了！

少壮被迫出家避难
花甲归来物是人非

还是朱元璋在时，有一次太子朱标（朱允炆之父）就朱元璋滥杀功臣一事劝谏他说："陛下杀人过滥，恐伤和气。"朱元璋没有言语，把一条布满芒刺的棘杖扔在地上，命朱标把它捡起来。养尊处优惯了的朱标哪里干过这个，畏畏缩缩地不愿去拿。朱元璋叹息着说："痴儿，杖有刺尔不敢拿，国有刺当何为？我为尔除刺，尔无刺而行岂不更佳！"朱标对父亲的话不以为然。

不久，朱标病故，朱元璋很是伤感。说实话，朱元璋大杀功臣多半是为了使子孙能够在没有敌手的情况下世代做皇帝，因为他深知自己"可以马上得天下"，但子孙却不应"马上治天下"。正是基于这种希冀，在皇太孙出生之时，他才亲自为其取名允炆。允者，能也；炆，用《康熙字典》上的解释来说是"煴也"，亦即"欣�可安"，用今天的话来说就是"平安无事"，这里面蕴涵着的深意着实令人感动。

可是人算不如天算。皇太孙当了皇帝之后确是允文偃武了，而且连年号都深体祖父之意而改成建文。但远在北京的朱棣可不这样想。对于他来说，刀枪入库、马放南山，只有在他本人夺得帝位之后才是一条可行之路。因而才有以"清君侧"为名的"靖难"之师，才有一路上的斩将夺关、直逼南京。

一四〇二年，当朱棣率领的北军兵临南京城下时，城中已经乱成了一团。

六月乙丑日，南京城中接二连三地出了几件大事。

一是一向被朱允炆视为左右臂的谷王朱橞和兵部尚书李景隆，自行打开金川门放朱棣的北军入城。

另一件事是一向并不被建文帝重用的御史连楹，于朱棣挥师入城之际企图行刺朱棣而未果，最后惨死于朱棣之手。

这两件事完全出乎建文帝的意料，他连连叹息着说：“疾风知劲草，板荡识忠臣！忠而不早赏，奸而不早黜，皆孤之过也！”

正叹息着，左右来报：马皇后（朱允炆嫡妻）自杀殉国。朱允炆一听大叫一声：“皇祖、皇父不远，让孩儿也随你们一起去吧！”说着就要撞墙自尽。

一直站在不远处的老臣、翰林院编修程济上前一把抱住了朱允炆：“陛下，万万不可出此下策！天下事尚有可为，请为苍生社稷惜。国有难，君主可以出亡，此亦历朝故例。”

“可是，普天之大，何处可以安身啊？依朕观之，叛军已入内城，恐怕我们现在就是想逃也难以逃走了啊！”

朱允炆说的确也是实情。俗话说“贫居闹市无人问，富在深山有远亲”，遍观朝中重臣，有几个肯舍命保护这个即将不是皇帝的皇帝呢？程济不禁也哑然了。

此时，一向不怎么起眼的老太监王钺突然跪下：“陛下，臣有一事相启。昔高皇帝（即朱元璋）升遐时，留有遗箧，并嘱云有大难之时开启，内有救急之法。”

“此箧安在？”

“现藏于奉先殿之左。”

“快拿出来！”

过了大约小半炷香的工夫，王钺和另外一个小太监抬着一个很大很高的红色箱子来到了众人面前。

这个箱子很坚固，简直是坚固极了。四周包着一层厚厚的铁皮，箱子上了两把锁，连锁眼里都灌了生铁。

睹物思人，建文帝朱允炆忍不住又哭了起来。此时什么也顾不得了，一向温文儒雅的翰林院编修程济也不知从哪里来了这么大的劲，接过小太监递过的锤子几下就把箱子砸开了。

箱子里面并没有什么锦囊，倒是有一些人们一点也没有想到的东西：僧帽、僧鞋、袈裟、剃刀、白银十锭。在这些东西上面放有三张度牒，一张名头上写着“应文”，一张写着“应能”，一张写着“应贤”。箱子的里盖上有两行朱书大字：“应文从鬼门出，余从水关御沟而行，薄暮，会于神乐观之西房。”

赫然是太祖皇帝朱元璋的御笔。

见了这些，朱允炆叹了一口气说道：“这都是天数啊！”

事情紧急，不容犹豫，程济拿起剃刀为建文帝祝发。吴王的老师杨应能愿意祝发随行，充作度牒上所说的应能和尚。监察御史叶希贤奏道：“臣愿随驾出亡，臣名希贤，想必是度牒所说的应贤无疑。”遂号为应贤，也祝发着僧衣。

聚集在朱允炆周围的五六十人全都是血性男儿，他们都愿随帝出亡。朱允炆见了大受感动，他说：“卿等美意，朕心领了，但人多不能无生得失，宜各从便。”

于是，朱允炆从这些人中简选了九个人作第一拨，另选十三个人由杨应能、叶希贤率领作第二拨。

第一拨九人由王钺带路，从皇宫的西门（鬼门）出亡。出了鬼门，朱允炆等人不由得暗叫一声：“苦也！”原来，外面是一道深三丈、宽十丈的护城河。群臣们正惶惑呢，忽见从对面的道观里吱吱呀呀驶出一条船来。船不大而体轻，不一会儿就靠上了这边的堤岸。

从船上走下一个鹤发童颜的老道士，见了朱允炆纳头便拜，口称“万岁”，说道：“臣乃神乐观道士王升。昨天夜里梦见太祖高皇帝下凡，命老道来此恭候圣驾！”

正说话间，杨应能、叶希贤等十三个人组成的第二拨也到了。时间急迫，容不得多说君臣一行上了小船。在船上，建文帝抹了抹眼泪说：“事急从权。从今以后，我们就不要君臣相称了！”见大家似乎仍然有所顾忌，他摆了摆手说：“不要说了！以后我们就以师兄弟相称吧！”

下船后，朱允炆与随行的二十三个人约定：杨应能（应能）、叶希贤（应贤）以及程济（化装成道士）等三个人不离其左右。杨、叶二人俱称比丘，程济称道人。另外，又确定冯漼、郭节、宋和、赵天泰、王之臣、牛景先六人负责朱允炆的衣食供给。余下的人则遥为应援。商量毕，君臣——师兄弟一行取道溧阳而去。

天光大亮，朱棣挥得胜之兵进了皇宫。进宫之后，第一件事就是寻找建文帝的下落。左右推来宫中小太监，朱棣问道："你们的旧主子跑到哪里去了？"

"回大王，小的不知。"

朱棣听了大怒，喝令把这名小太监拖出去打死。另外一个年事稍长的中年太监上前跪倒奏道："请大王息怒，原谅他年幼无知！大王您问的奴才晓得。"

"你晓得，那好，你说说看。"

"就在那儿！"中年太监用手指了指一具已被火烧得面目全非、肢体残断的遗骸说。

朱棣闻讯，立即抢步上前端详了半晌，忽然放声大哭说："小子无知，乃至如此！"

他这一哭，他手下的文武及归降他的建文一朝大臣也都信以为真，以为朱允炆已经葬身火海了。

其实，正如我们前面已经叙述过的那样，建文帝并没有死，死的是他的皇后马氏。这一点，那个中年太监心里清楚，挥"靖难"之师南下的燕王朱棣心里似乎也明白。不然的话，他就不会在成为皇帝之后"大索国内"，然后倾全国之力遣郑和七下西洋了。

不管怎么说，建文帝已不在皇宫，明王朝江山无主，这已是不净的事实。顺理成章地，朱棣就取朱允炆而代之，成为明王朝第三任君主。

三十九年过去了。其间，大明江山先后有三个皇帝（成祖、仁宗、宣宗）谢世。到了第六任皇帝英宗朱祁镇执政的正统五年时，大明王朝所属的广西思恩州慈恩寺内，突然来了一个老和尚。他自称是"天一大师"，言谈举止颇为不俗。话里话外地露出一些口风，说他就是失踪了三十多年的建文帝朱允炆。寺院方丈一听，觉得其事非同小可，不由得吃了一惊，忙把此事报告给了思恩州的知州，州官也作不了主，于是又转呈藩司。这样一级一级转呈，最后连呈文带那位"天一大师"都被送到了京师。

当朝皇帝朱祁镇，论起辈分来，已经和朱允炆隔了好几辈，不用说，他是没有见过朱允炆的。因而，他也就自然不知道这个自称“天一大师”的人是否真的是建文帝。

想来想去，他手下的人替他出了个主意：找一个见过朱允炆的太监去当场辨认，若是，则迎进宫中；如不是，则秘密处置。

朱祁镇一听，觉得这个办法不错，但具体执行起来就不那么容易了。因为成祖朱棣进南京时，曾大杀那些不肯马上归降他的建文帝的宫人、太监，加上年长日久，还健在的且又见过朱允炆的宫人恐怕已经没有几个了。

找来找去，找到一个名叫吴亮的。

那个自称“天一大师”的老和尚见了这个当年的小太监，开口就叫出了他的名字：“汝非吴亮耶？”

吴亮一时不敢确认这个面目苍老的老和尚是否就是当年温文尔雅的少年天子，因此，他否认道：“你认错人了，我不是吴亮。”

“你不是吴亮？这就怪了！记得那一年在宫中，我吃子鹅，吃不完把剩下的给你，你当时手里拿着酒壶，腾不出手来。我和你闹着玩就把鹅肉扔在地上，你当时年纪还小，见了肉顾头不顾腚，竟像小狗似的趴在地上把肉叼起来吞下。你说，有没有这件事？”

吴亮一听，丝毫不差，的确是当年宫内发生的事。于是，他回宫复命说老和尚确系建文帝。

听了吴亮的奏报后，英宗朱祁镇派人前来悄悄探问“天一大师”：“此来欲何为？”言下之意，大有紧张之感。

但见那个老和尚淡然一笑，用一种饱经沧桑的语调缓缓说道：“四十年家国，三百万河山，劫波历经关山外，幸未马革裹尸还。古稀之人，但求见大明江山永固，此外又有何求？请转告今上，老僧此行目的已达到，就要告辞了！”

使者回去转述了老和尚的这番话，朱祁镇听了不禁为之动容。在他的坚请之下，年已六十四岁的朱允炆又回到了宫中。抚今思昔，感物伤怀，朱允炆真有“行宫见月伤心色，夜雨闻铃肠断声”之感。

三年后，他死于紫禁城中的永安宫内。据说死后他被葬于北京市郊金山口外八里处的龙潭，墓名“天一大师之墓”。

自封为大将军的皇帝

——明武宗朱厚照

◎宠任宦官致使江山二主
轻贱缙绅竟令诸臣长跪

◎造豹房歌舞嬉戏
掳妇女寻欢作乐

◎自封将军北上御敌
隐匿捷报南巡患疾

公元一五〇五年五月，人称“中兴之主”的明孝宗朱祐樘一病不起。临终前，他宣召内阁大学士刘健、李东阳、谢迁等人入宫，在病榻上托孤。

这个在位十八年，年仅三十六岁的中年皇帝喘息着说：“我这次恐怕是就要去了。张皇后生东宫，年十五矣，性虽聪明，但好逸乐。我真有些放心不下啊！先生们须勤请他读些书，辅他做个好人！”言毕，喘息不止。常常在心里将皇帝比作汉文帝、宋仁宗的大臣们见了，无不深深为之感动。

他们觉得，有大行皇帝十八年夙兴夜寐治国的经验和基础、二三老臣辅佐那个“年十五矣”的未来皇帝，并将他导上正路，让他“做个好人”，估计不会有什么问题。于是，大家一齐叩头道：“臣等敢不尽力！”

这些满腹经纶、自视甚高的大臣们做梦也没有想到，他们将要辅佐的竟是一个除了在姓氏上与其父相同之外，在其他方面没有一点“肖父”之处的昏君。

宠任宦官致使江山二主 轻贱缙绅竟令诸臣长跪

还是在东宫当太子时，朱厚照就宠上了一个名叫刘瑾的宦官。

刘瑾，在中国历史上可是个大大有名的人物。他本姓谈，乃是陕西兴平人氏。在明代宗（朱祁钰）景泰年间自阉进宫。因投奔同乡刘姓太监，故而改姓刘。后世往往以刘瑾称之。

这刘瑾性乖巧，专能投小太子的喜好，天天变着法儿为朱厚照提供飞鹰、猎犬、歌舞、杂技之类的娱乐，因而也深得小太子的欢心。当了皇帝之后，朱厚照对他的大玩伴刘瑾更是宠爱无比。

我们知道，明王朝的宦官机构主要有：

十二监，即：司礼监、御用监、内官监、御马监、司设监、尚宝监、神官监、尚膳监、尚任监、印绶监、直殿监、都知监。

四司，即：惜薪司、宝钞司、钟鼓司、混堂司。

八局，即：兵仗局、巾帽局、针工局、内织染局、酒醋面局、司苑局、浣衣局、银作局。

一登上皇帝的宝座，朱厚照就把原来只任长随的刘瑾提升为内官监太监，总督驻守京师的军队。

由于刘瑾素有恶名，因而朱厚照对他的这一提拔自然而然地遭到了一班言官们的激烈反对。

大学士刘健、谢迁等人上书说：“阉宦误国，自古而然。昔太祖高皇帝鉴前朝之弊端，曾有‘内官不得干政，违者死’之禁令。闻现内官监太监刘瑾，在东宫任长随时即以王振自诩，今复与马永成、高凤、罗祥、魏彬、丘聚、谷大用、张永等朋比为奸。不思以亲幸之身致君尧舜，反变本加厉，胡作非为。”请求皇帝“忍痛割爱”，诛刘瑾以谢天下。

奏章屡上，却皆被朱厚照留中不发。

刘健、谢迁在宫内主持正义，在不肯与刘瑾同流合污的太监王岳、范亨、徐智等人的配合之下，准备“诘朝伏阙面争”。

从前来告密的吏部尚书焦芳那里得知这一消息，刘瑾大惧，连夜找朱厚照哭诉。朱厚照下令立即将刘健、谢迁免职，把王岳、范亨贬杀于流放途中，并打断了徐智的胳膊。

经过这场风波以后，朱厚照对刘瑾等奸佞宦官的宠信简直到了无以复加的地步。

据说当时连王公贵族、皇亲国戚也没人敢对刘瑾有丝毫不敬。每当给皇帝上奏章时，大臣们都一式两份，将其中红色封面的一份先呈递刘瑾，得到其首肯之后，才敢将另外一个用白皮封面的奏章呈给皇帝。

有一次，负责刑名法律事务的都察院在一份办案报告中，不留神写上了刘瑾的名字，触犯了禁忌。刘瑾大怒，竟令都御史屠滽率领手下全体官员给他磕头赔罪。

有许多史书都提到过这样一件事：

有一次，有人在宫中便道上拾到一封匿名信。信中对朱厚照没有丝毫的不敬之处，只是列举了刘瑾的二十几条罪状，而且用当时小太监黄伟的话说，还“皆言利国为民之事”。但因系打“狗”，自然而然就惹恼了“狗”的主人，朱厚照见信后竟令全体五品以下的官员长跪于奉天门下思过。时值盛夏，烈日炎炎如火，暑气腾腾逼人，有许多年高体弱的官员经不起长跪的惩罚而晕倒。朱厚照听了竟毫不为之所动，照旧向这些人逼问是谁写信攻击刘公公。好不容易挨到傍晚，饱尝了一天烈日“烤”验之苦的官员们刚刚喘过一口气来，朱厚照又下令将他们全部投入监狱。这场逼供闹腾了好几天，直到内阁大学士、首辅李东阳以顾命老臣的身份亲自磕头求情，刘瑾也获悉匿名信出自宫中太监之手时，朱厚照才下令将这些大臣们释放回家。

由于刘瑾权力如此之大，朱厚照对他的宠爱如此长盛不衰，当时一班好事之人在背后往往称朱厚照为“坐皇帝”，刘瑾为“立皇帝”。

到了正德五年（1510 年）四月，由于宦官内部“狗咬狗”，刘瑾的罪行被一桩桩、一件件地揭露出来之后，朱厚照才如大梦初醒，下令将刘瑾逮捕，但仍舍不得将其处死。直到查抄刘府，从中查获了大量的黄金、白银、宝石、金甲、金钩、玉带，以及私制的玉玺、龙袍、盔甲等物，尤其是发现了刘瑾平日所用的扇子里藏有匕首之后，朱厚照才相信刘瑾谋反，下定决心将刘瑾凌迟处死。

据说，刘瑾行刑之日，许多曾经深受其害的百姓争着用一文钱换他一片肉吃。而明武宗朱厚照呢？他可没有从刘瑾之死中悟出点什么。刘瑾在日有刘瑾在日的玩法，刘瑾不在了，他也照样可以胡闹。

造豹房歌舞嬉戏 掳妇女寻欢作乐

明武宗正德二年（1507 年），明王朝皇宫紫禁城内的西华门外，突然大兴土木。

一向闲来无事爱私下里瞎嘀咕的小太监们议论纷纷，搞不清楚皇帝大人忽然间为什么要新起院落盖房子。

的确，不用说小太监，就连一班执事太监也没有多少人知道朱厚照所为何意。

的确，打死这些人他们也不会相信，这些总投资达几十万两白银的建筑，竟起因于朱厚照的“南柯一梦”。据史料记载，正德二年二月的一天早晨，朱厚照起床之后叫来执事太监，说他昨天晚上做了一个梦。在梦中，他来到了一个他从没有到过的地方。这个地方，宫连宫、殿连殿，有数不清的珍禽异兽、看不完的舞榭歌台。信步所至，他来到一处装饰得别别致致的宫宇前，导引他游玩的仙女轻启朱唇，缓张玉口，向他解释说这是密室，专供“楚王会巫山云女”之用……

把个朱厚照看得如醉如痴，如梦似幻。真个是“帘幕低垂，重门深闭。曲栏边，雕檐外，画楼西”，不由使人“心也痴迷，意也痴迷”。

于是，他于梦醒后宣来司苑局太监，命他根据自己梦中所见建造一处宫中之宫、殿中之殿。

太监领命下去操办，前后共花五年时间，耗费白银二十四万两，方才照葫芦画瓢地造出了一座别宫。

殿成之日，朱厚照御驾亲临，但见“歌台舞榭，似图画，如屏围，三三两两点缀着依依村市、簇簇人家。凭栏处，可邀宾玩赏，对芳樽浅酌低唱，一舞一歌到天涯”。在太监的导引下，朱厚照又来到了密室，但见密室中“灯火明灭，人影浮动，如置身仙境之中。红袖添香，俊童侍酒，歌扇萦风，端的是乐无穷”。

据说，有一位风趣的现代建筑大师，在看了明武宗朱厚照所建别宫的详细记载之后，曾经开玩笑地戏称其为中国古代的卡拉OK多功能厅。言虽诙谐，但亦颇能道出其中的几分神韵。的确，这座专为朱厚照而建的别宫，除了没有现代的电子设备以外，今天的卡拉OK厅的功能，它差不多都有——唱歌、跳舞、喝酒……

走着，走着，朱厚照在一处标有“动物苑”的建筑前停下了脚步。显然，苑中的虎、豹、雄狮惹起了他极大兴趣。

“既然这座新建筑还没有名称，那么就把它叫作豹房吧！”朱厚照回过头来吩咐道。

看来，这座建筑中他最喜爱的是动物苑，而动物苑中他最喜爱的是豹子。

其实，朱厚照本人就像一头豹子，精力旺盛而又常常伤人。

他喜欢玩猛兽，更喜欢看猛兽争斗。在位期间，他多次下令，命边塞将士丢下防务为他捕捉虎豹。有一次，他“狎虎被伤”，竟弄得一个多月不能上朝理政。

当然，说他喜爱玩猛兽，并不是说他不喜女色。

当时，边塞重镇延绥有个总兵官名叫马昂，因奸贪骄横而丢了官。他从别人那里打听到武宗皇帝朱厚照的“个人爱好”以后，就把他的一个已经出嫁的妹妹硬接回来送进宫去，献给皇帝。由于马昂的妹妹“貌极媚”，朱厚照见了立即为之倾倒。因此，不但赦免了马昂的罪名，而且还将他提升为右都督。后来，朱厚照微服出访，到马昂家里去饮酒，见到马昂的爱妾生得貌极美，又见色起意。马昂是何等的乖觉，见皇帝喜欢立即毫不犹豫地把爱妾连同四个美女一起献给了圣上。结果，不但马昂本人，就连他的两个弟弟也都因此而连获升迁。

刘瑾倒台以后，朱厚照宠上了一个名叫江彬的佞臣。这个家住河北宣化的江彬屡次三番引诱武宗皇帝说：“豹房再好，所玩也有限。臣家宣府一带多乐工、美女，陛下您为什么不去巡幸一番呢？”好人尚且禁不住三让，何况是朱厚照这种货色。

正德十三年（1518 年），明武宗巡幸宣府。巡幸时，他不仅带着豹房的美女、珍玩，而且常常昼伏夜出，“见高屋大房即驰入，或索饮，或搜其妇女”，弄得鸡犬不宁，家家自危。由于人多嘴多，柴米供应不济，随行官军竟拆毁民房来烧饭。朱厚照天性好色，见美貌女子必欲淫之，因而仅在太原一地就强抢了数百个民间妇女。其中有一个姓刘的妇女，本系晋王府乐工杨腾之妻。她“色姣而善讴”，因而，深得朱厚照的喜爱，“宠冠诸女，称美人，饮食起居与之谐”。如果有人不小心触怒了朱厚照，只有求她说情才能得救。

巡幸宣府、太原以后，朱厚照又三番五次下扬州。在扬州，他胡闹的行为更是花样翻新。

明人冯梦龙在其话本小说中屡屡提到朝廷选秀，造成民间有待字闺中的家庭抢夺男子强行婚嫁，和将“幼女适人”以及寡妇再嫁等奇怪现象。后世有人据之写成讽刺剧《拉郎配》。不知情者以为这纯属文学虚构，其实不然。冯文及戏剧《拉郎配》都是有史实做依据的，这个史实的创造者就是明武宗朱厚照。

据史载，朱厚照巡幸扬州时，派遣太监吴经大掠处女寡妇，闹得民间人心惶惶，民情浮动。当时的江南曾流传着一首民谣，其中有两句是这样说的：“已寡不留家，十岁就出门。”这两句话曲折地道出了明武宗的荒淫。

在老百姓的一片哭声中，朱厚照蹂躏了一个又一个无辜女子。

自封将军北上御敌 隐匿捷报南巡患疾

一般来说，朱厚照每次微服出游都是随心所欲，没有遇到什么麻烦的。当然，也有例外的时候。

公元一五一八年，河北永平，朱厚照其时正在该地胡闹。

许多人围着一张告示议论纷纷。这张告示是由永平府知府毛思义签署的。告示在列举了最近永平地界老百姓所受的种种困扰以后，赫然写道：

自兹以后，凡无官府文书，敢妄称圣上驾到者，斩！借圣上之名以扰民者，斩！

“咱们这位知府大人，胆子可不小啊！”一位头戴儒巾、举止斯文的中年人小声嘀咕道。

“就是！我们邻居李家的春红前天晚上被人给抢走了。抢她的人啊，可是明火执仗，持着灯笼火把来的，而且确有皇帝旨意，你敢把他们怎么样？”一位长髯老者叹息着说。

“不管怎么说，发个安民告示对老百姓总没有什么坏处！”不知谁大声说了一句。

这些人说的都不错，毛知府发的告示确实对民有利。但是，对民有利，就会不利于皇帝。知府比民大，皇帝可比知府大。不久，朱厚照找了个碴儿，把毛思义给关进了诏狱。

抓了毛思义之后，朱厚照不得不有所收敛。但“出宫去玩”这四个字像一块磁石，吸引着他这块“废铁”滴溜溜乱转。

“总得想个办法啊！”他对自己说。琢磨了好几天之后，他有了一个主意。

这天，他召来内阁大学士梁储、毛纪，以边关常有警报为由，决定由他本人化名朱寿，以“总督军务、威武大将军、总兵官”的身份统率六军前往边塞。还没等他说完，阁臣们就蒙了：天子要御驾亲征这听说过，但改名字而且由臣子任命皇帝去“总督军务”，去做“威武大将军、总兵官”这种事情恐怕是开天辟地头一遭。先王之例、祖宗之法，岂能容得下这一大不韪之举！

其时，首辅杨廷和、大学士蒋冕均在休假期间。以梁储、毛纪为首的众文武流泪苦谏，费了不知多少口舌、花了不知多少时间，朱厚照仍然是“壮志不酬誓不休”。不等群臣认可，他就束装起程了。

当时，明王朝的北疆的确有警。新近崛起的鞑靼族骑兵在其小王子的带领下南下骚扰，明王朝的边兵将其击退。闻听此讯以后，朱厚照立即挥师穷追，以伤亡数倍于对方的代价换取了杀死对方十六个小卒的“大胜利”。

在回朝的路上，朱厚照得意扬扬，对左右亲信说道：“我在前线打了一个大胜仗。朝廷里那班文武不知听说了没有？我就不明白，皇帝为什么就不能自封大将军！皇帝为什么就不能换换名字！”

“就是！就是！本来挺简单的事，让那班人给弄复杂了！”左右的人附和着说。

按下朱厚照这头暂且不表，且说明王朝的满朝文武们，却在为欢迎皇帝撰写的欢迎词的称呼一事伤脑筋。

按照惯例，皇帝出巡归来自然应称他为“陛下”，文武自称“臣子”。但这一次，皇帝却是用“总兵官朱寿”的名义出朝的。以内阁大学士为首的文武百官们怎么会对一个总兵称臣呢？可是不称臣又称什么呢？对方毕竟是皇帝，而且是货真价实的皇帝啊！思来想去，最后还是称朱厚照为“威武大将军”，文武百官列名于下，但“亦不敢称臣”。

朱厚照见了，觉得新鲜极了。脑袋一热，他又颁发了一道命令：让吏部起草，内阁大学士们签署一道命令，封他为镇国公。闻听此讯，阁臣们可不干了。上一次，皇帝擅自冠以“总督军务、威武大将军、总兵官”的身份出征鞑靼，言官们就已交相上疏切责阁臣尸位素餐，不能匡君扶主，闹得满朝风雨、沸沸扬扬。这次倘若让皇帝的这一要求变成现实，那些言官们还不把他们囫囵吞下去啊！

毛纪、杨廷和、蒋冕等纷纷上书，对朱厚照要自封为镇国公一事强加谏阻。奏折屡上而皆被留中不发。

实在没有别的办法了，首辅、吏部尚书兼文渊阁大学士梁储冒死上疏，说了许多难听的话。他在奏章中列举了种种反对理由之后，笔锋陡地一沉，以一种“大不敬”的口吻说道：“倘坚命吏部封陛下为镇国公，臣亦不敢多言，唯以死抗命而已。以惯例，封国公者须上封三代，不知我大明列祖列宗在天之灵，是否亦肯接受国公封爵！”

这一军“将”得朱厚照不知说什么好，但他仍然不想就此罢休。最后，由张太后出面，否决了朱厚照这一荒唐旨意，此事才算不了了之。

公元一五一九年，宁王朱宸濠在南昌起兵反叛朝廷。不久，叛军即为提督南赣军务的都御史王守仁率兵讨平。消息传到北京，朱厚照大喜。他喜的不是别的，喜的是这一下到外面去玩又有新的由头了。基于这样的想法，他下令将王守仁的报捷文书隐匿起来，甚至派其亲信宦官张忠、朱泰私下前往南昌传口谕给王守仁，命他把宁王放回老巢鄱阳湖，再给他一些兵马让他再造一次反，好让皇帝和他玩一次“官兵捉强盗”的游戏。这一荒唐的要求虽因王守仁的竭力反对而没有付诸实施，但朱厚照毕竟借这个由头游了一次南昌。

在南昌，朱厚照迷上了驾船。

有一次，他亲自驾着渔船去湖中捞鱼，一不小心失足跌入水中，差一点被淹死。自此，他的身体日渐发虚。他信任太医，却误服江彬等人进呈的淫药，最后虚脱而死。

那一年，正好是他执政的第十六年。

二十五年不见群臣的宅男

——明神宗朱翊钧

◎ 二十五年居深宫 不见群臣不上朝

◎ 设矿监税使掠夺财富 纵阉宦党羽为非作歹

公元一五七二年闰三月五日，明朝第十三任皇帝明穆宗朱载垕于在位七年以后病逝。

明王朝的权力出现了一个“真空”阶段。明王朝的首辅华盖殿大学士高拱与次辅中极殿大学士张居正争权，双方你倾我轧。张居正跟当时的宦官头领、司礼太监冯保合谋，造高拱的谣言，说其在一次朝会上向群臣说未来皇帝的坏话：“一个十岁的孩童，怎能担起皇帝的重任？”将高拱“扳倒”。

张居正升为首辅（首席宰相）。

而那个“怎能担起皇帝的重任”的“十岁孩童”，也就自然而然地成了明王朝的第十四任皇帝。

他的名字叫朱翊钧。

朱翊钧在位四十八年，在明王朝的诸皇帝中，他是在位时间最长的。四十八年的执政生涯中，朱翊钧创下了许多“特立独行之最”。

二十五年居深宫
不见群臣不上朝

明王朝的皇帝都是一些让人说不清、道不明的“活宝”——英宗朱祁镇、武宗朱厚照把皇宫当作最不快乐的地方，总喜欢到外面寻找乐趣。而我们本文的主角神宗朱翊钧则刚好与之相反，连片刻也不愿意离开皇宫。

也许有人要问：躲在深宫中，一待几十年，人，总是那么多的人；房子，也总是那么多的房子。这，可能吗?

史实是确实如此，根本不存在什么可能不可能的问题。

从公元一五八九年的元旦庆典开始，直到公元一六一五年，在这二十五年的时间中，朱翊钧就像是被皇宫吞没了似的，一直没有露面。用今天的话说，朱翊钧绝对是宅男一个。

对于他的不露面宅在深宫，官方的解释是：

“上有足疾”——脚有毛病。

而民间的传说是：

因为他吸毒。

一位海外华人写道：张居正所辅佐的明朝第十四任皇帝朱翊钧，完全继承了他祖先朱元璋和祖父朱厚熜的劣根性，而更加愚暴。据说他又染有从海外初传入中国的鸦片烟瘾，所以他更多了一个“吸毒者的特质”。

哪种说法更为可信我们暂且不必去管它，但朱翊钧二十五年之后才难得一见地露了一面，这却是板上钉钉的事实。

这一次露面，既凶狠又滑稽。

有许多人通过影视传播媒介知道明朝后期有三大疑案，即“红丸案”、

“梃击案”和“移宫案”。

朱翊钧二十五年后惊若翩龙似的露的这次面，与三大案中的“梃击案”有关。

这一年的五月，有一个名叫张差的男子，手里拿着一根木棍（即梃）闯入太子朱常洛所住的慈庆宫，在击倒守门内侍一人之后被捕。

案发后，政府官员对该案的看法势同水火——因为此案牵涉到了“夺嫡”这一最敏感的问题。朱常洛虽然贵为太子，但根基不稳，因为其生母恭妃出身宫女不得宠。朱翊钧最宠爱的妃子——郑贵妃生有一子，即后来的福王朱常洵。子以母贵，当时有一部分人以为朱常洵必将取朱常洛而代之。因此有一些官员坚持认为，这件看似简单的“梃击案”其实并不简单，里面极有可能隐藏着动摇国本的阴谋。

为了向人心惶惶的政府官员们保证决不更换太子，更为了使郑贵妃免受攻讦，朱翊钧在龟缩了二十五年以后，终于走出他的寝宫。

这一次朝会的情形非常之有趣。

朱翊钧出现时，从未见过其面的内阁大学士方从哲和吴道南（本处提到了内阁大学士从未见过皇帝，这在不明真相的人看来可能会视为怪论奇谈，但神宗皇帝时确实如此）率领文武百官摆队相迎。

屁股还没坐稳，朱翊钧就开了口。他拉着太子朱常洛的手向大家说：“这孩子非常孝顺，我怎么会有更换他的意思！”见群臣似有不信的神情，朱翊钧又拉过朱常洛的几个儿子对群臣说：“孙儿辈也都已经长大成人了，你们更不应该有什么闲话！”

像是事先演习好了似的，朱常洛接着老爹的话说：“你们看，我们父子如此亲爱，群臣却借一件小事议论纷纷、造谣生事，这像话吗？你们目无君上，使我也成了不孝的儿子。”

太子说完以后，朱翊钧问大家：“太子的话你们都听见了吧？还有什么意见吗？”

静场！还是静场！

方从哲除了叩头以外，不敢再说什么，吴道南更是如此。监察御史刘光复大概想打破这种沉默的僵局，开口说话了。可是，没等他把一句话说完，朱翊钧就大喝一声："拿下！"

几个宦官应声上前把刘光复抓住，拉到丹墀之下一顿痛打。在鲜血、号叫声中，明王朝的衮衮诸公们一个个"花容"失色。

方从哲似乎还可以撑住，而吴道南却在过度的恐惧中栽倒在地，小便失禁。事后，大家七手八脚把吴道南扶起。此时，他已吓成了一个木偶：两耳变聋，双目全盲。

经过好些天的休养，吴道南的耳、目才逐渐恢复正常。

——这是隔绝了二十五年之后唯一的一次朝会，君臣相对竟没有一句话说到国家大事。作为皇帝，朱翊钧留给群臣印象最深的就是那声断喝。

设矿监税使掠夺财富 纵阉宦党羽为非作歹

公元一六一九年，明王朝辽东经略使杨镐，四路进攻新近崛起的后金汗国（即后来的大清帝国），在萨尔浒大败，死四万五千余人，开原、铁岭相继失陷，距沈阳六十公里以外之地非复明朝所有。消息传来，北京为之震动，全体大臣跪在故宫文华门前，苦苦哀求皇帝批发军事奏章，增派援军、急发军饷，但朱翊钧毫不理会。无奈，大家又转到思善门跪求，朱翊钧同样不予理会。

也许有人要问，如此紧急的军情都置若罔闻，朱翊钧算干什么吃的呢？是不是那刚由西洋传入的鸦片烟把他给弄傻了？

这样说是不对的，至少不完全正确。

朱翊钧确实对边关警讯不感兴趣，但这并不意味着他对所有的事情都不感兴趣。

事实上，朱翊钧对某些事情和某些人的反应之灵敏，简直和跳蚤一样。

朱翊钧感兴趣的是开矿和收税，他“待见”的那些人是矿监和税监。

所谓开矿，在十七世纪的当时，主要是指对金、银、朱砂等矿物的挖掘。那时候通常都是这样：当某一地方奏报发现矿苗以后，皇帝即指派一个宦官前去主持，官衔是“某地某矿提督太监”。

所谓收税呢，则是指皇帝在户部主管的税务系统以外另设一个征税系统，由他委派的宦官负责。负责其事的太监称为“某地某税提督太监”。

依今天的眼光观之，开矿、收税均系国家行使其职权的正当行为，但在十七世纪的明王朝，这两项工作却往往是暴政的代名词。

据史料记载，万历二十四年冬，张位以为天地自然之利可益国，无病民，采之便。于是遣太监张忠往山西，曹金往两浙，赵钦往陕西，鲁坤往河南，一时各遣内官四出开矿。编富民为矿头，而矿实无银，勒民间纳银以代税，违者即破其家。

税监跟矿监相同，但更普遍。像天津的店铺税，浙江、广东、福建等省的海外贸易税，成都的茶税、苇草税，可以说几乎是处处有税、无处无捐。时人有诗嘲之云：“自古未闻尿有税，而今只有屁无捐。”

普通的税吏本来就已经够贪的了，但他们若和税监及其爪牙们比起来，简直纯洁得像婴儿。税监只要用手向某商店一指，说店主人漏税，这个店铺纵是破产都不能清偿。

朱翊钧对这些狐假虎威的税监、矿监们，简直比对亲生儿子都亲。

公元一六〇六年，杨荣——朱翊钧派到云南的一位税监，因纵容部下闯入民宅奸淫妇女而激起民愤，当地群众起来攻杀了他的随从。杨荣就一口气逮捕了数千百姓，并将他们全部拷打致死。当地驻军首领、指挥使樊高明拒绝动用军队与杨荣共同行动，便被认为不够合作，而被榜掠（杖击或鞭打）。樊高明的同事、指挥使贺世勋和韩光大“倡众杀杨荣，焚其署”。

事情传到朱翊钧的耳朵里，这个对国事可以二十五年不问、对边疆军情可以置若罔闻的宝贝皇帝却大为光火。为了加强震怒的效果，这位皇帝大人竟以拒绝吃饭表示他对杨荣等人的痛悼。

当时的境况已很明显：朱翊钧已决意与全体国人誓不共存。

是不是所有的明王朝官员都像朱翊钧这样短视呢？答案是否定的。

自决意开矿以来，就先后有御史况上进、王立贤，给事中杨应文、包见捷、田大益，刑部侍郎吕坤，礼部侍郎冯琦、郭正域，户部尚书赵世卿等上书力谏。地方实力派、凤阳巡抚李三才更是屡屡犯颜。他在一份表章中说道：杀人父母，使人成为孤儿；杀人丈夫，使人成为寡妇；掘人坟墓，破人家庭，纵然对方是仇人、是敌人，我们都于心不忍，陛下怎么能对被你一向呼为赤子的百姓如此不仁不义呢？

表章上去，如石沉大海。

读到此处，可能许多人在心里会有一个疑问：在那个时代，整个国家都是皇帝的私产，所谓“普天之下，莫非王土；率土之滨，莫非王臣”，朱翊钧这样拼命地捞钱是想干什么？

公元一六一四年，这个“谜底”终被解开。这一年，郑贵妃所生的宝贝儿子朱常洵前往他的封国洛阳去做福王。临行前，除了从国库里提走一笔数目可观的款项之外，皇帝老爹、贵妃老娘又把从矿、税勒索来的钱全部交给了他，希望他可以永生永世长保富贵。

真是天道轮回，疏而不漏。公元一六四一年，闯王李自成攻陷洛阳，福王不仅没福保住他的富贵，而且连脑袋也被人搬了家。他老爹“辛辛苦苦”为他搜刮来的那些财富也因之又回到了民间。

朱翊钧的努力又一次落了空。

明王朝的帝王都是很讲“良心”的。亡国之君朱由检是如此，作为祖父，朱翊钧比起朱由检来也毫不逊色。但他们的“良心”太不值钱，而且像蜀地的太阳一样难得一露。

在执政的晚期，朱翊钧突染重病，眼看待死。他连夜征召首辅沈一贯，断断续续地对他说：“开矿收税的事，大家都反对。我因为宫殿没有筑成，所以采取过一些权宜措施，现在可以停止了。请先生（对首辅的尊称）传我的谕旨，将散处全国各地的内监们全部召回！”为了增强这件事的客观效果，朱翊钧还亲笔写了一道谕旨交给沈一贯。

当时，沈一贯感动得热泪盈眶。

可惜的是朱翊钧后来竟奇迹般地痊愈。此时，他对自己病中所做的事情，唯一感到懊悔的就是撤销矿、税太监，并且给阁臣们留下了书面证据。

于是，他一连派出二十多个宦官到首辅所在的内阁索回谕旨。最初，沈一贯还敢鼓起勇气拒绝，以致平常根本不把首辅放在眼里的那些宦官恐惧万状，向沈一贯叩头求饶。一位名叫田义的宦官，对朱翊钧说：“谕旨已经颁发，恐怕无法收回。”朱翊钧听了怒不可遏，亲自挥刀要杀田义。

这样一闹，矿、税太监没有被召回。

公元一六二〇年八月，整整被皇宫吞没了二十五年的明朝神宗皇帝朱翊钧再次被吞没——这次吞没他的不是皇宫，而是死亡和坟墓。

『再世的老僧』 出世的皇帝

——清世祖爱新觉罗·福临

◎不战而屈人之兵 未攻竟下山海关

◎不喜太宗喜明祖 不爱皇后爱董妃

◎剃去三千烦恼丝 留下十四罪己诏

公元一六四三年八月庚午日，后金帝国的第二任皇帝皇太极在盛京（沈阳）皇宫崇政殿驾崩。

关于皇太极的死因有许多种说法。官方的文书，如《清史稿》中的说法是“无疾崩”——没有患什么病而死。

有一本讲帝王的书则说皇太极是中风而死。

还有一种说法更为离奇，说他是因为发现妻子与多尔衮（皇太极之弟）通奸，被这两人合谋害死的。

究竟哪一种说法更为准确，因为年代久远，而且宫闱事秘，我们也无从考证。但不管怎么说，有一点是肯定的，那就是戎马一生的皇太极终于死了。

谁来继承皇太极所留下的皇位？

当时大家普遍看好的人选乃是皇太极的九弟、手握重兵的和硕睿亲王多尔衮，但最终坐上皇帝宝座的却是一个年方六岁的小孩子。

这个小孩子是谁？他为什么能战胜多尔衮而一举登基？

熟悉后金以及清朝历史的人会告诉你，这个小孩名叫爱新觉罗·福临，他大清帝国的第三任皇帝，同时又是清王朝入关后的第一任皇帝。

福临能够战胜多尔衮，这里边有着很复杂的原因。

不战而屈人之兵
未攻竟下山海关

有一个研究名称学的老先生，在研究了中国历史上几百位皇帝的名字以后得出一个颇为有趣的结论。据他说，皇帝的名字有的名不副实，如唐高宗李治，在他当政时，天下已呈乱象；有的则名至实归，如清世祖福临。

福临其人的确十分有福——至少在政治事业上是如此。

不仅他治下的万里江山是从朱由检、李自成之手捡来的，而且他的皇帝宝座也是半空中飞来的一只“熟鸭子”——本轮不上他，而最终却又是他。

《清史稿·世祖本纪》中有一段这样的话：“（八月）丙子（日），阿济格、尼堪等率师防锦州。丁丑，多罗郡王阿达礼、固山贝子硕托谋立和硕睿亲王多尔衮。礼亲王代善与多尔衮发其谋，阿达礼、硕托伏诛。”

这段冠冕堂皇的正史背后，隐藏着看不见的政治斗争的血影刀光。

据当时的知情人在其遗著中透露，皇太极死后，多尔衮不是没有动过自己做皇帝的念头。

甚至连皇上专用的衮龙袍他都预备了一套，因此，所谓由“阿达礼、硕托谋立多尔衮”云，只是一种曲笔。

皇帝宝座谁不想坐，多尔衮岂是高风亮节之辈？那为什么多尔衮最终没有坐上去呢?

一种说法是多尔衮穿上手下人为他裁好的衮龙袍准备登基时，揽镜自照，竟然发现镜中的自己五官不全，以为天意难测，自己当皇上可能不合适。

这种说法因为充满迷信色彩而为人们所不取。

另外一种说法是，福临的生母孝庄皇太后为了儿子能够荣登大宝，不惜对小叔子多尔衮“以身相许”，并作了种种政治上的许诺，福临才捡回了那顶桂冠。

这后一种说法，初听也颇似离奇，但细一分析却也不无道理。而且，据最近发现的清朝秘史中的有关文献，特别是那道据说是由多尔衮授意、清初文章巨擘范文程草拟，以福临名义下发的诏书，更堪玩味。那道诏书是这样写的：

太后（孝庄皇太后，福临之母）盛年寡居，春花秋月，悄然不怡。朕贵为天子，以天下养，乃独能养口体而不能养志，使圣母以丧偶之故，日在愁烦抑郁之中，其何以教天下之孝？皇叔摄政王现方鳏居，其身份容貌，皆为中国第一人，太后颇愿纡尊下嫁。朕仰体慈怀，敬谨遵行，一应典礼，着所司预办！

其中“太后颇愿纡尊下嫁”一句，作为皇帝诏书想必不会是无稽之谈。

而且，还有《清史稿》中福临的亲笔诏书可以佐证。

那道诏书是多尔衮于顺治七年（1650年）十二月戊戌日逝世后，福临发的明诏。诏曰：

太宗文皇帝升遐，诸王大臣吁戴摄政王。王固怀捻让，扶立朕躬，平定中原，至德丰功，千古无二。不幸薨逝，朕心摧痛。中外丧仪，合依帝礼。

几天以后，福临又亲自下令，“尊故摄政王为懋德修道广业定功安民立政诚敬义皇帝，庙号成宗”。

次年春正月，福临又下令“追尊故摄政王多尔衮为成宗义皇帝，祔于太庙”。

因此，透过《清史稿》和清朝秘史的字里行间，我们完全可以想象出当时的情景。

“不战而屈人之兵”，福临靠的是老娘之力，多尔衮当然也从中得到过不少好处。除了娶回皇太后以外，还在政治上享有诸如摄政王之类的种种特权，而且把与他对立的政治异己一个接一个地铲除。这是一笔双方都有利可图的交易。当然，最大的获利者当属福临。

公元一六四四年三月，一向与福临治下的大清对立的大明王朝被一个名叫李自成的人推翻。

李自成是大家都比较熟悉的人物，他本名李鸿基，是陕西米脂县李继迁寨人，出身贫苦农家，当过放羊娃和士兵。一六二九年，他追随当时的闯王高迎祥揭竿造反，参加过有名的荥阳大会、烧过明太祖朱元璋家的祖坟，其后十八骑败走商洛，五十骑突围巴西鱼腹山。一六四三年，他在襄阳称新顺王。至此，经过十五年的浴血奋战，李自成终于攻破了明王朝的首都北京，迫使明思宗崇祯皇帝在景山上吊身亡。

这一消息传到了盛京，一开始时，包括福临在内的统治者们没有什么特别的反应。

摄政王多尔衮虽然号称“摄政”，也并无觊觎中原的雄心。

这个时候，他正忙于对付他的政敌。《清史稿·世祖本纪》中写道：四月，固山额真何洛会等讦告肃亲王豪格悖妄罪，废豪格为庶人，其党俄莫克图等皆论死。

这豪格本系皇太极的长子，曾经为其父及后金立下过赫赫战功。一六四二年松山（今辽宁锦州）之役，豪格曾经大破明军，俘获了明王朝的经略使洪承畴。

要与这样的人物斗法多尔衮自然不敢掉以轻心，对南方传来的任何消息也都只能暂放一边了。

斗败豪格以后，很早就效力大清的汉族大臣范文程向多尔衮献计南下中原，多尔衮虽然答应了，但一直心存疑虑。

这也难怪，起于白山黑水之间的女真族后裔，他们的祖先虽然曾经跨过古长城，占领过中原的大片土地，但那已是遥远的过去了。对于现在这些女真后裔来说，长城以南一直是个神秘的国度，他们的铁骑可以叩击长城的关隘，却始终不能叩破对南方的恐惧。

然而，有人帮了他们的忙。

这人是谁呀？

吴三桂。

吴三桂祖籍辽东，字长白，以父荫袭封武职，明末任辽东总兵，封平西伯，是当时驻防在山海关的明军最高将领。

当李自成率军袭破北京时，吴三桂慑于起义军的声威，一时曾动过归顺李自成的念头。可是后来当他看到农民起义军“所过州县不留军兵”，听说老父吴襄及一大批明朝大臣被“榜掠追赃”，尤其是听说他留在京师的爱妾陈圆圆竟被义军将领刘宗敏夺走时，他才“冲冠一怒为红颜”，决定向清兵靠拢，而且接连两次派人恳请清兵入关。

其书曰：

三桂初蒙先帝拔擢，以蚊负之身，荷辽东总兵重任，王之威望，素所深慕。但春秋之义，交不越境，是以未敢通名，人臣之谊，谅王亦知之。今我国以宁远右偏孤立之故，令三桂弃宁远而镇山海，思欲坚守东陲，而巩固京师也。不意流寇逆天犯阙，以彼狗偷乌合之众，何能成事？但京城人心不固，奸党开门纳款，先帝不幸，九庙灰烬。今贼首僭称尊号，掠掳妇女财帛，罪恶已极，诚赤眉、绿林、黄巢、禄山之流，天人共愤，众志已离，其败可立而待也。我国积德累仁，讴思未泯，各省宗室如晋文公、汉光武之中兴者容或有之，远近已起义兵，羽檄交驰，山左江北，密如星布。

三桂受恩深厚，悯斯民之罹难，拒守边门，欲兴师以慰人心。奈京东地小，兵力未集，特泣血求助。我国与北朝通好二百余年，今无故而遭国难，北朝应恻然念之，而乱臣贼子，亦非北朝所宜容也。夫除暴翦恶，大顺也；拯危扶颠，大义也；出民水火，大仁也；兴灭继绝，大名也；取威定霸，大功也。况流贼所聚金帛子女不可胜数，义兵一至，皆为王有，此又大利也。王以盖世英雄，值此摧枯拉朽之会，诚难再得之时也。乞念亡国孤臣忠义之言，速选精兵，直入中协西协，三桂自率所部，合兵以抵都门，灭流寇于宫廷，示大义于中国，则我朝之报北朝者岂惟财帛？将裂地以酬，不敢食言！

真是应了那句老话，“想睡觉，就有人送上来一个枕头！”福临真是福分不浅，吴三桂这封初看起来冠冕堂皇的书信，实际上等于给福临的军民们开了一张南下的通行证。

不待读完吴三桂的来信，多尔衮就命他所统率的八旗兵中的汉军带着红衣大炮往山海关进发。

南下途中，在一个名叫拉搭拉的地方，多尔衮命人作书一封给吴三桂。书云：

向欲与明修好，屡行致书，若今日，则不复出此，惟有底定国家，与民休息而已。余闻流寇攻陷京师，明主惨亡，不胜发指，用是率仁义之师，期灭此贼，出民水火，及伯（代指吴三桂，吴曾被封为平西伯——著者）遣使致书，深为喜悦，遂统兵前进。夫伯思报主恩，不共流贼戴天，诚忠臣之义也。伯虽向与我为敌，今勿因前故为疑。昔管仲射桓公中钩，后用为仲父，伯若率众来归，必封以故土，进爵藩王，一则国仇得报，二则身家可保，世享富贵，如山河之永也。

这封连威胁带利诱的书信一发出，吴三桂决定降清。

连老天爷也似乎要给福临降福，李自成派遣的先锋官唐通在山海关附近的一片石（地名）与清军先头部队相遇，双方互有胜负（以往较为流行的说法是说清兵于一片石大败李自成，这种说法是不确切的，在一片石附近迎战清兵的是唐通）。接着，李自成又率大军二十万，“自北山横亘于海”，本来双方是势均力敌，鹿死谁手亦难以预料的。谁知“是日大风，尘沙蔽天”，而且风是由北向南刮，李自成所率义军人数虽多、将士也肯用命，岂奈风沙阵阵眯了双眼，不能很好地投入战斗，结果大败亏输，连退四十余里。接着一连串的“多米诺骨牌”效应出现：李自成退出北京，吴三桂穷追不舍，多尔衮的八旗部队不费吹灰之力就越过山海关占领了北京。

其正便宜了福临。

不喜太宗喜明祖 不爱皇后爱董妃

清世祖顺治十年（1653年）春正月丙申日，登基已经十年有余的清世祖福临皇帝在处理公务、国事之余，驾临皇宫内苑，读起了《资治通鉴》。

《资治通鉴》是宋代大文豪司马光主编，穷当时许多史学家十九年之力方告完成的一部大型史学著作。它上起周威烈王二十三年（前403年），下迄后周世宗显德六年（959年），内容以政治、军事为主，兼及经济、文化。取名“资治”的原因，是据说该书可供封建统治者从历代治乱兴亡中取得鉴戒。

福临是早就读过《资治通鉴》的。他虽然年纪不大，但由于出身皇家，很小的时候就受到良好的教育，《资治通鉴》之类的“治国必读之书”倒也真的涉猎过，所以此次内苑巡幸，不过是对昔时课业的一种温习而已。

这位清世祖略略看了一会儿，然后头也不抬地向左右提出了一个问题：“前代诸王，如汉高祖、汉文帝、汉光武帝、唐太宗、宋太祖、明太祖，孰优孰劣？”——这些皇帝中哪一个更好一些？

恭立一旁的陈名夏前后左右看了看，知道皇上是在问他，于是，略一沉吟，脱口答曰：“以臣观之，似以唐太宗最为贤明。”——的确，唐太宗虽非开国皇帝，但其佐父定鼎、开土拓疆、宾服四夷，创下了“贞观之治”之盛世，还有纳谏用贤、起用诤臣等一系列美名，更被当时的少数民族尊为“天可汗”。凭着这些，他确可以超然卓立于另外几位帝王之上。

“朕以为不然。”谁料福临却一口否定了陈名夏的看法。

“依陛下之见？”

“朕以为明太祖立法可垂永久，历代之君皆不及也！”

这位堂堂的清世祖皇帝为什么这样推崇明太祖呢？

有人说，这极有可能与福临当时的心境有关。

我们知道，明太祖朱元璋一生除了推翻元代统治者建立大明王朝以外，乏善可陈。他最大的“成就”是大杀开国功臣——仅“胡惟庸案”和“蓝玉案”两次就杀了近十万人，几乎将那些随他一起南征北战的人杀伐殆尽。

福临此时虽未对入关诸臣大开杀戒，但却于不久以前的顺治八年做出一连串令人震惊的举动：“追罪多尔衮，削其尊号及其母妻追封，撤庙享”，“定阿附多尔衮诸臣罪”。

也许有人要问，福临不是刚刚才下诏尊封多尔衮为成宗义皇帝吗？怎么又会突然撤封追罪呢？

这个中缘由，《清史稿》在讲到多尔衮时说得还是比较清楚的：

原来是济尔哈朗、尼堪等素来与多尔衮不和的大臣联名上书状告多尔衮。书曰：“昔太宗文皇帝龙驭上宾，诸王大臣共矢忠诚，翊戴皇上，方在冲年，令臣济尔哈朗与睿亲王多尔衮同辅政。逮后多尔衮独擅威权，不令济尔哈朗预政，遂以母弟多铎为辅政叔王。背誓肆行，妄自尊大，自称皇父摄政王。凡批票本章，一以皇父摄政王行之。仪仗、音乐、侍从、府第，僭拟至尊。擅称太宗文皇帝序不当立，以挟制皇上……”

用一句话概括，即是多尔衮这厮权势煊赫，过于高调了。

多尔衮生前动不得，他死后羽翼尚在，福临还是无可奈何。等到年满十八岁正式亲政，福临就要算这笔账了。

算这笔账时并非所有人都支持，也并非所有人都理解，所以，福临要从历代明君贤主的事迹中寻找“理论根据”，找来找去就找到了明太祖。

顺便说一句，明太祖朱元璋登基之初曾经颁下过一道诏书，不准太监干政，不知是巧合还是有意模仿？福临亲政后不久也曾下过一道诏书，对“十三衙门”（清代皇宫中太监机构的总称）的权限作了十分严格的限制。

这道以手谕形式发出的诏书中有这样的话：“中宫之设，虽自古不废，然任使失宜，遂贻祸乱。近如明朝王振、汪直、曹吉祥、刘瑾、魏忠贤等，专擅威权，干预朝政，开厂缉事，枉杀无辜，出镇典兵，流毒边境，甚至谋为不轨，陷害忠良，煽引党类，称颂功德，以至国事日非。覆败相寻，足可鉴戒！朕今裁定内官衙门及员数职掌，法制甚明。以后但有犯法干政，窃权纳贿，嘱托内外衙门，交结满汉官员，越分擅权外事，上言官吏贤否者，即行凌迟处死，定不姑贷。特立铁牌，世世遵守！”

有清一代，虽有李莲英、小安子、小德张等几个阉宦弄权，但始终没有酿成明代太监弄国那样的局面，不能不说福临的这道手谕是起了一定作用的。

顺治八年（1651 年）八月丁未日，内蒙古科尔沁部卓礼克图亲王吴克善从其封地来北京朝拜皇太后和皇帝。

这不是一次简单的朝觐。

几天以后，八月戊午日，由孝庄皇太后博尔济吉特氏作主，册立吴克善之女博尔济吉特氏为福临的皇后。

福临就要大婚了。

但福临却没有一丝喜气。俗话说，人生四大喜：洞房花烛夜、久旱逢甘雨、他乡遇故知、金榜题名时。

作为皇上，其他三喜他无法也无缘体验，但按常理这大婚之夜，他应该感到高兴才对啊！

为什么他并不感到欣喜呢？

难道他另有所爱？也是，也不是。

说也是，乃是因为终顺治皇帝福临一生，他爱过的女人只有一个，此人却并非吴克善的女儿。

说也不是，是因为福临在与皇后结婚时，他所深爱的女子尚未入宫。

福临娶亲时无喜色实在是恨乌及屋的缘故。

原来，吴克善之女乃是多尔衮在世时为福临聘下的，他觉得多尔衮替他选下的亲事一定不会好，存了这先入为主的成见，“故合卺之夕，意志即不协”——新婚之夜，连洞房都没有入。由此可见这是一桩什么样的婚姻了。

顺治十年（1653 年），佟鄂氏的出现，更使福临与吴克善女儿之间的夫妻感情雪上加霜。

佟鄂氏，通称董鄂氏，这是官方的称呼，在民间和野史中她又被人和董小宛混淆，并附会出一大段曲折浪漫的爱情故事。

福临爱董鄂氏、不待见正宫皇后是出了名的，而且也有案可稽。这位与福临相亲相爱的女子生前虽然只有妃号，死后却被福临追赠为孝献庄和至德宣仁温惠端敬皇后。

剃去三千烦恼丝
留下十四罪己诏

顺治十八年（1661 年）春正月丁巳日，在位十八年的福临突然“辞世”。

皇帝正是青春鼎盛的年华，而且事先又无任何预兆，怎么说“没”就没了呢？

各种各样的说法传遍了京城。

其中有一种说法屡屡见诸当时人的随笔、作品中。

据一则逸闻说，在明朝末年，四川蛾眉山金顶有一个老和尚结庐而居，常常一年也不下山一次，且不吃不喝，只是终日在蒲团上打坐。他身边只收了一个小徒弟，这小徒弟当时不过七八岁的年纪，因从小在山里长大，倒也能走些山路，平时经常下山化缘。几年以后，有一天，天气晴好，当日薄西山时，金顶上出现了万道佛光（峨眉山金顶确实常有些奇异的自然景现出现）。老和尚突然把小徒儿叫到身边，对他说：“你好好在这里待一段时间，我要下山走一遭了！”

这小徒儿自幼无父无母，是老和尚把他养大的，所以，与师父的感情如同父子，“不忍师去，牵衣大哭”。

哭得四大皆空的老和尚也有些恻然。想了想，那老僧用手抚摸着小徒儿的光头，说：“快别这样！快别这样！”

小徒儿仍然哭个不停。

老僧长叹了一声，伸手从衣袖中拿出一幅画，展开一看，原来是一张老僧画像。

这幅画像有点怪，“口鼻眼耳悉具，唯无眉”——有口、有眼、有鼻、有耳，却没画眉毛。

老僧意味深长地对徒儿说：“我下山后的第十二年，你可以离开此地到山下寻我。”

“怎么才能寻到师父呢？”小徒儿问。

“你拿着这幅画，遇见什么人你都让他看。倘若有人说要给你这画中的人物添上眉毛，那个人就是我的化身啊！”

言毕，老僧飘然而去。

其时为清顺治六年（1649 年）。不久，张献忠的残部与入关南下的清军战于四川，将川地居民杀戮殆尽，那小徒儿潜藏在树木草丛中才得以幸免。

十一年以后，小徒儿在山上实在不想再待下去了，于是，就提前下了峨眉山，一路北行，于顺治十七年（1660 年）十月到了北京城北的昌平。

昌平，今名昌平县，明清之际名昌平州，立于明正德元年（1506 年），辖境相当于今天昌平、怀柔、密云、顺义等地，自明成祖以下十三代明朝皇陵均在其地。

赶得早不如赶得巧，这一年的十月丙寅日，清世祖福临从北京城里出发“观故明诸陵”——参观十三陵。

那小徒儿虽然年纪不小了，但却仍是浑浑噩噩，于世事并不洞达。见了人多的地方，他就让人看他拿的那幅画。正赶上这天福临的兴致极好，听身边的侍卫说有这样一个小和尚拿着一幅画总想让别人看，觉得很有趣，于是，命人把他带到御驾前。

“把画拿来让朕一观！”福临很和气地对小和尚说。

那小和尚小心翼翼地把那幅画拿了出来，展开给福临看。

“这画画得还算不错，”福临略略地打量了一下说道。突然，他双眉一挑，诧异地问那小和尚：“你这画中的老和尚口鼻眼耳悉具，为什么单单没有画眉毛呢？”

那小和尚跪在地上不敢说话，他委屈地想：“为什么没有眉毛我怎么知道？师父当年下山的时候只告诉我去寻肯替他添上眉毛的人，他可没告诉我为什么没画眉毛！”

他这里正走神呢，只听福临在那里发号施令道：“取笔墨来侍候！”

左右的人一听，知道这位多才天子又技痒难忍了，一个个不由得会心地一笑。

熟悉福临的人都知道，这位世祖皇帝素爱绘画。他画的小幅山水“写林峦向背，水石明晦之状”，颇为时人推许，当然难免夹有一些马屁成分。据说，他的手指螺纹墨画、人物速写都是一绝。有一次，他在出外巡行途中遇见一个大臣，他竟命那人跪于身前，然后取过纸笔，刷刷几笔就勾勒出那人的一幅小像。

这次见这小和尚拿着的这幅未完工的老僧像，福临自然如象棋国手遇见了一盘“仙人指路”的残局一样，不弄出个结果来他是决不肯善罢甘休的。

片刻，一管狼毫软笔、一砚研好的上等徽墨放在了顺治皇帝的面前。好个福临，抬腕运笔，几下就替那老僧加上了两道眉毛，然后，带有几分和蔼、几分自得地对那小和尚说：“你把这画拿回去吧！”

小和尚接过画一看，立即伏地痛哭。他这一哭，把福临给哭愣了，忙问是怎么回事。那小徒儿不敢怠慢，立即把师傅下山前的话一五一十娓娓道出，末了“伏地称师”，竟趴在地上认起师傅来了。“世祖恍然大悟，寻与徒遁之普陀深岩中。”

这则逸闻的可靠性究竟能有多大，年深日久，已经很难考证。

不过顺治皇帝生前曾经想出家这倒是千真万确、载诸史籍的。

据《清史稿》载，顺治十七年（1660年）八月壬寅日，皇贵妃董鄂氏病死，福临哀恸欲绝，不能自拔。十月辛卯日，由吴兴报恩寺首座僧人为主持剃度法事。孝庄皇太后、议政王、六部九卿，甚至当时的“洋鬼子”传教士汤若望都曾赶来劝阻，均未能使福临回心转意。最后，常进宫为福临讲佛法的报恩寺住持禅师玉林琇苦口婆心，“生公说法，顽石点头”，才暂时把福临劝住。

关于顺治的落发地点，目前一般有四种说法：一是景山寿椿殿董鄂妃灵堂；一是悯忠寺（今法源寺）；一是承乾宫；一是西苑万善殿。这四个地点中，可能性最大的是西苑万善殿。《清史稿》在提到此段历史时，含糊其辞地说了一句“十月辛卯幸近郊”。但不管怎么说，顺治皇帝福临确曾剃去过三千烦恼丝，这一点可是千真万确的。

顺治皇帝“死”了之后，曾留下一道罪己诏。在这份罪己诏中，列举了十四项“己罪”。我们不妨移录于下。诏云：

朕以凉德，承嗣丕基十八年于兹矣。自亲政以来，纪纲法度、用人行政不能仰法太祖、太宗谟烈，因循悠忽，苟且目前，且渐习汉俗，于淳朴旧制日有更张，以致国治未臻，民生未遂，是朕之罪一也；朕自弱龄，即遇皇考太宗皇帝上宾，教训抚养，惟圣母皇太后慈育是依，隆恩罔极，高厚莫酬，朝夕趋承，冀尽孝养。今不幸子道不终，诚悃未遂，是朕之罪一也；皇考宾天，朕止六岁，不能服衰绖行三年丧，终天抱憾，惟侍奉皇太后顺志承颜，且冀万年之后，庶尽子职，少抒前憾。今永违膝下，反上廑圣母哀痛，是朕之罪一也；宗室诸王贝勒等皆太祖、太宗子孙，为国藩翰，理宜优遇，以示展亲，朕于诸王贝勒晋接既疏，恩惠复鲜，情谊睽隔，友爱之道未周，是朕之罪一也；满洲诸臣，或历世竭忠，或累年效力，宜加倚托，尽厥猷为，朕不能信任，有才莫展，且明季失国，多由偏用文臣，朕不以为戒，委任汉官，即部院印信，间亦令汉官掌管，致满臣无心任事，精力懈弛，是朕之罪一也；朕夙性好高，不能虚己延纳，于用人之际，务求其德与己侔，未能随才器使，致每叹乏人。若舍短录长，则人有微技，亦获见用，岂遂至于举世无才？是朕之罪一也；设官分职，惟德是用，进退黜陟，不可忽视，朕于廷臣，明知其不肖，不即罢斥，仍复优容姑息。如刘正宗者，偏私躁忌，朕已洞悉于心，乃容其久任政地，可谓见贤而不能举，见不肖而不能退，是朕之罪一也；国用浩繁，兵饷不足，而金花钱粮尽给，宫中之费未尝节省发施，及度支告匮，每令诸王大臣会议，未能别有奇策，止议裁减俸禄以赡军饷，厚己薄人，益上损下，是朕之罪一也；经营殿宇，造作器具，务极精工，无益之地，靡费甚多，乃不自省察，罔体民艰，是朕之罪一也；端敬皇后于皇太后恪尽孝道，辅佐朕躬，内政聿修，朕仰奉慈纶，追念贤淑，丧祭典礼过从优厚，不能以礼止情，诸事太过，逾滥不经，是朕之罪一也：祖宗创业未尝任用中官，且明朝亡国亦因委用宦侍，朕明知其弊，不以为戒，设立内十三衙门，委用任使，与明无异，致营私作弊更逾往时，是朕之罪一也；朕性耽闲静，常图安逸，燕处深宫，御朝绝少，致与廷臣接见稀疏，上下情谊丕塞，是朕之罪一也；人之行事，孰能无过，在朕日理万机，岂能一无违错？惟听言纳谏，则有过必知，朕每自恃聪明，不能听纳。古云：“良贾深藏若虚，君子盛德，容貌若愚。”朕于斯言大相违背，以致臣工缄默，不肯进言，是朕之罪一也；朕既知有过，每自克责生悔，乃徒尚虚文，未能省改，过端日积，愆戾愈多，是朕之罪一也。

这份诏书中所列的十四条罪状，有的确是福临的过错，有的则其他人也有份。这一点尚且不论，以福临的性格，至少这十四条罪己诏中，有几条是他至死并不认为是错的，如“不能虚己延纳贤才”、“端敬皇后丧祭典礼过从优厚，不能以礼止情”。

理由很简单，“夙性好高”的福临是个牛脾气，否定了别的东西还没什么，否定了自己的脾气那岂不就等于说自己不只做皇帝不行，连做人都有问题。至于说“皇后葬礼过优，不能以礼止情”，一看更是出于孝庄皇太后之口，因为“端敬皇后”不是别人，正是我们前面提到的那位董鄂妃。皇上与董鄂氏誓同生死，甚于不惜抛下江山，相随于红尘之外，怎会在她死后吃后悔药？而孝庄皇太后既恨董鄂氏成为她亲生侄女（吴克善之女，福临第一个皇后）的情敌，又恨儿子有了这个董鄂氏之后，就“娶了媳妇忘了娘”，所以，当儿子要“走”时，她才要出这口恶气。

倘若上述推断成立的话，那么，福临的“走”就大有文章了。

记得金庸先生在其巨著《射雕英雄传》中谈到“南帝”大理国皇帝段皇爷出家时，用的是“不在人世”四字，福临的突然“不在人世”是否也和段皇爷一样呢？

我们不可能知道，因为知道的人早已不在人世。

我们只知道作为清朝世祖皇帝的福临，在清顺治十八年（1661 年）正月丁巳日不再当皇帝了。二十七天过后，一个名叫爱新觉罗·玄烨（康熙）的小皇子成了清朝的第四任皇帝。

『大头症』患者『十全老人』

——清高宗爱新觉罗·弘历

◎谁为父谁为母
六下江南寻根

◎此君患有『大头症』
『十全』美名任其吹

◎外强中干讳辞忌文
集古代文字狱大成

◎重用和珅
滋养贪犯

一位著名的史学家在谈到清朝早期历史时说：“任何政权都是一个有机体。清政府的青春期一过，大黑暗四面八方反扑而至，只刹那间，中国社会又陷于明王朝时代那种伸手不见五指之境。”

大黑暗时代按电钮的人，就是我们这篇文章中的主角——清高宗爱新觉罗·弘历。

爱新觉罗·弘历，系雍正皇帝的第四个儿子。

他在位六十年，在中国古代历朝历代称君道寡的帝王中，是在位较长的一位。

六十年的时间，八十九年的人生经历，爱新觉罗·弘历——亦即人们通常所称的乾隆皇帝都做了些什么呢?

谁为父谁为母
六下江南寻根

在中国历史上，有三个因下江南而闻名于世的酒肉帝王，他们是隋炀帝杨广、明武宗朱厚照和本文的主人公弘历。

弘历下江南组成的南巡集团声势之大，不亚于他的两位“老前辈”——杨广、朱厚照。他的随行人员每次都有万人之多。这群人像一群初登岸的饥饿海盗一样，所至之处，每每将当地洗劫一空。

当时的江苏学政（官名，主管一省教育）尹会一曾上表章谏阻，奏章有“民间疾苦，怨声载道”的话，乾隆见了大为光火，将尹会一叫来质问说：“民间疾苦，你指出什么地方疾苦？怨声载道，你告诉我什么人载道！”尹会一瞠目结舌——秀才遇见了“兵”常常是有理也说不清的。

其实，谏阻乾隆下江南，尹会一实在有点“自不量力”，因为就连大名鼎鼎的纪晓岚当时在这件事上也大大地丢过面子。

纪晓岚曾因主编《四库全书》而被人尊重。有一次，他曾趁便透露江南人民的财产已经枯竭，请乾隆不要再南巡了。乾隆听了大怒说：“我看你文学上还有一点根基，才给你一个官做，其实不过是把你当作娼妓一样豢养罢了，你怎么配议论国家大事！”

乾隆皇帝为什么如此不顾臣下劝阻，一意孤行地巡幸江南呢？

原来，这里边有着一段鲜为人知而又“不足为外人道也”的秘密。

这牵涉到乾隆皇帝的身世。

事情要从公元一七一一年弘历出生时说起。

清康熙五十年九月三日，当时的雍亲王爱新觉罗·胤禛府邸热闹非凡。府邸门前冠盖如云，原来，今天是雍亲王的小孩过满月。

前来吃满月酒的客人中有一位宰相级官员——文渊阁大学士。此人姓陈，名世倌，字秉之，系浙江海宁人氏。

雍亲王胤禛这天难得屈尊与陈世倌等人共坐一席。席间，有人凑趣说，在给雍亲王贺喜的同时，也应捎带着给陈阁老道喜，因为陈世倌的小妾也得了一个儿子，且也是这一天满月。

胤禛一听，心里一动，表面上却不露声色。酒席结束之前，雍亲王留住了陈世倌，请他次日偕夫人及小公子过府，“王妃很想见见他们”。

当时正是康熙末年，胤禛的权势如日中天，陈世倌巴结尚恐不及，哪敢说个“不”字。

次日，陈世倌的小妾抱着刚刚满月的男婴进了王府。赐宴已毕，雍亲王妃命婢女将陈家小孩抱进，说要“一观”。

这一观可不要紧，抱进去的时候是个男婴，出来的时候却换成了一个女孩。

陈氏夫妇见了，如雷击身，惊得说不出话来。还是阁老大人心思转得快：“雍亲王昨天只说给小孩做满月，可没有言明这个小孩是男还是女。”陈世倌脑子飞快地转着，想法一个接着一个：“莫非这又是一出‘狸猫换太子’？”想到这里，他吓得酒全醒了，一把拉起想要说点什么的小妾，匆匆告辞而去。

不久，陈世倌以年老多病为由，上表辞去了本兼各职，回到浙江海宁老家盐官镇。

陈家的儿子哪里去了呢？明眼人一看就清楚。据一些史料记载，此子即后来的乾隆皇帝。

也许有人要问，雍正当时并非皇帝，他公然用个女婴来换个男孩想干什么呢？一言以蔽之：为适应夺嫡的需要——固宠。当时的皇帝康熙望孙心切，难得陈元龙之子与雍亲王的小孩同年同月同日生，这天赐良机，岂有不予利用之理？

弘历长大以后，不知怎的得知了自己的身世内幕，这才于称帝后萌发下江南之意。

当然，这是只可意会不可言传的。

因此，乾隆每次下江南都有一个冠冕堂皇的借口。

我们不妨把他六次下江南的时间和目的地，列举如下：

第一次，一七五一年，到杭州、苏州。

第二次，一七五七年，到杭州。

第三次，一七六二年，到杭州、海宁。

第四次，一七六五年，到海宁、杭州。

第五次，一七八〇年，到杭州、海宁。

第六次，一七八四年，到杭州、海宁。

由此我们不难看出，乾隆后四次南巡都去了海宁。

去海宁做什么呢？官方的解释是观潮。

的确，海宁有潮，人称海宁潮，又称钱塘潮，该潮系因钱塘江入海处江口大而江心小所致。起潮时海水从宽达一百公里的湾口涌入，形成涌潮。涌潮又受江口拦门沙坎的阻拦，波涛后推前阻，涨成壁立江面的一道水岭。潮头最高时达三点五米，潮差可达八九米。奔腾澎湃，世无所匹。后因地理变迁，海宁县盐官镇东南的一段海塘遂成为近现代观潮胜地。这里江面宽仅二三公里，潮势至此，不仅最盛，而且潮头齐列一线，素有“海宁宝塔一线潮”的美称。海潮涨入江口后，因南北岸势不同，渐成两段。南段进速快，北段较慢。潮水在南段荡回，重与北段汇合时，潮头相撞，满江汹涌，声如山崩地裂。盐官镇东八公里处的八堡，最宜观赏此景。海潮西进，撞上伸入江中的丁字坝时，怒涛立竖，碎作泼天之雨，潮头返窜塘岸。盐官镇西十二公里的老盐仓是观赏此景的佳点。

既然是来观潮就应驻跸这两处，但乾隆皇帝却每次都住在陈世倌家，并且还将陈家的花园“遂初园”亲笔改题为“安澜园”，其与陈家的亲密程度就可想而知了。“醉翁之意不在酒，乾隆南来非为潮”，其是之谓乎？

此君患有“大头症”“十全”美名任其吹

和杨广、朱厚照一样，乾隆是一个喜欢大肆渲染皇家特有气质的贪慕虚荣之人。

他本来没有什么高深的文学修养，也没有什么丰富的生活阅历，却偏要做“震古烁今”的大诗人，声称要超过陆游——结果确实也超过了。陆游一生留有诗词九千多首，乾隆在数量上超过了他，达五万多首。当然，其中有许多是别人代作的。

他的诗是一些什么样的诗呢？我们不妨引一首“拜读”一下：

署处更伏尽，婺热理合然。
蒸云为夜雨，歆枕听檐泉。
纱帷凉顿生，自藏有神仙。
快晴阅四日，欣此润山田。

这种被某一海外文论家指为“言谈话语分行，每隔五个字标点一次”的“帝王体打油诗”，无怪乎其“多产”了。

除了“文治”以外，乾隆皇帝更爱炫耀他的“武功”。

在他执政的后期，他大言惶惶地宣称自己是“十全老人”，因为他建立了十大武功。

哪十大武功呢？

一七四九年，平大小金川之乱。

一七五五年，平准噶尔部。

一七五七年，再平准噶尔部。

一七五九年，平回部叛乱。

一七六九年，平缅甸。

一七七六年，再平大小金川之乱。

一七八八年，平台湾林爽文起义。

一七八九年，平越南。

一七九一年，平尼泊尔。

一七九二年，再平尼泊尔。

弘历的这十大“武功”和他那五万多首诗一样，经不起仔细推敲。

据熟悉这段历史的人研究的结果，弘历的武功只不过一个，即征服准噶尔汗国。但他却把这一个分为三——平准噶尔部、再平准噶尔部、平回部。其实，倘若不是虚荣心作祟，那么，凭着平定准噶尔汗国所获得的一百九十多万平方公里疆土这一项，就可以在历史上留下不可磨灭的一页了。但害死人的虚荣心却驱使弘历非要凑足十项不可，结果反倒时而露“怯”。

我们知道，大金川（今四川靖化）、小金川（今四川懋功）的纠纷乃是西藏民族部落之间的纷争，而清政府却加以干涉。台湾之役乃是对林爽文的抗暴革命的屠杀，这都是血腥的对内镇压。平缅甸是一场败仗，平越南也是一场败仗。

平尼泊尔更是一场丢丑的闹剧，根本无所谓武功。“十全”九虚。

为了能够说明什么是乾隆皇帝的“武功”，我们不妨看一看大清与尼泊尔之战。

公元一七八八年，遥远的喜马拉雅山南麓的小国尼泊尔，突然向比他大一百倍的清帝国进攻——侵入西藏。乾隆皇帝得讯后，一面派四川驻军入藏应战，一面派他亲信的理藩院侍郎巴忠代表他本人充任监军。也许是和皇帝一样患有一种“大头症”吧！巴忠竟做出一件使人连做梦也想不到的荒唐怪事：不等四川军队到达即先行与尼泊尔达成协议，以每年付给其一万五千两白银赠款为代价换得尼泊尔撤军。对乾隆，巴忠却只字不提赠款一事，而只通知西藏达赖喇嘛付款。谁知达赖一口回绝，此时，四川军队尚未到达，尼泊尔军遂攻陷日喀则。拖了将近一年的时间，中国远征军才将尼泊尔军赶出国境，并进而围攻尼泊尔的首都加德满都。

在该城旦夕可下之际，福康安——乾隆的另一个亲信，又由于大意疏忽而被尼军偷袭，他所统率的远征军全军覆灭。主帅如此，皇帝本人呢？

——这就是乾隆的“十全武功”！

外强中干讳辞忌文
集古代文字狱大成

清王朝作为中国历史上最后一个封建王朝，有其光荣的过去，那就是它曾为中国开疆拓土，但它更有极不光彩的一面，那就是它的文字狱。

乾隆皇帝，这位“十全老人”应该在其名不副其实的“十全”上再加上一“全”——“文字狱大全”，无论从哪个角度来说，弘历都是中国古代文字狱“集大成”的制造者。

整个有清一朝，大的文字狱共有二十二起，而乾隆一朝就独占十二起。

这十二起文字狱是：

一七三五年的曾静、张熙一案。

一七五三年的卢鲁生一案。

一七五四年的世臣一案。

一七五五年的胡中藻、鄂昌一案。

一七五七年的彭家屏一案。

一七五七年的段昌绪一案。

一七六四年的赖宏典一案。

一七六七年的齐周华一案。

一七七七年的王锡侯一案。

一七七八年的徐述夔一案。

一七七八年的沈德潜一案。

一七八一年的尹嘉铨一案。

这些文字狱有的还多少可以“成狱”——受害者的诗文中或多或少地指斥过朝政，危及到清帝国的统治。如一七五三年的卢鲁生一案，“案犯”卢鲁生不满乾隆像蝗虫一样地屡下江南一事，遂不顾官卑职小（卢时任江西临川千总）而假借大学士孙嘉淦的名义，撰写劝止弘历再度南游的呈文。一七六七年齐周华一案，“案犯”齐周华是有名的反清人士吕留良的学生，因牵连于吕案贬窜边荒，期满回家后，他印行吕的文集。继续在思想上仇清反清。

而有的则纯属文字上的问题。如一七七八年的徐述夔一案，案发时，徐述夔早已去世。有人举报说他的遗著《一柱楼诗集》中有“清风不识字，何事乱翻书”一语，指责他蓄意诽谤朝廷，乾隆就下令将其剖棺戮尸。

更为可笑的是一七八一年的尹嘉铨一案。尹嘉铨是河北博野人。他曾担任过清王朝的大理寺卿（相当于现代意义上的最高法院院长），案发时已致仕（退休）。有人检举说他在所著书中自称“古稀老人”，又有“为王者师”的话语，因而被绞死。

众所周知，“古稀老人”乃是一句成语，系由“人生七十古来稀”一语简化而来，并非尹嘉铨杜撰。但乾隆皇帝却不这样看，也不这样想，他酸溜溜地说：“我自称古稀老人，早已布告天下，他怎么也敢称自己为古稀老人？”——用政治手段来维护自己的至尊地位，乾隆已到了十分可笑的地步。

重用和珅
滋养贪犯

大约在公元一七九九年到一八九〇年前后，清王朝中下层百姓中间流传着一句民谣：“和珅跌倒，嘉庆吃饱。”

嘉庆，人们都知道是乾隆的儿子，满清王朝的第七任皇帝爱新觉罗·颙琰。那么，和珅又是谁呢？

和嘉庆一样，和珅是乾隆最信任的人。他字致斋，姓钮祜禄氏，系满洲正红旗人。史称他“少贫无籍”，是乾隆皇帝把他一点一点地提拔到宰相高位的。

公元一七九九年正月，乾隆刚一逝世，清王朝给事中王念孙即上书弹劾时已致仕在家的和珅，然后，由嘉庆亲自裁定，定下和珅的二十条罪状：

擅自泄露册封皇储一事，并以拥戴之功自居。

骑马直进圆明园左门，过正大光明殿至寿山口（这些地方不准骑马）。

乘轿入大内，肩舆直进神武门。

娶宫女为妾。

谎瞒军情。

乾隆病重时毫无忧戚，谈笑如常。

对乾隆病中御批文字挑三拣四。

主持户部事务时独断专行。

压住青海军情不报。

乾隆逝世时不准已出痘的王公来京。

与苏凌阿、吴省兰等人结党营私。

任意撤换军机处记名人员。

所抄家产房屋、园林窃比大内。

苏州坟茔设享殿、置隧道，居民称和陵。

所藏珍珠手串二百余，多于大内数倍，大珠大于御用冠顶。

宝石顶非所应用，乃有数十，整块大宝石不计其数。

藏银、衣服数逾千万。

夹墙藏金二万六千余两，私库藏金六千余两，地窖埋银三百余万两。

通州、苏州当铺、钱店资本十余万两，与民争利。

家奴刘全家产二十余万两，并有大珍珠手串。

这二十条罪状中，一至十四条说的是和珅的僭越之罪——亦即对皇帝缺乏应有的尊敬，对老百姓坑害不大。真正坑害老百姓的是十五至二十条，这五条可以用两个字来概括——贪污。

珍珠、手串、宝石、衣服等名目太过繁多，不能给人以直观的印象。为了使人更清楚地了解和珅的贪污“业绩”，我们不妨说个总数，他贪污的总数是白银九亿（一说十亿）两——这还不包括其家奴如刘全等人的贪污款项。

九亿两是个什么样的概念呢？我们不妨看看当时的清帝国全年的总财政收入，这一年总收入才八千万两。和珅一共当权不过二十年，但他所贪污的钱款数却相当于清帝国十二年的总财政收入。

为了更能说明问题，我们不妨把目光投向遥远的西方世界。刚刚于本世纪（即十八世纪）初一七一五年逝世的法兰西国王路易十四，其全部财产仅二千万法郎就已招至全国的唾骂，而以当时的币值一两白银折合三点七五法郎，则这位欧洲霸主的财产不过中国一个贪官的十分之一。和珅的贪污规模真可谓是“震古烁今”了。

弘历知不知道和珅的贪污劣迹呢？当然知道！九亿两不是个小数目，说不知道岂非笑话？

于是，问题就来了：既然知道和珅贪污，乾隆皇帝为什么还要对他加以重用、倚为心腹呢？这问题可以从两方面解释：

一方面是因为和珅跟十六世纪明政府的宰相严嵩先后辉映，具有同一类型的特殊机缘和做官技巧，但更主要的还是在于乾隆皇帝的自以为是。一向自以为天纵英明的乾隆对自己的所作所为，总是带着一种自我欣赏的态度加以评估。和珅既被他由一个破落旗人提为文华殿大学士、一等公，那就一定是可托重任的人，别人攻击也好、指责也好，其奈我何？人不云：

“说你行，你就行，不行也行。说你不行，你就不行，行也不行。”

公元一七九九年，当了六十年皇帝和四年太上皇之后，乾隆在北京病逝。

这一年，他八十九岁。

后记

在古希腊词汇中，哲学就是“爱智慧”的意思。在我的辞典里，历史，就是爱与恨的交织。献身哲学的哲学家们总是“怀着一种永恒的乡愁去寻找失落的精神家园”；历史学家或历史报告（纪实）文学工作者的任务，则是为活着的人们重现“伊甸园”。

今天是昨天的发展，明天是今天的继续！

人无法割断历史，正如利刃不能截断急流。

自从亚当和夏娃偷食了智慧果之后，光明与黑暗、伟大与渺小、痛苦与欢乐、瞬间与永恒时时交织在一起。带给人间灾难的，并不仅是那只被无数人诅咒过的“潘多拉匣子”，更多的还是人类自己。

中国有五千年的文明史，但这五千年的时间里所发生的一切却并不都是那么“文明”！从司马迁的《史记》，到数十人合撰的《清史稿》，一部二十五史，诚如鲁迅先生所说的“歪歪斜斜的只有‘吃人’两个字”，害人、坑人、抢人、杀人、尔虞我诈、钩心斗角、嘴上含笑、底下使绊、子母乱伦、父子相残等“不该发生的故事”实在太多。真应了那句老话：“一部二十五史，不知叫我从何说起！”

在漫长的封建社会中，芸芸众生用自己的双手，造起了一座座偶像——各个朝代的帝王将相，然后对他们顶礼膜拜。这种“造神运动”帮了那些自己都不敢过分相信自己的帝王将相们的大忙。于是乎，周而复始地重复着一出出的闹剧。

生生不息的人群！生生不息的命运！

由于一个偶然的原因，我对中国历史发生了浓厚的兴趣。在查阅资料的过程中，发现了许多过去所学教科书上所不曾记载的东西，越查越多，越看越有趣。一种超然于物外的力量驱使我把这些东西写出来。于是，我拿起了笔，呕尽数年心血，剥去了几十个“天之骄奴”、“天之骄子”、“天之骄媳”、“天之骄戚”们脸上的神秘面纱，还其以本来面目。

我不想重复“汗牛充栋”的正史上的记载，也不愿受已凝固了的各种“名分”的约束，我更愿意让那支没有佩戴“缰绳”的笔在故纸堆里自由驰骋，写到哪儿算哪儿。

因系“左道旁门”，所以本书侧重于：1.避“重”就“轻”，揭私泄密。本书所叙的帝王、后妃、宦官、外戚们的情况大多系正史如《二十五史》《资治通鉴》《续资治通鉴》等所少言，一般史学教科书亦语焉不详或不屑提及的私生活，而对别的书中大书特书的军国大事则有意从略；2.辑杂钩沉，拾遗补缺。着意挖掘历史“死角”里的素材。读者朋友翻阅本书时，一定会发现在一般史书中常见的那些老面孔如秦皇、汉武、唐宗、洪武、康熙诸公都没怎么露面，而那些一直为史学家们所忽略的一大批“小”人物，却摇头晃脑地占据了本书的许多篇幅。这似乎有一点大不敬的味道。然而也只好如此，若不，就不是这本书了。

由于作者学识所限，本书的缺点、错误一定很多，恳请海内外有识之士不吝指教。

张志君

于北京西郊雕虫斋